工科大学ESP教学模式构建研究

孙薇娜◎著

吉林出版集团股份有限公司
全国百佳图书出版单位

图书在版编目（CIP）数据

工科大学ESP教学模式构建研究 / 孙薇娜著.
长春：吉林出版集团股份有限公司，2024. 10. -- ISBN
978-7-5731-5909-0

Ⅰ. H319.3

中国国家版本馆CIP数据核字第2024T6E072号

GONGKE DAXUE ESP JIAOXUE MOSHI GOUJIAN YANJIU

工科大学ESP教学模式构建研究

著　　者	孙薇娜	
责任编辑	王丽媛	
装帧设计	清　风	

出　　版	吉林出版集团股份有限公司	
发　　行	吉林出版集团社科图书有限公司	
地　　址	吉林省长春市南关区福祉大路5788号　邮编：130118	
印　　刷	长春新华印刷集团有限公司	
电　　话	0431-81629711（总编办）	
抖 音 号	吉林出版集团社科图书有限公司 37009026326	

开　　本	710 mm×1000 mm　1 / 16	
印　　张	17.25	
字　　数	300 千字	
版　　次	2024 年 10 月第 1 版	
印　　次	2024 年 10 月第 1 次印刷	

书　　号	ISBN 978-7-5731-5909-0	
定　　价	58.00 元	

如有印装质量问题，请与市场营销中心联系调换。0431-81629729

序　言

在21世纪的全球化浪潮中，英语是获取国际知识、参与全球竞争和促进文化交融的关键工具。对于积极拥抱世界的中国而言，英语教育在高等工程教育中的地位尤为重要，它直接影响我国工程人才的国际竞争力和创新能力培养。

随着"一带一路"倡议的深入实施和工业4.0时代的到来，对工科学生的英语能力提出了前所未有的高要求。他们不仅需要精通工程专业知识，更须具备出色的英语沟通能力，以应对日益增长的国际工程合作与交流需求。因此，落实好工科大学英语教学，特别是专门用途英语（ESP）教学，成为提升工程教育质量、培养具有国际视野的工程人才的关键所在。

《工科大学ESP教学模式构建研究》一书，正是从英语语言教育的独特视角出发，深入剖析了工科大学ESP教学的理论基础、教学模式、教学策略及其实践应用。通过广泛研究国内外ESP教学模式，并结合中国高等工程教育的实际情况，本书旨在探索并构建一套创新的、符合新时代要求的工科大学ESP教学模式。

在本书的撰写过程中，作者采用了文献综述、需求分析、教学设计、案例研究等多种科学的研究方法。值得一提的是，作者高度重视需求分析，通过精心设计的调查问卷和深入的现场访谈，全面而准确地把握了对工科学生英语能力的具体需求，为教学模式的构建提供了坚实的实证基础。

在教学模式构建部分，本书创造性地提出了"多元互助、三段四步"的教学模式。该模式巧妙地将混合式教学与传统课堂教学相融合，并以《工程英语》课程为实例，详细阐述了该模式的实施步骤和操作策略。该模式以学生为中心、以需求为导向、以应用为驱动，强调实效性，充分体现了现代教育理念。同时，该模式充分利用现代信息技术手段，构建了线上线下相结合的混合式教学环境，极大地增强了教学的互动性和实效性。

在典型案例分析部分，本书以《工程英语》课程为例，从教学分析、教学实施、教学评价等多个维度对该教学模式进行了深入的实证研究。通过具体的教学实践，充分验证了该模式的科学性和可行性，并展示了其独特的优势和鲜明的特色。

《工科大学ESP教学模式构建研究》一书，不仅为高等工程教育的改革提供了重要的理论支撑，还为ESP教学实践提供了切实可行的指导。希望本书能够激发广大一线教师的教学热情和创新思维，为培养具有国际竞争力的工程人才贡献智慧和力量。同时，也期待受本书启发的一线教师在教学实践中不断总结心得，共同推动中国工程教育迈向新的高度。衷心祝愿中国的工程教育在广大教育工作者的共同努力下，展现出更加蓬勃的生机与活力，为国家的发展和中华民族的伟大复兴作出更大的贡献。

2024年10月

前　言

　　经济全球化的快速发展对中国高等工程教育提出了更高的要求。中国的高等工程教育培养了上千万的科技人才，有力地支撑了我国工业体系的形成与发展。大学英语教学是高等工程教育的一个组成部分，是以外语教育教学理论为指导，建立在以英语语言知识和应用技能的培养、跨文化交际能力和学习策略养成为基础的，集多种教学模式和教学手段于一体的教学体系。我国高等工程教育虽然在规模上位居世界第一，但是在质量水平上与发达国家相比差距还很明显。在后工业时代下，人才市场对那些既有专业知识、又精通外语的复合型人才的需求不断增加。从"中国制造"走向"中国创造"、"一带一路"倡议等具有全球战略意义的举措的完成离不开复合型工程人才的不断努力。

　　为了更好地发展工程教育，建设中国特色"新工科"成为教学研究者和教学管理者研究的主题，语言教学与工程类人才培养相结合的专门用途英语（ESP）课程得到越来越多的关注。

　　工科院校的毕业生作为国家工程人才的主要来源，是工程教育的主体。如何使他们具备国际化的视野，如何使他们能够精通一门外语来解决未来工作中可能出现的实际问题是目前工科院校大学英语课程教学体系主要研究的课题。鉴于国内目前工科大学英语的教学现状，学校教学管理部门根据本地大学英语教学改革的要求，将大学英语教学改革作为学校教学改革的一项重要内容。如何建立一个以"学生中心""产出导向""突出实效""持续改进"为特征的专门用途英语"金课"教学模式成为新时代新工科人才语言学习研究的关键。为此,本书对教学模式进行了理论分析,研究了教学模式的构成要素、主要功能、选择方法等,并在此基础上进一步研究了国内大学英语比较常用的教学模式,调查并分析了大学英语教学模式的主要特征并对工科大学英语的专门用途英语教学现状进行了解。在对工科大学专门用途英语教学进行需求分析的调查研究中,问卷和访谈的结果相互印证了大学英语课程需要改进现有的课程设置理念、进行全面的需求分析、加强教师和教材建设并改革教学模式。

研究认为专门用途英语教学模式是一个方法体系,而教学模式的构成要素构成了这个体系的理论框架。在此框架中,专门用途英语课程需要满足国家工程教育体系中以职业需求为目的的工科专业学习者在各自学科领域中对外语(主要是英语)的学习需求,通过促进学习者用目标语言完成目标语域中实际任务的语言教学方法,合理利用现代信息技术,帮助学习者在有限的时间内,在原有的语言能力基础上,高效率地获取语言与学科领域知识。工科大学专门用途英语的课程体系有别于大学通用英语的课程体系,在课程理念与结构、课程设置方面都有其独有的特征。工科大学的专门用途英语课程的工具性特征更为明显,因此对于该课程教学模式的构建也要更多地体现其工具性特征。

在明确专门用途英语课程教学模式的构建框架后,本研究从理论与实践的角度出发,探讨了工科大学专门用途英语课程教学模式的具体构建情况。研究采用了文献研究法、调查研究法和个案研究法对本书研究涉及的主体进行研究,对数据进行了认真计算和客观分析。以ADDIE模型和史密斯

-雷根模型作为教学设计的基础理论支撑，以过程双主模型作为宏观指导，从语言学和建构主义的角度探讨了建构主义学习理论、社会语言学、认知主义和人本主义为工科大学专门用途英语教学模式的建构所提供的支持；以语域分析教学、体裁分析教学、互动交际教学、情境任务教学为实践策略进行专门用途英语教学模式的设计。在教学模式的具体操作上，以《工程英语》为实例，对课程的教学分析、教学实施、教学评价体系等进行了论述，并得出结论："多元互助、三段四步"的教学模式可以让学习者更积极主动地参与到学习过程中，提高他们解决未来工作环境中可能出现的实际问题的能力，从而为未来的工作做好准备。

从理论上看，本研究在工程教育体系中工科人才培养的范畴内，依据工科院校的特点和实际情况，提出了"工科专门用途英语"的概念。该概念认为我国的工科大学英语课程，实质上就是工科大学专门用途英语课程。在对国内大学现有的专门用途类大学英语课程进行分析与对比的基础上，提出适合应用型工科大学的专门用途英语教学模式，并对该教学模式的科学性和可行性进行了必要的论证，为我国工科类院校的大学英语教学模式改革提供了参考。

从实践上来说，本研究对工科大学专门用途英语课程的教学模式的实施提出了具体的思路，认为提高工科院校学生英语学习效果的教学模式是建立在现有大学英语教学结构基础上的。充分利用现代信息技术及先进教学手段的混合式教学模式。这与高校外语"金课"建设理念相一致，是实现工科院校大学英语教学目标的有效办法。笔者希望此项研究能在一定程度上为其他教学实践者和科研人员带来一点启示或借鉴。但更为重要的是，笔者希望通过本书的讨论，能引起相关领域内的专家和学者对专门用途英语的跨学科研究的关注，促进专门用途英语课程的建设和发展，以便培养出更多既有专业知识又有较高英语水平的高层次工程类人才，服务于国家"新工科"建设，为中国工程教育提供助力。

目　录

引　言

语言的普及在某种程度上代表着国家的软实力和话语权。2014年世界语言大会形成的《苏州共识》指出："语言是人类文明世代相传的载体，是相互沟通理解的钥匙，是文明交流互鉴的纽带。"当今世界正在经历百年未有的大变局，经济全球化、世界多极化、社会信息化和文化多样化的趋势深入发展。国之交在于民相亲，民相亲在于心相通，心相通在于语同音。通用语言作为人类共通的交流工具，是世界文明互鉴、交融、共存的桥梁和联系各国人民感情的纽带。高校英语教育的发展直接影响国家高等教育的发展，也影响着国家对国际化人才的培养。在这个动态的过程中，研究高校英语教育的发展实际是要指出高校英语教育的发展方向和发展道路，以及在不同的历史时期促使高校英语教育变革发生的内在诱因和外在因素。只有这样才能以发展的视角看清学科发展的历史和现实，从而为学科进一步的发展明确方向。工科类高等院校的大学英语教育的进行是根据新一轮工业革命和科技革命所带来的变革而随之进行的。在改革和发展的过程中，工科大学英语的学科发展要适应社会发展和个人发展对英语方面的需求，选择好发展的道路，从总体上提高工程教育的质量和水平。

教学价值是调节各种教学活动的"看不见的手"，它牵引着教学活动的走向，是教学发展的动力源泉。对于大学英语及专门用途英语价值的判断影响着教学政策的制定和教育资源投入程度，影响着教师教学的理念，影响着教学目标和教学内容的选择，最后也影响学习者作为个体的发展和社会的发展。因此，探寻大学英语教学体系的价值，就是辨明教学中有价值的部分，并将其展示出来，从而了解实现教学价值的办法。

英语教育在不同的关系背景中可能表现为人文性和工具性的统一。如果传授知识和学习知识的过程是以体验过程和了解英语文化为核心内容，那么这种教育产生的内在价值就会更多地倾向于其人文性的价值。如果利用英语教育去获取英语文化之外的用处，那么它所体现的就是其工具性的价值。就大学通用英语和专门用途英语来讲，二者不同的价值取向正在于此。通用大学英语的价值并不在于它对超出语言文化之外的内容所带来的好处，而是它本身所固有的人文性价值。而专门用途英语的工具性价值就是我们所依赖，并且利用的，用于谋求其他衍生价值的手段和工具。如果不去考虑英语语言的工具性价值，忽略现实中各种因素的困扰和影响，就无法发挥语言教学的优势和作用，在人才培养方面的语言要求的实现就会成为空谈。

一、研究背景

国民多则用语广，国家强则外语通。"人之所以为人者，言也"。语言是人类进行各种交流和社会活动的工具，是民族文化和历史的载体，同时也是了解外部世界的有效途径之一，是影响个人发展的关键能力之一，是实现国家现代化发展的必要因素之一。全球化战略的重要内容之一就是国家语言能力建设，因此，发展外语教育已经成为世界各国的共识。回顾我国外语教育的历程，外语教育的发展推动了国家教育现代化发展，加快了中国登上世界舞台的进程。在建设教育强国的新时代，继续深入研究语言教育的本质并进行实践是优化语言教育政策规划、推动语言教育改革创新、提高国民语言能力的重要内容之一，也是实现中华民族伟大复兴梦想的必然要求之一。对于工科类高等院校的大学英语改革的研究正是基于这种现实背景下所进行的实践性研究。根据《中国工程教育质量报告2013》提供的数据，我国高等工程教育毕业生总数287.66万人。[①]开设工科专业的本科院校有1077所（独立学院包含在内），占全国本科高校总数的90%以上；工科本科在校生495.33万人，占全国在校生总人数的1/3。报告显示"十二五"期间，中国工程教育实现了转型升级和变革发展，建成了层次

---

① 吴启迪. 国家高等工程教育政策的决策模式创新研究[M]. 上海：同济大学出版社，2018. 2–6.

分明、类型多样、专业齐全、区域匹配的世界最大工程教育供给体系。中国的工程教育在规模上位居世界第一，中国普通高校工科专业招生数、在校生数、毕业生数稳居世界首位。报告中特别指出，2016年6月，中国成为国际本科工程学位互认协议——《华盛顿协议》的正式成员。这表示中国工程教育在内涵发展等方面实现了历史性突破。同时，该报告也指出，我国并未在世界工程教育强国之列，与发达国家相比，我国工程教育的整体质量水平尚有明显差距。国际化工程类人才的语言能力对个人、国家意义重大，提升国际化工程类人才的语言能力事关国家综合能力。在全球化背景下通用语言能力高的国家和地区更容易获得全球资源来加强自身竞争力。本书中提到的工科的培养目标是指应用型普通公共本科院校，以培养在相应的工程领域从事规划、勘探、设计、施工、原材料的选择研究和管理等方面工作的工程技术人才为目的，具备实际应用能力的工作人员的工程类院校。除传统工科外，还有新型工科，即具有为适应高技术发展的需要而在有关理科基础上发展起来的学科的工程类院校。

（一）应于"时"——符合时代需求

1. 时代发展的需求

叶澜教授在回顾我国百年教育历史时曾说过，我国的教育理论应列为"时代之学"。教育理论的发展与时代发展有着千丝万缕的联系。在语言教学理论指导下的教学实践也是如此。大学英语教学改革的应于"时"，就是根据时代的需求做出相应的更新和改革，就是调动自身的积极主动性，适应时代的变化和需求。正如韩延明教授指出的[①]：随着我国社会主义市场经济体制的确立，高等教育体制的变革也随之展开。这就要求我们尊重客观存在的经济规律，在相当程度和范围内，以市场需求为配置教育资源和人才资源的风向标，并采取有效手段，满足人才市场的需求。大学培养的人才要适应多层面的社会需求。普通工科院校的应用型人才培养的定位决定，其人才培养要遵循自身的特点和规律，从社会需求及可持续发展来考虑和解决当前社会经济发展中涉及的问题。正视市场、适应市场、

---

① 韩延明，张洪高. 我国大学教学文化建设探析[J].大学教育科学，2014，（02）

熟悉市场、分析市场，同时面向学生、面向社会、面向未来，以学生的需求、社会的需求、未来的需求作为教学的终极目标，提高学生的语言能力和综合语言素质。"用英语获取现代社会各种信息，以适应时代发展"，通过英语"锻炼自己的思维能力、提高自身素质"。[①]外语研究需要多学科视角的创新和突破，时代发展需要对大学英语价值的重新定位。

学习者希望通过大学期间的英语学习开阔视野、掌握实际工作所需的工作能力。"应时"是对时势的认识、对时机的把握、对时变的感受和对时行的觉悟，其根本就是在于追求某种适应时代发展趋势，同时能够适得事理之宜的理想境界。这也是遵循了事物发展运行的规律和准则。[②]

2. 国家工程教育发展的需要

改革开放以来，我国的高等工程教育对我国工业体系的形成与发展起到了巨大的支撑作用，为社会主义现代化建设做出了重要贡献。面临新一轮工业革命的强劲势头，德国发布了"工业4.0标准"路线图，以强化德国制造业作为工业竞争中核心的地位；美国工程科技人才培养向"工程范式"回归，促进国家"再工业化"；我国也颁布了"中国制造2025"，规划了从"中国制造"走向"中国创造"的目标和路径，并提出了"一带一路"等具有全球战略意义的重大举措，使工程人才走出国门。因此，如何更好地发展中国工程教育，弥补现有不足，创造中国特色新工科教育是我国高等工程教育目前面临的重大挑战。

为了支撑新时代的服务创新并顺应新一轮科技革命和产业革命带来的巨大变革及"中国创造2025"的国家战略。2017年2月教育部开始推进实施"新工科"建设，也直接促进生成了"复旦共识""天大行动"和"北京指南"。这类推进新工科建设和发展的战略举措的目的是推动工科院校的教育研究与实践，找到工程教育的中国模式、中国经验，从而助力高等教育强国建设的伟大目标。国家政策和教育战略的支持揭开了高等工程教育改革的新篇章，开拓了工程教育改革的新路径。与此相呼应，教育部逐步

---

① 王斌华，刘辉. 大学英语学习者学习需求调查及其启示[J]. 国外外语教学，2003（3）.
② 曲庆奎. 趋时：《周易》的大智慧[N]. 光明日报，2007-1-21.

实施的"卓越工程师教育培养计划"增加了新工科专业点的同时，鼓励各级教育行政部门认定和实施新工科研究与实践项目，积极推进产业发展规划和人才发展规划，将新工科专业与传统工科专业人才培养相结合，培养实践能力强、创新能力强、具备国际竞争力的高素质复合型新工科人才。清华大学教育研究院林建教授认为，工程学科的"新"包含着新型、新兴和新生，既包括面向未来新技术和新产业的新学科，也包含对传统的现有的学科进行转型、改造和升级。但是无论是新兴、新型还是新生，新工科都是伴随全球经济的快速发展而发展的，这种国际化的发展大趋势在对毕业生专业水平和能力有所要求的同时，对毕业生的英语沟通能力也提出了更高的要求。工程教育的新理念就是结合工程教育发展的历史与现实、国内外工程教育改革的经验和教训，分析研究新工科的内涵、特征、规律和发展趋势等，并在此基础上提出工程教育改革创新的理念和思路。

　　基于新工科教育的发展与对国际社会的人才需求，大学教育的实践，尤其是大学英语教育的实践也必然要服从于这一历史潮流。基础的、传统的英语课程如果不能满足社会的多样化需求，就必然要对其进行改革，甚至淘汰。适合新时期工程人才的语言类课程就必然要从学生的学习目的和需求出发，与学生未来可能从事的某专门学科或职业密切相关。

（二）合于"实"——符合现实需求

　　1. 大学英语教学改革的需要

　　教育部2007年正式启动的"高等学校本科教学质量与教学改革工程"将大学英语教学改革列入"质量工程"改革项目。其中包括：广泛采用先进的信息技术，推动计算机参与的英语教学改革；改革现有的单一大学英语教学大纲，研究制订适应各学科门类的大学英语最低教学要求等。这标志着大学英语教学改革开始由筹备阶段进入实施阶段。2004—2007年《大学英语课程教学要求》将大学英语课程定位为"高等教育的一个有机组成部分"，大学英语课程不仅是一门语言基础知识课程，也是拓宽知识、了解世界文化的素质教育课程。"并且提出，教学评估是保证教学质量的重要依据。时任教育部高等教育司司长吴岩（2018）认为，课程是人才培养的核心要素。高校要做强外语，培养"一精多会""一专多能"的国际化复合型人才，也就是要培养精通一门外语、会多门外语沟通交流，掌握一种专业、具有多种外语能力的复合型人才。他认为，建设大学英语"金课"迫在眉睫，建设"金课"的过程就是淘汰那些不负责任的、低阶的、陈旧的、不用心的"水课"。"金课"的标准为"两性一度"，即高阶性、创新性和挑战度。就"高阶性"来说，强调培养学生解决复杂问题的综合能力和高级思维，将知识能力和个人素质有机融合。就"创新性"来说，课程内容要反映前沿性和时代性，教学形式要呈现先进性和互动性，同时强调学习结果具有探究性和个性化。而"挑战度"则是指课程要具有一定的难度，对老师备课和学生学习都要设定相对较高的要求。

2019年是教育部全面振兴本科教育的攻坚之年，高校外语教学改革也全面深化。在构建人类命运共同体和推进全球治理的进程中，中国引领的新型全球化时代要求大学英语改革的首要目标就是培养各类"懂专业、通英语"的专业人才。当前国家对外话语体系建设、各类国际化全球治理人才的培养等都要求未来十年中国要培养出更多的多元化、高质量和复合型这三种专业人才。[①]中国外语教学改革面临着从单一化向多元化转变、从应试型向应用型转变、从技能型向复合型跨越。针对外语教学越来越高的要求，大学英语教学需要综合考虑不同专业、领域和行业对于应用型和复合型外语人才的要求，充分考虑本校教学资源和学生特点，将专业复合型人才培养与教学实践结合起来。

高校大学英语改革强调交际语言的教学和交际能力的培养，即要求学生不完全依赖课本，而是通过交际活动来培养语言的综合能力。在教学过程中通过运用英语来学习英语知识，建立一种以交际为目标的课堂教学形式，创造一种能够培养学生独立开展创造性交际及活动的环境，在语境中进行语言交际。同时，重视语言功能和语言形式，帮助学生使用正确的语言表达方法进行正常的语言交际。并且要求教师在教学过程中注意到学习者的个体差异。针对不同的学习风格、学习策略和学习目的，强调社会文化背景和情感在语言学习中的应用，重视特殊语言学习者的特殊语言需

---

① 沈骑. 新时代大学英语教改面临三大转型任务[N]. 中国科技报，2019-6-5.

要。传统的通用大学英语课程将学生一概而论，不能实现上述教学目的，这就直接或间接地使专门用途英语——English for Specific Purposes（ESP）成为当代大学英语的重要特点。

对专门用途英语人才需求的增加要求国内高校开设ESP课程。然而，这些课程的教学现状和教学效果并不尽如人意。很多ESP课程主要侧重语言方面的教学，课程设计是对一般用途英语（EGP）课程设计的复制。另有一部分ESP课程由非外语专业教师承担，但教师的语言讲授能力欠缺。国内高校的ESP教学起步较晚，对ESP教学的社会需求、课程设计以及学生应达到的水平并未进行广泛调查和深入探讨。因此，该课程的教和学在过程和内容上都无法体现ESP课程特色，很难培养出社会需要的"专业+英语+现代化技能+创新能力"的人才。以"学习者为中心"的教学理念已经深深地被教学研究者们所理解，学习者是这门课的直接参与者和受益者。但是在实际的教学实践中，被动的学习者的需求虽然被一直提及，但是却没有得到足够多的重视。现实情况是，专门用途英语教材的选择和所采取的教学方式还是由教师来负责；具体的教学相关安排，例如学时的分布，教学目标的确定以及教学过程的实施也很难为学习者在课程开始前所了解。教师及相关研究者们虽然对学习者的内容予以关注，却对学习者如何更好地掌握这些学习内容不甚了解。学生的主观能动性没有得到发挥，学习兴趣受到影响。毕业后在实际工作中也经常遭遇到有专业知识却不懂英语或懂英语却不清楚专业知识的尴尬境地。

有关资料表明，我国目前有多所高校设立了与ESP相关的硕士点，这表明我国学术界对ESP研究是有一定重视的，也意味着我国的ESP人才培训开始逐渐走向正规化。那么，如何从理论和实践方面去进一步研究ESP课程，使英语教学服务于新时期大学生人才培养也将是大学英语教学改革的一个重要方面。

2. 大学英语学科融合的需要

《大学英语课程教学要求》对大学英语教学所涉及的问题，例如教学大纲与教材内容是否匹配、课程设置是否合理、教学内容是否满足学生今后工作的需要等等问题都进行了详尽的描述。目前大学英语课程在大一学年和大二学年开设，基本以学生通过全国大学英语四、六级为终极目标。除特殊专业，例如国际合作办学班级外，大部分学生在大三和大四阶段的专业英语课课时安排有限，且主要由专业英语教师任课。课程性质以选修课为主，学生对这门课程兴趣不大。这种情况导致的结果是，毕业时学生对英语知识的掌握不够，不具备基本的专业语言沟通的能力。《大学英语课程教学要求》提出，为适应个性化教学的需要，大学英语的教学要求可以分为一般要求、较高要求和更高要求。其中一般要求是高等院校非英语专业学生应该达到的最基本的要求。在此基础上，高等院校从本校的实际情况出发，针对特定的学生群体的个人和社会需要确定教学目标，并创造条件，帮助学生向较高或更高的学习目标而努力。《大学英语课程教学要求》尽管没有明确的"专门用途英语"字样，但三个层次每个层次都涉及ESP，ESP的教学理念也已经融入《大学英语课程教学要求》中。可是，在真正的教学实施过程中，大学英语的教学目标因为各种原因，一直被定位在基础英语的层面上。大学英语的指导思想也是"打基础应多多益善，基础扎实终身受益"[1]。1985年《教学大纲》规定"大学英语基础阶段的教学必须把重点放在语言基础上"。1999年修订的《大纲》再次将大学英语教学目标确定为"帮助学生打下扎实的语言基础，又能培养他们较强的实际应用能力尤其是听说能力"。2004—2007年《大学英语课程教学要求》提出的"大学英语的教学目标是培养学生的综合应用能力特别是听说能力"[2]，实际上大学英语还是要打好学生的语言基础。我们认为，如果在20世纪，这个定位还基本可以满足当时社会和经济发展对人才的需要，那么在全球化背景下还是把培养目标停留在基础英语则具有方向性的错误。这种一成不变的基础英语教学定位带来的直接问题就是学生对大学英语的教学普遍不满、教学效果不理想、教学目标不明确、开展应试教学、学习内容的重复、学生对学习的懈怠、学习和管理系统的费时低效，甚至大学英语本身的逐渐消亡。我国大学英语一直以来坚持的基础英语，或称通用

① 董亚芬. 《大学英语》系列教材第二次修订的思考与设想[J]. 外语界，2006（1）.
② 教育部高等教育司. 《大学英语课程教学要求》[M]. 北京：高等教育出版社，2007，12.

英语，其教学的定位方向是否符合现阶段教学要求且能够满足学生的毕业后的需要是很值得探讨的问题。Johns（1997）定义通用英语是一种TENOR（Teaching English for No Obvious Reason）即没有目的的英语教学。学习英语是为了掌握一种用于交流的工具，通用英语或基础英语是掌握这个工具的基础准备及学习阶段。效率高的教学应该将这个准备阶段变得越短越好，学会后应立即投入交流使用，并在交流使用中继续提高英语水平。也就是说学习到的所有的语言知识应该最终应用到专业学习中，为现实服务。如果我国的大学英语教学一直持续在只打基础的阶段，而不投入现实应用，那必然是费时低效的课程。

语言教学中最重要的应该是确定学习者最终的学习目的，之后为满足这一目的设计、准备和计划相关的教学内容、教学计划、设定课程，以最终帮助学习者实现学习目标。①（杨慧中，2010）。在当前形势下，随着大学新生英语水平的提高，以及国内及国家间各行各业的交往日益频繁，继续定位在基础英语的大学英语教育必然会陷入僵局，难求发展，也必然不能够满足学生日常所需。在全球化背景下，大学英语的产业结构必须做出战略性调整，教学内容要发生根本改变。对于大学英语的定位也应当重新考虑。

（三）存于"世"——符合人的需求

1. 为"生"的学习要求

大学英语是大学里规模最大、大学生最重视的基础课程之一，也是目前最令大学生失望的课程之一。1996年，北京市大学英语研究会理论组曾经对北京的12所高校（许多是国内顶级的院校）的1000多名学生进行调查，主要目的是了解学生对大学英语教学的满意度。高达75%的学生对大学英语教学"不太满意"（占57%）或认为"很差"（占18%），只有9%的学生对教学感到"满意"。1998年初，天津师范大学杨秀珍等人对天津8所院校696名学生的调查也同样得出这样的结果，对"教学方法不满意和很不

---

① 杨慧中．EAP在中国：回顾、现状与展望[R]．中国ESP研究高端论坛，北京外国语大学，2010．

满意"的同学占了总人数的78%（545人）。蔡勇等人也就同样的问题对北京航空航天大学外语系的学生进行了调查，调查显示，令人遗憾的是，学生对外语教学的满意率只有1%。[①]

王奇民对陕西经贸学院的293名非英语专业、已结束两年大学英语课程学习的学生做了一次调查。调查发现，尽管他们都通过了四级考试，但是认为自己英语综合运用能力提高不明显和不太明显的占91%，对大学英语教学的整体评价不满意和不太满意的占88%，低于自己期望的占82%。[②]夏纪梅（2003）对广东中山大学1000多名已完成大学英语的学习者进行了考查，结果发现，学生英语水平比入学前进步不大的占55.86%。[③]

与此同时，学生对大学英语教学的不满得到大多数教师的证实。周燕（2002）在2001年对东北、华北、华东、华中、西南、华南等六个地区当中的49所不同类型院校的教师进行了一次涉及920人的调查，其中大学英语教师占78%。调查发现，只有32%的教师认可目前的英语教学情况，其他的教师认为我国的英语教学在不同方面、不同程度上存在各种各样的问题，其中认为有简单问题的占55%，有很多问题的占11%，问题严重的占2%。被调查教师分析学生抱怨大学英语教学最多的分别是："为应试教学（61%）""语言基础差（38%）""没有学习方法（25%）""没有学习兴趣（20%）"。[④]

上述调查的进行都发生在2003年大学英语教学改革前，可是改革后的情况仍然不容乐观。这场以培养学生的英语综合应用能力，特别是听说能力为重点的近半个世纪以来声势最为浩大的外语教学改革效果并没有达到教育部的改革期望。

蒋巍巍等（2010）为了解大学生们学习英语的状况，对全国10余所高校大学生进行了主题为"对大学英语现状满意度"的调查。结果显示，被

---

① 汤德馨. 对"关于大学英语四、六级考试改革的总体思路"一文质疑[R]. 北京市高教学会大学英语研究会简报，2009.

② 王奇民. 制约大学英语教学效果的因素及对策[J]. 外语界，2002（4）.

③ 夏纪梅. 现代外语课程设计理论与实践[M]. 上海：上海外语教育出版社，2003.

④ 周燕. 英语教师培训亟待加强[J]. 外语教学与研究，2002（6）.

调查大学生对大学英语教育的满意度平均分仅为5.05分（满分为10分）"教材陈旧与实际脱节""应试色彩重、能力培养少"和"教学模式过于传统"是大多数学生反映的主要问题。这个结果必然让我们大感失望。国家和学校投入了如此多的财力和精力，却换来了大家的普遍不满。学生们使用着越来越先进的设备，面对着越来越专业的国际、国内语言教师，在更加接近本土化环境的情境下进行学习，却仅仅有不到三成的学生认为，与高中时期相比，自己的英语水平有所进步。相当多的同学学习英语的目的是要通过大学四、六级考试。至于是否要将或者能够将大学所学的英语知识应用于以后的工作中，除了8%的人认为"可以"，8%的人认为"绝对不行"以外，其余的人都认为需要更多的学习。所以，这些掌握大量各级词汇、语法头头是道、拥有十几年英语学习史的大学生，在真正需要用英语进行交际时，就会出现这样那样的问题：进入单位后很难和外籍同事正常交流、阅读英文材料困难重重、日常的英语邮件也要反复斟酌修改。

由此可见，学生对大学英语教学不满是普遍现象。那么，如何找到根源及解决方案就是目前亟待解决的问题。

2. 为"师"的摆脱困境的要求

（1）无奈的"教书匠"

我国高校的公共英语教学一直有一个统一的教学大纲，缺乏分类指导，学生学习英语通常是为了通过考试。自全国大学英语实行四、六级考试以来，大学英语得到各高等院校的普遍关注，学校鼓励支持学生提高自己的听、读、译、写的能力（包括对部分学生增加口语考试）；这对调动学生的积极性、提高教师英语教学水平起到了很大的促进作用。而坏处则是教师很明显地成为辅助考试的机器。同时，由于没有后续教学，非英语专业学生在通过了大学英语四、六级考试后也就"圆满"完成了大学期间的英语学习，失去了进一步学习的动力，教师之前付出的劳动失去了原有的意义。

（2）科研的"门外汉"

大学英语也具有一定的双重性。对教师和研究者来说，大学英语具有学科的特征，对于大学英语的研究可以是与这门学科相关的英美文学的内容、语言学的内容、翻译的内容或者任何与英语这门学科教学或者与英语语言文化相关的内容。可是在工作中，大部分大学英语教师正在进行对学生英语听、说、读、写、译等基本能力的培养。很明显，教学与科研在大学英语教师的工作中是分离的。这种教的内容与学术研究内容的割裂使研究成果匮乏、研究能力薄弱，这也让大部分从业者感到困惑和无所适从。作为一名高校英语教师，科研与教学紧密联系才有助于产生优质的科研成果，这是攻读硕士和博士学位也无法带来的作为教师的能力的一种证明。大学英语教师的高学历成为提高"自身英语水平"的一个标志，而不是优秀的大学英语教师和研究学者的象征。仿佛只要具备高学历和一口漂亮的英音或美音就是一位优秀英语教师的标志。诚然，高学历和优秀的口语表达可以作为一个指标来评价一位教师，但是只要英语水平高、基本功扎实的英语教师就能教出优秀的学生的观点实属自欺欺人。这些观念造成大学英语教师中有意识参与科研的人很少，大部分教师仅仅将科研视作未来评职称的筹码，一种功利性极强的与教学关联很小的活动。

显然，造成大学英语教师中科研意识不强、科研能力薄弱的主要因素之一就是大学英语不是一门学科。对此的误读是只要是英语语言类专业毕业的教师都可以从事大学英语，且教学的人可以不研究外语教学，也可以不具有二语习得研究的知识背景和相关能力。甚至这种轻视教学研究的观念也得到了一些专家的认可。

（3）潜在的"下岗者"

学科和课程的差别在于学科不会因为学生水平的提高或学生数量的减少而削弱、变化或消亡。但课程和专业有关，专业课程的设置离不开学科的选择与组织。它是建立在学科发展和人才培养的基础上，需要考虑专业发展和社会需求。如果人才培养与社会需求相脱节，结果必然是学生人数减少或者学科发展的停滞甚至消亡。大学英语课程如果不能随着社会和经济情况的变化而调整，最终的结果必然不会是其他学科的繁荣，而是其他学科的不平衡发展，和大学英语本身的灭亡。

《国家中长期教育改革和发展规划纲要（2010—2020年）》指出："把提高质量作为教育改革发展的核心任务。"提高高等教育教学质量要求我们为高校大学生提供优质外语教育。高校开设大学英语课程，一方面是满足国家战略需求，为国家改革开放和经济社会发展服务；另一方面，是满足学生专业学习、国际交流、继续深造、工作就业等方面的需要。大学英语作为一门大学生的基础课（《课程要求》，2007）的核心内涵是"帮助学生打下扎实的语言基础"（《教学大纲》，1999），由此可以判断，它是属于通用英语性质。这在当时大学新生的英语水平普遍偏低、基础英语需求大的情况下符合当时社会需要。但是，随着高中课标的制订和高中英语教学整体质量的提升。大学新生水平已有极大提升，越来越多的学生在入学伊始就已经具备了大学英语四级甚至六级的听说读写能力。通常的，以打基础为主要内容的英语课堂逃课现象严重，学生学习兴趣缺失，学时和学分都开始受到压缩。在这种情况下，课堂教学效果必然不会太好。《大学英语教学指南》（2017）指出大学英语的教学目标是培养学生的英语应用能力，增强跨文化交际意识和交际能力，同时发展自主学习能力，提高综合文化素养，使他们在学习、生活、社会交往和未来工作中能够有效地使用英语，满足国家、社会、学校和个人发展的需要。这种教学目标的实现需要很多条件辅助完成。而现在应用型普通大学面临的情况是：首先，学生感到教材和教学内容与高中没有明显差别，甚至更加简单，大学英语教师继续进行语言教学如词汇和语法等内容很难吸引学生。这使大学英语教师处于尴尬的境地，只能转变角色从语言教师化身为课堂交际活动的设计者、任务教学的实施者、学生学习的合作者。其次，由于课程的压缩，大学英语教师被迫根据自己的学历结构和兴趣开设英美文学文化等课程，或者继续攻读专业硕士和博士学位，准备毕业后开设专业英语课程。可是没人能预测未来前景究竟如何，作为一名高校英语教师，不与时俱进寻求改变就可能面临下岗。

　　针对以上研究背景，笔者认为，在现有的情况下即将进行的大学英语教学改革必然涉及大学英语教学结构、教学目标、课程设置和评价体系的全方位的思考和改革。同时，基于实践操作的教学模式的改革，将是未来大学英语教学改革，尤其是工科院校大学英语教学改革的重要一环。

二、研究问题

进入高等教育体系的大学生们在完成初高中阶段通用英语学习之后已经掌握了一定的语言知识和技能。在大学阶段的英语学习根据学生英语程度不同及学习目的不同可以简单概括为大学通用英语（EGP）和大学专门用途英语（ESP）。某些世界发达国家在学生大学阶段所学习的英语大部分都是专门用途英语（Christin&Inaculada，2008），目的是将大学英语的教学目标更加具体化。我国的大学英语教学中，普遍还是采用EGP的授课内容。但是由于在英语基础、学习能力及学习方式方面存在个体差异，学习者个体基本素质和文化水平也参差不齐，EGP的学习效果并不理想。在这种背景下，许多大学也都开设了不同类别的专门用途英语类课程，但是此类专门用途英语类课程的教学效果也都参差不齐。

（一）专门用途英语的价值定位

本研究拟在大学通用英语改革的背景下，脱离对传统的专门用途英语课的狭义的理解，将大学英语课程与专门用途英语课程安置在一个相对统一的相似又相异的模式下进行构建，就专门用途英语类课程进行研究，不再割裂大学通用英语与专门用途英语之间的关系，而是将两者有机地结合起来，在现代信息教育技术手段的辅助下，对新工科改革趋势下的应用型本科院校的大学公共英语教学改革的方式、手段及教学模式进行探讨。《大学英语教学指南》（2017）中指出大学英语课程是高等学校人文教育的一部分，兼有工具性和人文性双重性质。就工具性而言，大学英语课程是基础教育阶段英语教学的提升和拓展，主要目的是在高中英语教学的基础上进一步提高学生英语听、说、读、写、译的能力。大学英语的工具性也体现在专门用途英语上，学生可以通过学习与专业或未来工作有关的学术英语或职业英语，获得在学术或职业领域进行交流的相关能力。

专门用途英语的价值定位在于如何将语言学习的工具性和人文性相结合。如果说大学通用英语更多地强调了语言教学的人文性特征，专门用途英语则在此基础上强化了工具性特征。是在学生听、说、读、写、译具备一定能力的基础上，将语言教学与学生所学专业相结合，培养学生实际解决涉外问题的能力。

刘润清等认为，我们的英语教学没有跟上形势，没有强调各院校的差别，没有强调听、说、读、写、译的综合运用能力的培养，仍然以阅读为主，用一把尺子衡量全国的大学英语教学。[①]大学公共英语课程与英语专业学生开设的精读、泛读、听说课程除在课时安排上有数量上的差别外，没有本质上的区别。大学公共英语虽然为非英语专业学生所开设，其"公共"英语的特性远离了学习者的学科专业培养目标，失去了为专业培养服务的"专门"的特性。也就弱化了语言的工具性。秦秀白[②]（2003）教授认为我国高校的专门用途英语教学不论是在实践上还是在理论上都未进入成熟阶段，主要表现为以下几个特征：①未解决好专门用途英语在高校英语教育中的定位问题；②对专门用途英语的性质和教学原则理解不一；③对专门用途英语的教学方法研究不够深入。

对于应用型普通本科院校英语学习者来讲，仅仅以语言知识和技能发展为教学目标的公共英语课程不能够满足现代普通高校人才培养的需要；在实践中专门用途英语教学也并未搞清楚自己的价值取向和定位。所以，根据教学目标和教学需求明确应用型本科高校的专门用途英语课程的价值定位是进行与专门用途英语课程相关的一切研究的前提。

（二）专门用途英语教学模式

教学模式简单说就是教学实施框架和细则。以既定的模式实施课程教学能够保证教学效率和质量。教学模式是在研究英语教学模式的发展及特征后，根据课程进行规律所总结和概括出的范式，是课程实施的关键要素。

在理论方面，对于工科类院校的专门用途英语类课程的教学模式研究在国内并不多见。国内对专门用途英语研究的著作大部分是对国外理论研究成果的介绍或是探讨在该国英语教学实践中的应用。而且对于课程的实施理念往往停留在传统的课堂教学的基础上，对现代信息技术与ESP课程互

---

① 刘润清、戴曼纯，中国高校外语教学改革现状与发展策略研究[M]. 北京：外语教学与研究出版社，2003.

② 秦秀白. ESP的性质、范畴和教学原则——兼谈在我国高校开展多种类型英语教学的可行性[J]. 华南理工大学学报. 2003（12）.

动的相关研究未有涉猎。本研究将对专门用途英语的教学体系在理论上进行全方位的研究和探讨，并结合中国情境和学生实际水平，立足于应用型本科院校大学公共英语教学的实际情况，对该类课程教学模式的具体实施情况进行研究。在对教学模式本体进行细致解读的前提下，清楚明确地呈现工科院校专门用途英语课程的教学模式建构观。在理论研究的基础上进行实践探索。笔者将现代信息技术与混合式教学理念融入课程实施及教学模式构建过程中，期待找到两者的结合点，并对该课程的教学模式改革进行探讨和研究。该教学模式将借鉴国内外课程建设中的科学元素，避开影响课程效果的负面因素，以期达到最好的教学效果。根据笔者对国内外研究专门用途英语文献的梳理，这种研究我国当前还没有研究者进行过。这种寻找适合多数普通本科院校，尤其是应用新型工科院校的公共英语教学模式改革新途径的意义不言而喻。

所以本研究将主要研究以下问题：

1. 工科大学专门用途英语与通用大学英语是什么关系？
2. 工科大学专门用途英语教学模式包含的要素有哪些？
3. 工科大学专门用途英语教学模式如何构建？
4. 实施过程中的专门用途英语教学模式是怎样的？

从理论上看，对于专门用途英语课程建构的研究要从教育心理学的角度出发来研究行为主义、认知主义和人本主义如何为大学专门用途英语课程的建构提供理论的支撑，打破国内原有的其他研究者对我国专门用途英语课程认识。本研究在理论上突破了国内其他研究学者对我国专门用途英语课的研究范畴，将研究范围确定在普通工科院校，大胆地提出了"工科大学英语ESP"这一概念，使研究更具有针对性。在概念确定上，笔者认为我国的大学英语课程体系与专门用途英语课没有本质的区别。在对国内大学普遍存在的专门用途英语课程进行调查分析的基础上，提出了具体的工科大学同类课程实施的教学模式，并对该教学模式的科学性和可行性进行了相关的调查论证，为我国应用型工科院校的大学英语学科建设及教学模式改革提供了理论参考。

从实践上看，国内各类高校的不同专业纷纷开设专门用途英语课程，其课程设计的讨论日益增多。国内现行的专门用途英语课程教学存在很多问题。大部分高校在教授该课程时直接照搬通用英语的授课方法，忽略了课程的特殊和具体的目的性，在教材选取和师资培训方面也都存在很多问题。当前国内研究学者对高校专门用途英语教学模式设计方面的研究并不多，尤其是工科院校由于其自身的特殊性，在课程设计环节各方面的论文更是相对匮乏。本研究对于专门用途英语课的本质、相关的课程设置和安排、课程评价体系的确立、教学模式的确定，以及教学模式的构建和实施过程等方面提出了具体的思路，为专门用途英语教学模式的改革在实践上提供了具体的做法。

三、文献综述

（一）关于专门用途英语的研究

"专门用途英语"也称作"特殊用途英语"，是一门形成于20世纪60年代的新型分支学科，如商贸英语、新闻英语、医学英语、科技英语等。由于英语是公认的国际交往中通用语言，因此在交际过程中，为了实现交际的目的，英语便逐渐发展起来，成为一门越来越受到人们关注的学科。因此，专门用途英语就是为了在特定的交际场合和领域实现交际目的而形成的具有该领域特征的英语分支。

1. 专门用途英语的定义及分类

专门用途英语ESP是与通用英语EGP（English for General Purposes）相对应的。在20世纪70年代以前，通用英语语言的教学一直处于主导地位，教学目的更加偏重对学生人文性的培养，教学重点集中在培养学生的基本语言技能的方面，检验标准是学生对英语文学作品的理解与欣赏，目的是提高学生的受教育水平与素质。但在此之后，非英语为母语的国家学习英语的人越来越多，学习目的变为适应国际贸易或业务往来的需要。特殊用途英语因其实用性价值，获得了越来越多的发展空间。

（1）专门用途英语的定义

①Halliday、McIntosh和Strevens的定义

Halliday在1964年与McIntosh和Strevens合著出版的《语言科学与语言教学》（The Linguistic Sciences and Language Teaching）一书中首先提出了ESP的概念：

"English for civil servants, for policemen, for officials of the law, for dispensers and nurses, for specialists in agriculture, for engineers and fitters."

"公务员英语、警察英语、法官英语、药剂师和护士英语、农业专家英语、工程师和装配师英语。"

同时提出的还有根据学习者的实际需要决定教学内容和方法的观点：

"Every one of the specialized needs requires, before it can be met by appropriate teaching materials, detailed studies of restricted languages and special registers carried out on the basis of large samples of the language used by the particular persons concerned. It is possible to find out just what English is used in the operation of power stations in India; once this has been observed, recorded and analyzed, a teaching course to impart such language behavior can at last be devised with confidence and certainty." （Halliday et al, 1964）。

"每一个专业在得到能够满足需求的合适教材之前都需要详细研究其严格的语言和基于特定语言样本和使用人群的语域。我们可能了解英语在印度发电站是如何使用的；一旦这种语言被观察到，记录下来并对其进行分析，能够传授这种语言行为的教学课程就被有信心且有把握的设计出来了。"

这三位专家所持的共同观点是专门用途英语教授的内容，集中表现为各个职业领域中，特殊的专门用途英语的语言表达。尽管三位语言学家对专门用途英语的使用领域做了陈述和举例，但是不足以表明专门用途英语到底是什么。

1977年，Strevens给专门用途英语下的定义是：

"Broadly defined, ESP courses are those in which the aims and the content are determined, principally or wholly not by criteria of general education（as when English is a school subject in school）but for functional and practical English requirements of the learner"

"广义上来说，专门用途英语课程的目标和内容，不完全或者完全不取决于普通教育的标准（如英语被当作学校里的一门科目），而取决于学习者对英语在功能和实际应用上的需求。"

这一个定义是普遍被人们接受的一个专门用途英语定义的版本。Strevens所持有的观点是，专门用途英语与通用英语的概念不仅是不同的，甚至是对立的。前者的教学目标明确，教学内容有明确的领域特征，语言讲授中的交际功能占据主导地位；而后者属于普通课程的范畴，是通识教育的一部分，集中讲授通用语言知识，不对其他内容有特殊要求。Strevens提出：

"ESP courses are those in which the aimes and the content are determined, principally or wholly not by criteria of general education（as when English is a school subject）, but by functional or practical English requirements of the learner."

"ESP课程是指那些确定了目标和内容的课程，基本或完全不是按照通识教育的标准（如英语作为一门学校的科目）的课程，而是根据学习者的功能性或实际英语要求的课程。"

Strevens把ESP和EGP当作一对相对立的概念，ESP课程有着明确的教学目标、教学内容和交际需要，而传统的EGP则仅仅是把英语作为一门独立的语言课程来教授。

1988年Strevens在进一步深入研究的基础上，完善了ESP的定义，对ESP课程和EGP课程的共性和差异进行了分析。他认为ESP课程具有不变特征，为满足学习者的特殊需要而设计，在内容或主题上设计专门的学科、职业和活动，在句法、词汇、话语、语义的层面上以上述提到的活动涉及的语言和相关的话语分析为中心，与通用英语相对的特征并未改变；ESP课程具有一定的可变特征，在语言技能学习上有局限性（偏重阅读），不按照预订的教学法进行教学。同时ESP还包含了四个绝对特征以及两个相对特征。

绝对特征表现为：教学能够满足学习者的特殊要求；教学内容的选择和确定与特定的专业和职业活动密切关联；内容中设计的词法、句法和语篇也都在特定的与职业相关的语境中出现；具有语境特征，这与一般用途英语形成鲜明对照。

相对特征表现为：学生的专项学习技能可以被选择和训练，例如专业阅读技能等；在教学方法方面没有特殊的要求，在这一点上享有一定自由度。

②Hutchinson和Waters的定义

1987年，Hutchinson和Waters提出了专门用途英语的定义：

"ESP must be seen as an approach not as a product. ESP is not a particular kind of language or methodology, nor does it consist of a particular type of teaching material...ESP is an approach to language teaching in which all decisions as to content and method are based on the learner St. Johns reason for learning." "ESP must be seen as an approach not as a product: understood properly, it is an approach to language learning which is based on the learner's needs."

"ESP必须被视为一种方法，而不是一种产品。ESP并不是一种特定的语言或方法论，它也不是由特定类型的教学材料组成……ESP是一种语言教学的方法，其中所有的关于内容和方法的决定都是基于学习者学习的原因。""ESP必须被视为一种方法而不是一种产品：如果理解得当，这是一种方法基于学习者的需求的语言学习方法。"

"专门用途英语应该被看作是一种方法而不是一种产品。它并不是一种特殊的语言或特殊的教学方法论，它也不包含一定的特殊的教学材料，它只是一种教学方式，在这种教学方式下，所有的教学内容和方法都是建立在需求的学习目的上展开的。"

由此可见，ESP的实质是一种教学方式，是以学习者学习的预设目标为出发点所设计的教学策略。

Hutchinson和Waters认为，学习外语的原因就是学习ESP的原因。首先要明确学习外语的目的，也就是语言学习的动机及语言学习的需求是什么。例如：学习语言可以是为了通过考试；可以是为了出国留学；可以是为了解决工作上与外事相关的问题……弄清楚外语学习的目的就可以对学习者的需求和动机进行系统的分析和研究，也就能弄清专门用途英语的实质是什么。

③Dudley Evans和St. John的定义

Dudley Evans和St. John在1988年指出，专门用途英语的定义应该与一般用途英语相区别。尤其在某一特定学科教学中，专门用途英语有特定的教学方法。

Dudley Evans和St. John的定义重点强调了专门用途英语教学的两个方面：一方面关注了教师和学生在课堂教学过程中的角色表现。在专门用途英语教学的一般阶段，外语教师的角色与一般用途外语教师的角色并无明显不同，但是学习一段时期后，进入相对高级阶段的专门用途英语课程中的外语教师更像一个语言顾问，主要为学习者提供语言上的帮助。另一方面，在指向性上，专门用途英语教学要反映出所服务的专业领域的特点，例如在教学方法上的特点或在教学内容上的特点等。

他们关于绝对特征和相对特征的描述与Strevens有类似的地方。

绝对特征包含三个方面：从学习者的特殊需求出发设计，不脱离相关专业教学的基本方法与实践活动，以研究实践活动为主。具有语言的语法、词汇、语域、技能、语篇和体裁特征。

相对特征涉及四个方面：与某一特定的专业学科领域有关，或者为了某一特定的具体专业而进行设计；在教学中，专门用途英语所采取的教学方法与通用英语教学方法不同；课程开设针对的对象没有限制；教课对象基本具备英语语言基础知识，且大多数达到中级水平。当然大多数专门用途英语课程也都包含语言教学需要具备的基本的语言知识体系，并且能够被初学者使用。

由此可见，Dudley Evans和St. John对专门用于英语的定义与Strevens（1988）的定义有很多共同点。不同点在于他们去除了"与一般用途英语形成对比"这一概念，他们不认为二者可以构成对比关系。同时又增加了一些专门用途英语的相对特征，弥补了Strevens定义中的不足，改善了缺陷。另外这个定义中专门用途英语的本质是一种教学方式，不去从绝对意义上区分教授对象、也不去严格限制授课内容等。教学目的主要在于满足学习者的特殊需求，教学内容主要是和某一特定学科相关的英语语言技能。正如两位学者所坚持的，"专门用途英语是一种思维态度"，这与Hutchinson和Waters的观点在本质上是一致的。

虽然以上定义有所不同，但是定义中所包含的专门用途英语的基本特点是一致的。这些特征包括以下几个方面：

教学目标明确，教学活动和实际需要密切关联；教学模式不固定，但是有特定的教学内容，并且根据教学对象的特点确定教学方法；学习者范围不仅仅局限于在校学生，也包括有工作经历的人，且学习者学习目标明确；教学内容涵盖的知识领域比一般用途英语广，既包括英语教育方面的内容，也包括专业知识的讲解；对教师的要求与一般用途英语不相同。ESP英语教师不仅仅要教授学生的语言基本功，还要对学生所处的专业领域有一定的了解。

上述关于ESP定义和特征反映了学者的不同观点，其中Dudley Evans和St. John的定义是目前公认度最高、包容性最强也是最为宽泛的，为ESP教学和研究拓展了空间。但该定义将ESP和EGP的差异性缩小了，初学者是否开设ESP课程也未作交代。

④我国学者对ESP的定义

章兼中（1983）在《国外外语教学法主要流派》一书中给ESP的定义是这样的："专门用途英语是指学习和掌握与某种特定职业、科目或目的相关联的英语。"

蔡基刚（2004）的观点是"ESP是指与某种特定职业或学科相关的英语，是根据学习者的特定目的和特定需要而开设的英语课程，这门课程的目的就是培养学生在一定工作环境中运用英语开展工作的交际能力。"[①]

秦秀白（2003）强调硕士、博士研究生的专业英语教学定位应该在"职业英语"上，可以不必制订统一的教学大纲，但应根据各自的专业培养目标和特点制订大纲。[②]

纵观国内外关于ESP定义的研究可见，ESP强调三个基本特点：一是针对特定的人群。这类人学习英语的目的是更好地为自己的学习、生活和工作服务，且已具备一定的英语基础。二是ESP的教学必须从学生的实际需求出发，

---

① 蔡基刚. ESP与我国大学英语教学发展方向[J]. 外语界，2004（2）.
② 秦秀白. ESP的性质、范畴和教学原则[J]. 华南理工大学学报，2003（4）.

即了解语言学习者对语言学习的要求，并根据轻重缓急安排需求的过程，从而体现以"学习者为中心"的教学理念。第三是教学原则灵活，以实用性为出发点和归宿，不局限于教学法，目的是满足学生在实际工作中的需要。

（2）专门用途英语的分类

根据不同的分类标准，专门用途英语也可以有不同的分类，"两分法"和"三分法"是常见的分类方式。

①Dudley Evans和St. John的两分法

Dudley Evans和St. John把专门用途英语分成了以学术研究为主要目的的EAP，和以满足职业要求为主要目的的EOP。其中学术英语按照学科和服务领域的不同分成了广告英语、医疗英语、法律英语和其他用途英语等。而职业用途英语除了按照专业领域的不同分为广告英语和商务英语之外，其行业领域内部的英语又进行了进一步细化，例如行业前英语主要侧重学习者就业前的入职培训及面试等技能，而行业后英语侧重对从业人员的培训。上述分类也显示出学术用途英语和职业用途英语之间的相互联系。二者只是在使用目的上存在差别。

②Robinson的两分法

Robinson对于专门用途英语的分类主要以学习者的学习经历为标准，同样也分为学术用途英语和职业用途英语两大类别。但是在类别细化方面与Dudley Evans和St. John有差别。Robinson对于职业用途英语和学术用途英语的分类是根据教学开展的不同阶段而进行的。在专门用途英语教学的课程设置过程中，这种分类看起来更具备实际的指导意义。它可以明确专门用途英语每个阶段的教学目标，避免教学过程的混乱和盲目。所以，初级阶段的学习者的主要任务是打好基础，提高语言学习的技巧，不过多地直接接触专业知识。处于高级阶段的学习者的重点就在于将初级阶段学到的语言技巧置于专业知识的框架下，将其结合起来，提高自己的专业英语水平，逐步形成利用英语解决本专业、行业的实际问题的能力。

③Jordan的两分法

Jordan在1997年以英语语言教学为出发点提出了一种新的两分法。Jordan的划分与前面几位学者的划分观点在某种程度来讲是一致的。这种划分方法将重点放在了专门用途英语教学的各个领域和各个阶段上。它将大学英语分为通用英语（EGP）和专门用途英语（ESP），对于明确专门用途英语教学的重点有重要的指导意义。

④我国学者的ESP分类

在我国，学者们普遍认为，ESP的分类要按照ESP的内容来划分，大体可以分成以下三个领域：

EOP/EVP——职业英语（English for Occupational / Vocational Purposes）

职业英语学习者学习目的强烈。他们的学习重点在于与外籍人士沟通交流，因此更看重培养自己的听、说能力；同时由于在工作中需要阅读相关的文献资料，也需要培养自己的阅读及写作能力。在目前各行业中，从业人员在正式工作之前都需要参加在职英语培训和岗前英语培训，其目的就是让从业人员在短时间内掌握相应的职业英语。

EAP/EEP——学术、教育英语（English for Academic/ Educational Purposes）

这个类别是目前学习人数最多的ESP类别，主要面向大学非英语专业学生和其他在学习中需要使用英语的学生。这些学生学习期间经过系统的英语听、说、读、写、译相关能力的培养，具备基本的语言基本功，主要为将来的就业做准备。在结束大学英语基础阶段的学习后，往往有进一步开展学术英语学习的诉求，例如撰写毕业论文、英语摘要、英语索引和参考目录，甚至进行深入的专业研究等。这是EAP/EEP不可或缺的部分。

EST——科技英语（English for Science and Technology）

EST是ESP一个最重要的分支。这一领域的受众主要以研究人员为主，著作丰富。凡是与专业技术相关的英语文献均属于科技英语的范畴。EST面向的学习者主要是科技工作者、工程技术人员，以及大中专院校的理工科学生和科技英语专业的学生。他们学习英语的目的在于获取本专业的最新信息用于国际交流与合作，同时促进自身英语水平的提高，促进科学研究的开展。在实际教学中，EST的教学以学生的实际需要为出发点，精心选编教材，合理安排课程，利用现代化的教学手段，研究语言教学自身的规律，科学地组织教学。在实际应用中，学好EST对于促进科技发展至关重要，EST

交流的科技成果对于繁荣科学技术、促进人类进步都具有巨大意义。

笔者更倾向于Jordan的按照学习内容和学习的不同阶段将大学英语的学习分为通用英语和专门用途英语两个类别的方式。专门用途英语又因其不同的学习目的分为学术英语（EAP）和职业英语（EOP）。未来文中提到的专门用途英语课程是在Jordan划分类别的基础上，更适用于应用型工科院校人才培养目标的职业英语及科技英语类课程。

（3）专门用途英语ESP与通用英语EGP的关系

卢桂荣（2013）为了更全面地解读ESP的内涵，将ESP置于语言教学框架内，选择宏观背景为衬托，使用另一个树状图（详见图1）来诠释ESP在语言教学中的位置。在这个树状图中，我们可以清晰地看到ESP、EAP及其他与语言教学相关的要素的逻辑关系，也明确了ESP与其属下的分支学科之间的相互联系。

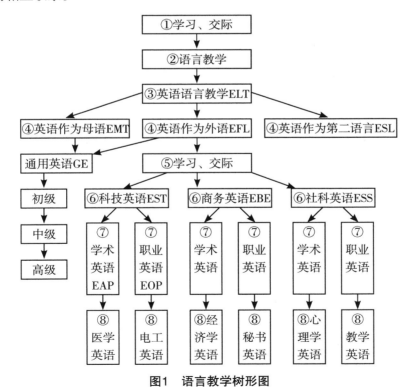

图1　语言教学树形图

从专门用途英语ESP 在树形结构中的中心位置就可以看出其重要性。它与通用英语EGP的关系可以解释为：后者以教授语言技能为目的，学习通用英语的目的是日常交际或通过考试；而学习专门用途英语是使学习者在某一专业或职业领域内实现用英语语言进行专业性交流。[①]两者并非互相对立的两个部分，而是紧密联系的。在英语教育体系中，通用英语和专门用途英语是统一教学目标构建的两个层面，是一个语言连续体的两端，都具有词汇、句法、语篇等层次上的语言共核，所以，专门用途英语本质上具备语言教学的一切特征和要素。从两者的关系上看，通用英语是专门用途英语的基础，发展到一定阶段后，专门用途英语是通用英语的扩展和延续。两者内容相互衔接且融合。

通过对专门用途英语的研究我们可以清楚地认识到：第一，专门用途英语并非英语的特殊变体，不是有别于其他形式的特殊语言。特定目标情景中遇到的专门用途英语的特殊特征或差异不能淡化英语应用的语言共性，它依然具有英语语言的共核。第二，专门用途英语不仅限于科技词汇和语法或某些行业相关的词汇和语法，树形图可见的不仅仅是主干和枝干，其要素间的相互关联是支持这一结构的主体框架。第三，专门用途英语教学无异于其他语言教学，尽管教学内容有所不同，但学习过程与通用英语没有本质的差别，没有专用的方法，只有应用于专门用途英语的方法，且这些方法同样可以运用于任何形式的英语学习中。

2. 专门用途英语的性质和特征

（1）专门用途英语的性质

ESP的范畴是十分宽泛的，不仅仅以经贸英语、财会英语、医学英语、旅游英语、工程英语等各种形式出现，而且研究的重点也不同。有的研究内容倾向于语言类别的词汇、语法、句法特点、语域特征等内容；有的更倾向于对语言的实用价值、使用意义进行研究，目的是帮助专业人才掌握专业的英语知识。这就让ESP既涉及了语言学、教育学的知识，又涉及学习

---

① 卢桂荣. 大学英语教学研究——基于ESP理论与实践[M]. 北京：光明日报出版社. 2013，20–21.

者的专业知识。同时，不同国家具有不同的教育政策，不同地区又有教育方针及政策的差异，这使ESP在各个国家、各个地区形式各异，重点不一。而且，目前在教育领域中并没有一个针对ESP的统一的教学大纲，师资力量薄弱，这都给ESP的课程发展造成了困难。因此，了解ESP的性质对于更好地开展ESP科学研究和授课时间十分重要。

首先，ESP应该是一种教学途径，而不是一种教学方法。二者的区别在于"途径"所对照的英语单词是"approach"，"方法"对照的英语单词是"method"。approach作为教学途径，包括方法在内的抽象的教学方针和理念。在此指导下，ESP可以有与其相对应的教学大纲、教学材料、教学方法等。然而，实际操作过程中的ESP往往被当作用英语传授的专业课程或者是带有专业知识的英语课程。其教学或是传授专业知识，或是讲解英语文献，教学方法大多会采用语法翻译法，并没有体现ESP的教学方针和理念。英国雷丁大学（The University of Reading）应用语言学研究中心主任Pauline C. Robinson认为，ESP有两个最基本的判断标准：一个是以"特定的目标为导向"；一个是以需求分析为基础。因此，ESP是建立在需求分析的基础上，有着明确的、特定的目的的教学理念或原则。任何一种把ESP当作简单的教学方法的做法都不能称之为真正意义的ESP，只有按照ESP教学途径开设的课程才是真正意义上的ESP课程。

其次，ESP是一个完整的体系，而不仅仅是一门课程。在教学方面，ESP要有切合实际情况的教学大纲，同时拥有适合不同专业、不同水平的学习者的教材。学生所使用的教材应该是系统性的教材，而不是随意选编的与某一专业相关的语言材料，也不是直接使用的原版文献。在ESP教学大纲指导下编写的教材既满足了学习者的需求，又能达到ESP的教学目的。在教学大纲和教材的支持下，教师才能有空间采用多种教学方法进行教学。在科研方面，针对ESP的教学研究是必要的。教学研究的进行会推动学科的发展，教学实践过程同时也是学术研究和教学研究的过程。

最后，ESP涉及的内容包括语言技能和专业知识两个方面，所以ESP教学的内容要兼顾两个方面。既要包含一定的专业知识，又要有语言技能的训练。学习者对ESP课程的学习不是简单地换一种语言去重复专业知识，而是要针对学科内容，综合地掌握这门课程。在语言技能方面，学习者不仅仅要具备听、说、读、写、译的能力，还要具备用英语进行专业方面学习和讨论的能力。例如，可以听懂专业相关的英语讲座并对其进行提问或回答问题；可以在实验室或研究所与其他人士进行学术交流；可以独立阅读科研文献并用英语进行相关方面的信息检索等；可以用英语撰写符合规范的工作报告、文献报告、文章摘要和学术论文等。

（2）ESP的特征

与EGP相比较，ESP语言包括三方面的特征：

第一，EGP语言重在存同，ESP则重在求异。EGP语言关注的是语言要素中相互联系的、普遍存在的共同属性；而ESP则反映了特定行业间语言间存在的差异。

第二，ESP内部求异的同时，也存在着内部的存同。如果说EGP的存同强调的是学科间的语言形式的互通性，那么ESP的存同表达的是特定学科内部的语言形式具备一定程度的通用语码特征，有相当程度的相似互通性。因此特定领域的ESP内部便出现了共核词汇、针对特定群体的需求分析以及内部通用的论文题材等。

第三，ESP语言中的求异与存同并不是与EGP完全对立。ESP和EGP同属于语言教学的分支，他们之间的不同是在各个层面上不规则地相互渗透。双方在方法上是相互借鉴的关系。可以说，真实的语言材料、真实的语境和以需求为中心是ESP语言的显著特征。

3. 国内专门用途英语的发展情况

国内专门用途英语研究与我国对外开放程度、国际交流领域有着密切的关系。从论文数量来看，2004年之前各专业期刊发表的有关ESP的论文数量较少（数据来源于中国知网，搜索关键词为：ESP，专门用途英语）严玲，2011）。对于这个主题的研究集中于对国外研究成果的分析和参考。而2004年后，相关的论文数量出现了大幅度增长，研究内容也越来越丰富。教育部2004年推出的大学英语多媒体教学改革的突破式进展推动了整个领域的教学研究，有相当一部分学者认为我国大学英语教学未来的定位直接与专门用途英语相关，因此研究这一主题的论文数量也增多了。

从研究内容分析，国内的研究可以明显地分为三个阶段：20世纪90年代初之前，是以介绍国外的研究成果为主的研究借鉴阶段；20世纪90年代中后期，是国内学者独立实践研究的起步阶段；21世纪初期，是国内研究和实践向各学科、各层次纵深发展阶段。

进入21世纪后我国各层次的英语教学水平整体提高，针对ESP教学设计领域也不断扩大。从宏观上看，ESP在大学英语、英语专业、高职高专英语中的应用研究仍然是研究的重点。从微观上看，ESP的教学设计、需求分析、教学内容，以及与ESP教学相适应的教学法、测试、教材、师资解决方案、各专业英语词汇的特色等方面都有涉及。

第一，在教学定位方面。目前的大学英语教学主要有三种形式。第一种是在普通高校中延续传统的大学英语基础教学；第二种是在重点高校中，直接进入双语学习（蔡基刚，2007）；第三种是大学通用英语教学、ESP教学和双语教学三个步骤的形式。由此可见，无论高校处于哪个层次，大学英语未来的发展都不能脱离ESP教学特色。但对已开展ESP教学的学校进行调查结果却表明，ESP进行过程出现问题多、困难大的情况。普遍情况是师资匮乏，教材稀缺，教学模式老旧，教学效果不好。因此，完成ESP改革并非一日之功。

第二，在教学内容方面。目前对ESP教学内容的研究有了长足进步。教学内容涉及研究方法，也涉及语料库、体裁分析、问题分析以及隐喻机制分析等相对深入的语言学内容。但局限在于对语言研究方法和内容的研究主要为对国外ESP语言研究的沿袭，缺少应用型语篇的研究内容和深度，也未能对传统研究方法进行创新。

第三，在ESP教学法方面。越来越多地与教学法效果评估相关的实证研究涌现出来。段平（2004）通过进行专业交际英语教学实践，对教学效果进行问卷调查研究和测试后发现，教学能够帮助学生在专业阅读和写作方面提高能力，但是口语交际能力的提高并不明显。袁平华（2008）用实验对比教学发现，内容依托式外语教学使学生在应用英语方面更为主动，也使阅读方面的能力得到提升，但这些作用只局限于英语水平较好的学生，对于水平较差的学生作用并不明显。

除此之外，这一时期的ESP调查表明，师资方面取得了长足的进展，国内的ESP教学和研究在广度和深度都有了飞跃性的进展。随着经济的进一步发展和国家对教育投入的增加，能够预见的是师资结构和水平会得到实质性的改善，未来的大学英语教学中会有更多的课程与ESP密切相关。

4. 专门用途英语课程建构理论

专门用途英语的课程设计是一个过程，Hutchison和Waters通过探究课程建构的过程发现关于学习需求的理论被理解及解释，并创造出一系列的步骤完整的教学体验，最终引导学习者形成能力，达到一定知识水平。心理学、语言学和逻辑学以及其他课程的发展都促进专门用途英语课程设计从原有的基础上继续发展。从学生的学习需求出发，充分考虑学习者客观和主观的意愿，并得到了不断的完善。在这一系列的与课程建构相关的理论研究中，以下理论为专门用途英语课程发展做出了积极的贡献。

（1）语言学理论与ESP

ESP首先是一门语言学课程。以语言学理论为基础开展的ESP课程，无论是否对语言进行强调都不可避免地基于相关的理论原理实施教学过程。

①结构语言学理论

Ferdinand de Saussure的语言学理论主要从语言的本质上解释语言的存在，并将语言学与符号学联系起来，认为改变单词的使用和结构会引发句子含义的差别，直接分析句子成分能够使学生对句子的理解更加准确。结构语言学对ESP教学的影响主要体现为，ESP结构型教学大纲中的句子是由简单到复杂进行排列的，而且对学生的训练目标明确，训练强度有所增加，目的是让学生逐步掌握语言结构，提高语言运用能力。

②转换生成语言学理论

美国语言学家Noam Chomsky在1957出版的《句法结构》一书标志着转换生成语言学的诞生。他认为人类对语言能力的解释就是语言学的研究对象。人脑生成句子的过程就是语言学研究的过程。所以对语言学对象的研究不能仅仅满足于对言语行为的描写。Chomsky将语言划分为表层结构和深层结构，前者即语言能力——用来表达思想；后者即语言行为——用来反映思想组织。因此，对于语言的解释不仅仅要关注语言表层的表达方式，而应该通过其深层含义了解更多的思想组织行为。这在ESP课程设计方面表现为具体的语言行为和抽象的语言能力的相互关系。

③系统功能主义语言学理论

系统功能语言学是Halliday在功能语法理论的基础上进行了发展而创立的，该理论促使外语教学的重点从语言形式转向真实语言的实际运用过程。系统功能语言学更关注语言的社会属性，把语言当作是一种实践，并且将可能出现的语言行为和实际出现的语言行为进行了区分。该理论重视对语言变体和个别语言的差异性分析，认为语言具有"连续性"，且可以通过语篇的观察和利用统计的手段验证假说。系统功能语言学体系里"功能"主要包括七项：人际、工具、想象、互动、表达、启发、调节。这七个功能主要强调了语言的实际应用特性和交际特性。而为提高语言使用者在行业或专业运用中的语言能力而生的ESP，更加需要在教学过程中强调此类功能。在教学过程中也要关注如何创设恰当的语言情景来培养学生英语运用语言的能力。

（2）语域理论与ESP

由于不同人群的社会地位和职业差异以及使用语言交际的目的和场合差异，他们使用的语言也有差异。这种因使用语境不同而产生的差异显示其不同的语言特征，即语域分析。语域理论源起于系统功能语言学，发展自英国的"语境主义"思想。人类学家Malinowaki提出的"语境"思想的内涵是：语言的最主要的功能就是语用功能，这种功能也是人类活动中的重要组成部分。话语的意义是一种话语与周围情境之间所发生的关系，而不是构成话语的词语的意义。因此，一旦语境发生改变，语言构成的意义也会随之发生改变。Halliday 强调进行分析和解释语篇是对语篇出现的语境进行研究，并指出亟待解决的问题是找到哪些情境因素会影响语言系统的选择。（Halliday，1978）

就概念而言，语域的内涵是人们在不同的语言场所使用的不同语言，语言功能也会受到使用场所的不同而被影响。选择与情景相适应的语言类型就是语域。狭义的语域和行话（jargon）有关，用于描述专门领域的术语，例如医学中的注射（injection），物理学中的热力学（thermodynamics）

等。广义的语域是语言使用中的一种社会体裁（social genre）（Stockwell，2002），这种社会体裁也被描述为社会方言（social dialect），例如报纸中出现的文章和学术的语言（Akin Odebunmi，2007）。Halliday认为，广义上语言受到文化语境的限制；狭义上语言也被情景语境所制约。情景语境是话语发挥功能的最直接的途径，它说明的是在特定的语境下应该说什么，可以说什么，也就是说话的内容和方式受到一系列情景要素的制约。不同的情境，言语活动会呈现出不同的特征，我们通常根据具体的交际场合调整我们的语言。在Halliday的系统功能语法中，系统和功能是密不可分的概念。人们在用言语实现某种功能、表达某一意义的时候，必须要在语言系统中做出选择，这种选择就是意义。Halliday认为，语言的不同层面具有不同的体现关系。

语域的定义方式主要按照话语范围、话语基调和话语方式来进行。因此，语域是语言在一定语境下的显示。由于语境由意义来体现，所以一定的语域也带有一定的意义特征，同时通过不同形式的语言来表达。（胡壮麟，2005）。Halliday认为语域的两个基本功能表现为预测功能和反映文化的功能。语域的预测功能是双向的（Halliday，1978），这种双向性体现为，一方面我们可以根据语境来预测语篇，另一方面可以根据语篇来预测产生这个语篇的语境。对于前一种情况来讲，掌握了语言发生的具体情境特征，就可以根据这些特征来预测语篇的言语类型的独特性和其相应的整体结构。这种方法是一种"自上而下"的方法。对于第二种情况来讲，就是通过语篇来对语境进行预测，是一种"自下而上"的方法。强调以语篇为出发点，首先分析语言的特点，并且对语篇的整体结构进行总结和归纳，从而预测出该语篇的情景类型。例如听力和阅读，听音者和读者可以针对对话或语篇中运用到的具体词汇或术语特征对整个交际语境进行预测，从而猜测正在进行的语言活动。

语域在具体的交际场景中以具体的方式出现，当构成语境的三个变量即语场（话语范围），语旨（话语基调）和语式（话语方式）中的任意一个发生改变后，就会有不同类型的语域产生，也会有某些具体用途的语言变体产生。不同语言社团的文化和语义都是通过社团成员的语言得以实现，或者说通过成员说出或写出的语篇来实现。所以不同情景类型决定的语篇是不同类型的具体语域形式。语域，连同反映语域特征的词汇和语法，会随着社会文化的变化而变化（魏纪东，2001）。对于语言教学的实际意义就是在讲授语言的形式特征时，必须把语义特征与情景语境特征联系起来。语境是由意义来体现的，所以语域也主要表现为不同形式的意义特征。语言变量的改变影响语境的类型，因此语义特征与情景语境特征联系起来的直接表现之一就是ESP，以语言功能变体的形式表现出来的，专门在特定的领域中为特定的语言使用者所使用的言语范围。

在专门用途英语教学过程中，ESP教师应该充分考虑所讲授领域内专门用途英语的语篇特征，对语篇进行语域分析，才有可能帮助学生在理解语篇的同时对特定语篇的语场、语篇包含的语旨及语式所呈现的语言特征进行理解和掌握。

（3）体裁理论与ESP

"体裁"来自法语genre（起源于拉丁文），意思是"kind""class"和"genus"。在系统功能语言学内部，Halliday最为重视体裁研究，他对体裁的性质和功能在很多著作中都进行了讨论（Halliday，1978；Halliday，1985；Halliday & Hasan，1985；Halliday & Matthiessen，2004），他和他的学生Martin（1992）对体裁的界定为：

"A genre is a staged, goal oriented, purposeful activity, in whichspeakers engage as members of our culture. Virtually everything you doinvolves you participating in one or other genre. Culture seen in theseterms can be defined as a set of generically interpretable activities."

"体裁是指说话者以文化社团成员身份参与的有阶段、有目标、有目的的活动……可以理解为，我们所做的每一件事都是在遵循某种体裁模式，文化也可以被定义为在体裁模式下的一系列可以解释的活动。"

交际目的决定体裁的特征。体裁说明的是社会文化语境下的语篇类型；语域探讨的是与情景语境相关的语言形式问题。Lee（2001）曾在讨论语篇类型时研究过"体裁"和"语域"的概念，他们认为这两个不同的概念是从不同的角度来审视语篇，研究的主体并没有本质的差别。Martin通过一个逻辑关系将语域、体裁和语言的关系阐述得很明确：体裁通过语域来实现三个情景变量的组合方式。同时语域三个变量的组合优势是通过语言手段来实现的。Couture（1986）从系统语言学角度区分体裁和语域：语域制约着词汇和句法的选择，而体裁制约着篇章结构。和语域不同的是，体裁需要在完整的篇章内得以实现。当我们研究体裁时，研究的重点是整个语篇结构。在Couture看来，语域与体裁两个概念应该加以明确区分，体裁篇章完整且结构鲜明，语域表现的是文化或者语言的选择。交际的成功与否取决于体裁和语域能否保持适当的关系。体裁分析是语篇分析的一部分。

（4）需求分析与ESP

需求分析（Needs Analysis）是专门用途英语教学研究的基础，对于需求分析的研究直接影响教学目标的设定和教学方法的选择，同时也是教学大纲制订及教材选择的前提。最早的需求分析出现在专门用途英语发展的目标情景分析阶段。这一阶段的课程设计将重点放在学习者学习目标的环境分析方面，将语言分析和学习者学习目的紧密联系在一起。分析是为了更好地满足学习者对语言学习的不同需求。到了后期的以学习为中心的发展阶段时，需求分析的重要性变得越来越显著且无法替代，它是课程准备阶段中至关重要的一环。恰当的需求分析使教学内容变得紧凑，重点明确。

英国语言学家P. Strevens（1988）所提到的专门用途英语的四个根本性特征中的第一点（必须满足学习者的特定需求）就指出了需求分析的重要性。国内很多专家也在这一方面达成共识，认为专门用途英语教学既然已经成为现代大学英语教学改革过程中的必然发展方向，那么研究其基础性的原理问题即需求分析必然能够对专门用途英语教学发展产生重要影响。就内容上看，仔细、全面的需求分析以情境分析为提点，包括"目前情境分析"和"目标情境分析"（Robinson，1991）。前者指的是学习者开始专门用途英语课程学习前，在原有的语言基础上对已有语言能力的分析和对下一阶段学习的要求和期待。内容包括分析学习者目前的英语水平、专业知识、学习动机及以前的学习方式等。后者是指学习者未来的工作环境对学习者提出的语言及专业技能方面的要求以及学习者本人对待这种需求所持的态度。Bloor（1984）把前者称作以学习者为中心的需求分析，后者称作以目标情境为核心的需求分析。专门用途英语教学需要思考的是学生目前的学习情况和水平是什么样的，学生想要交流的是什么，采取何种方式进行交流，能够做到什么程度的交流等。学生的教育背景、学习英语的时间长度、学习的热情以及未来对英语学习的态度和期望等都会通过分析展现出来，为课程的进行提供参考。

（二）关于教学模式的研究

笔者以不同的关键词组合检索了知网期刊全文数据库，以"大学英语"和"教学"为关键词，以2024年9月作为检索截止时间，以"哲学与人文科学、社会科学类期刊"作为检索来源，以"主题"作为检索范围，以"大学英语"和"教学"为关键词共发现17.73万条结果；以"大学英语"和"教学模式"为关键词，发现5.11万条结果。从数量上看，研究者们对大学英语教学方面的相关研究硕果累累，然而对直接影响教学效果的教学模式的研究相对较少。在教学改革不断推进的过程中，解决大学英语教学产生的问题要求对教学模式的内涵有一个深刻的理解。

1. 教学模式的概念

查有良指出，"模式"是一种根据观察所得加以概括化的框架和结构。大教育观将教育看作是一个大的体系，具有宏观、中观、微观三个大的层次，且基于这三个不同的层次研究教育模式。从宏观上来看，教学模式是教育事业的发展战略模式；从中观上看，教学模式是教育系统管理的模式即办学模式；从微观上看，教学模式是各级教学过程进行的模式。很明显，对于专门用途英语教学模式的研究属于微观上的研究。[①]例如，某一门课程以什么样的模式来完成就属于微观教学模式的范畴。

总的来说，国内关于教学模式的定义，概括起来有这样几种观点：第一种观点将重点放在理论方面，认为"教学模式是在教学实践中形成的一种设计和组织教学的理论，这种教学理论是以简化的形式表达出来的"；第二种观点将重点放在结构方面，认为"教学模式是在一定教学思想或理

---

① 查友良. 教育模式[M]. 教育科学出版社. 北京：1993.

论指导下建立起来的各类教学活动的基本结构或框架"；第三种观点将重点放在程序和过程方面，认为"教学模式是在一定教学思想指导下建立起来的、完成所提出教学任务的、比较稳固的教学程序及其实施方法的策略体系"；第四种观点将重点放在方法方面，认为"常规的教学方法俗称小方法，教学模式俗称大方法。它不仅是一种教学手段，而且是根据教学原理、教学内容、教学目标和任务、教学过程甚至教学组织形成的整体、系统的并加以理论化的操作模式。"

综合以上对于教学模式的界定可以认为，教学模式就是在一定的教学理论或教学基础的支持下建立起来的，为实现特定的教学目的，以特定的教学模式的相关要素组合成的结构、范式或框架，且这种稳定性的结构模型具有可操作性。由此可见教学模式要具备三个要素，一是要有理论指导，反映一定的教学思想或教学理论；二是要来源于实践，在实践中得到验证和发展；三是其实质是一种教学策略，可以通过固定化的教学模式来指导教师选择教材和教学方法，在教学模式的基础上进行变化。

专门用途英语教学模式是以语言学理论及语域理论为指导，以培养特定工作或任务所需的英语能力为教学目的，将英语教学的诸要素以一定的组合方式构成的相对稳定且简明的教学结构框架。

从这个概念中可见，专门用途英语其实质是语言功能变体的一种体现，也是专门为特定的社会群体所使用的言语范围。Halliday等学者（1964）认为专门用途英语的语域适用范围使学习者的学习目标更加精确和明确，从而不必像通用语言教学那样泛而不精。这就要求教师在教学过程中关注不同的语域的语言言语特征。而且，语域变异的标记是语言材料，这种标记表现在词汇语法等各个方面，并且根据具体的语域的变化而发生变化。那么教师在教授词汇和语法结构时，也应该针对不同的需要，将语言教学与其语域联系起来，从而确定情景语境中表达的类型意义。例如，讲授一篇主题与计算机科学相关的文章，教师在讲授计算机学科专门用途英语词汇和科技类文章语法结构时，应该针对学生的需求，将语篇和语言使用场景结合起来，在一定的语境中锻炼学生使用相应的词汇及语法内容。

2. 教学模式的类别

教学模式有很多分类方法。"常规的教学方法俗称小方法，教学模式俗称大方法。它不仅是一种教学手段，而且是根据教学原理、教学内容、教学目标和任务、教学过程直至教学组织形成的整体、系统的操作样式，这种操作样式是加以理论化的。"（叶澜，1991）叶澜的分类方法就是广义的大方法。而吴也显的分类方法则是将教学模式分为哲学模式、心理学模式、社会学模式、管理学模式、教育学模式等。他的观点是，教学模式本身就是心理学教学模式，这种观点是基于"心理学是教育学的基础"这一论点。但是专门用途英语教学模式虽然将心理学要素考虑在内，却不完全依赖心理学的理论，更加强调的是实用性的标准。

王策三（1985）依据师生之间的相互作用将教学模式分成三大类：师生系统地传授知识和学习书本知识；教师辅导学生从活动中自学习；折中于两者之间的教学模式。这种方式将强调两个行为，一个是教师传授，一个是教师辅导。传授和辅导之间的各种行为也被纳入教学模式之中。在现代技术影响下的现代教学模式超越了传授和辅导的范畴，也将超出教师和学生的第三种介质参与到教学模式中来。

班华（1992）从师生地位、作用和关系等内容出发。将教学模式分为：教师讲授为主；教师启发，引导学生动脑、动手去获取知识，培养学生自学能力为主；以学生自学、自己活动为主，由教师提供一些帮助和辅导。这种分类与王策三基本相同。班华认为从师生地位来看，教师处于主导地位，教师负责指导学生的学习活动培养他们相应的能力，同时学生也作为主体，自主学习能力在其中得到体现。教师和学生在教学过程中处于同等重要的地位，平等地设计和参与教学活动中去。

狭义的教学模式是指各种课型的教学模式，如新课导入、单元复习、听力、会话、阅读、写作、词汇、语法教学模式等，这将教学的元素更细化了。一般来说，教学模式是可以模仿的极好的教学方式。"可以模仿"可以解释为教学模式的"可操作性"，"极好"则可以解释为"有效性"。采用模式作为稳定的研究方法来研究教学，可以将教学要素以有序的逻辑重新排列，将复杂的教学过程简单化，让教师和学习者都能够比较清晰地认识教学过程及教学各个要素之间的相互关系，从而使教学达到优化，教学效果得到提升。因此关于教学模式的构建研究十分必要。

3. 英语教学模式

笔者认为，专门用途英语的教学模式是超出传统教学方法范畴的大方法。是从教学原理、教学内容、教学目标和任务，以及教学过程和教学组织形式及操作式样等方面综合统筹，从而形成的大方法。这种大方法以课堂教学模式为核心，将课程实施从课堂教学扩展到课下，并将相关要素融会贯通的一种综合性模式。

根据章兼中（2016）的观点，第二语言教学和外语教学的模式既有共同点也有区别。他认为，两者的目标都是培养学生掌握交际运用英语的能力，两者之间的差别在于第二语言教育具有自然的言语情境，是社会生活实用的语言，具有充分的使用时间、学习者处于无意识习得语言的状态，且学习者不注重显形的语言形式。而外语教学模式与前者相对照，缺乏相应的言语情境、是课堂教学的语言，在有限的课堂教学时间中学习，学习者处于有意识学习语言的状态，且认为显性的语言形式有助于语言学习。所以，成功的英语教学模式应该最大程度给学习者创造学习目的与语言情境，将学习从课堂延伸到课外以增加学生的立体式学习时间，并且要通过实践将学生的有意识学习和无意识学习有机地结合起来。这与专门用途英语的价值取向相一致，突出了语言学习的工具性特征。对于专门用途英语教学模式的研究不可避免地吸收了第二语言教育教学模式的特点，并在此基础上找到区别两者的关键特点，构建专门用途英语教学模式。

英语教学过程中将实践经验进行总结并据此形成的理论反映了语言教学的规律，也就形成了相应的模式。语言教学理论、相关学科以及语言课堂教学和实践三者间辩证统一的关系也促进三者共同提高和发展。语言教育学的理论模式的核心是语言教学的理论与应用研究。将理论与实践紧密联系在一起的就是教学模式。英语教育的实践模式就是教学模式。我国的外语教学模式很多。[①]这里选取笔者感兴趣的几个为例：

---

① 张正东. 中国外语教学法理论与流派[M]. 北京：科学出版社，2000.

（1）Bloom的掌握学习模式

掌握学习模式可以用于各学科的课堂教学之中。我国英语课堂教学经常以此作为单元教学模式来使用。其教学步骤主要为：制订单元教学目标并按照目标进行教学。每单元结束后要进行一次形成性测验，用来检查学生的规定单元目标是否完成。如果学生未能完成单元目标，就进行矫正学习，弥补知识缺漏，然后进行第二次形成性测验，使学生最终完成本单元的目标。掌握学习的主要特点是使大多数学生掌握规定的单元目标。这种学习模式是初级语言学习者进行语言学习时所经历的最基本的教学模式。在这种教学模式中，教师是教学的主要管理者，对教学活动和教学内容有全部的控制权。

（2）3P教学模式

很多语言教学流派的共同特征就是按照语言教学过程的特点把语言教学过程分成四个步骤：呈现、理解、训练和运用。如果将呈现和理解共同归纳为讲解，这几个步骤就变成讲解、训练和运用，即presentation、practice和production。三个英语单词的首字母组成3P模式，也被称为PPP模式。这种语言教学模式要求在新知呈现的过程中，教师首先将新的语言知识展示介绍给学生，激发学生的学习兴趣；进入语言练习阶段后，鼓励学生利用新知识进行训练；在语言产出阶段创造性地运用所学知识，使学生具备灵活进行语言交际的能力。3P教学模式对于语言教学的基本步骤进行了归纳和概括，但不够完善，在此基础发展形成的大学英语课堂教学模式似乎更适合我国通用英语教学实践。

（3）5步骤教学模式

一般来讲，大学英语每册教科书的内容分为六个单元，每单元安排8学时。每节课的教学内容大致分为三部分：复习前面已讲的语言内容；讲授新的词汇、语法、语篇的内容；开展各种形式的听、说、读、写、译等训练活动等。课堂教学步骤一般包括如下5个步骤：复习（revision）1学时，导入（lead-in）1学时，介绍（presentation）2学时，练习和实践（practice）2学时，巩固（consolidation）2学时。在每一个教学步骤中，教师和学生都有不同的改变。通过5个步骤的安排，完成全部教学内容的学习。

在复习的过程中，教师是一位"强化记忆者"，根据先前学习的内容进行口头或书写形式的复习，复习是对已学重点内容的强化，也是将已学和新学内容衔接起来的纽带。导入步骤中，教师是"新信息介绍者"，通过语言信息或声像材料将新内容介绍给学生，以此激发学生进入新的学习阶段的学习兴趣。介绍环节中，教师是"示范表演者"，将新的语言点和篇章通过纳入相应情境的方式介绍给学生，在学生的配合下讲解新语言点的功能和性质，为下一步的实践做准备。在实践环节中，教师是"训练指挥员"，指导全班、小组或个别学生进行训练，强化所学内容。巩固的环节主要体现在练习和纠错的过程中。往往通过口语或书面的形式再现语言学习的内容，并审查内容产出的质量，对教学过程进行反馈。

这三种教学模式都是基于课堂的教学模式，在教学过程中突出了以学生为中心和以学习为中心，强调了学习过程中学生的主体作用，也同时强调教师在教学过程中的主导和控制作用。

（三）关于混合式教学的研究

1. 大学英语教学研究前沿主题

2018年教育部《关于加快建设高水平本科教育　全面提高人才培养能力的意见》（简称"新时代高教40条"）对于外语课堂教学研究提出了新的研究方向。其中第11条推动课堂教学革命中明确指出："以学生发展为中心，通过教学改革促进学习革命，积极推广小班化教学、混合式教学、翻转课堂，大力推进智慧教室建设，构建线上线下相结合的教学模式。因课制宜选择课堂教学方式方法，科学设计课程考核内容和方式，不断提高课堂教学质量。积极引导学生自我管理、主动学习，激发求知欲望，提高学习效率，提升自主学习能力。"

2018年8月27日教育部出台的《关于狠抓新时代全国高等学校本科教育工作会议精神落实的通知》提出"各高校要全面梳理各门课程的教学内容，淘汰'水课'、打造'金课'，合理提升学业挑战度、增加课程难度、拓展课程深度，切实提高课程教学质量。"其中金课的"两性一度"包含课程建设的高阶性、创新性和挑战度。提倡建设的五大类型金课为：线下"金课"、线上"金课"、线上线下混合式"金课"、虚拟仿真"金课"和社会实践"金课"。

国家社会科学基金项目2018年课题指南中，对于国际化外语人才培养的理论与实践研究的立项仍然是语言类项目中的热点。外语信息化教学的前沿主题包括：

创新教学模式研究：翻转课堂、"线上线下"相结合的混合式教学；

全新课程模式研究："MOOC"（慕课）；

面向数据挖掘的学习分析：外语"大数据"、学习者认知过程和个体差异、数据驱动的精准教学、基于大数据的智慧学习和深度学习；

计算机话语分析：外语教学从单模态到双模态再到多模态的转变、语言和其他相关意义资源的整合、外语教学技术化与人文化相结合的体现；

学习者因素：有关认知、态度、动机等学习者研究持续增长；

教师专业发展：教师行为、TPACK结构（Technological Pedagogical Content Knowledge的缩写，即整合技术的学科教学知识）、自我效能与认知发展、互动能力、信息素养、团队建设（共同体）等。

其中关于大学外语教学改革的研究包括《大学英语教学指南》指导下的大学英语课程与教学改革研究（含教育部、国家语委正式发布的《中国英语能力等级量表》）、大学英语混合式教学模式设计与实践、个性化大学英语教学目标设定、课程体系构建与达成路径、实现模式等。大学英语课堂教学研究的前沿主题排名第一的就是基于信息技术的课堂教学模式研究。大学英语课堂教学研究中高频关键词排名第一的为大学英语139次、第二为教学模式114次，然后分别为课堂教学、课程、教学方法、信息技术、教学理论、教学行为、跨文化能力、教学评价等等。[①]

从这几项政策导向和指南中可以发现国际信息化语言教学研究的发展动态、热点与前沿。1992年～2017年期间，本领域内的研究热点主要集中在学习者、基础理论、语言技能、学习环境与资源，以及学习活动的研究等方面。

学习者方面：关注学习者对语言学习中应用信息化技术的看法，如学

---

① 高岩，卢珊，吴耀武. 学术英语教育对大学生就业的影响研究[J]. 外语电化教学，2016（01）.

生们对待电子化阅读、基于维基的合作写作、手机的利用、混合式学习等的态度等；

基础理论方面：以认知负荷理论作为建立在认知资源基础上的一种流行理论，该理论越来越受到信息化语言教学研究的关注；

语言技能方面：集中研究智能手机和多模态呈现的词汇学习，基于维基、博客和社交媒体等Web2.0应用的写作学习，在线或离线的阅读学习，而利用带字幕的动画或视频等进行听力学习、口语能力训练的研究相对偏少；

学习环境及资源方面：媒体学习环境、基于任务或学习目标的在线语言学习、同步计算机终结交流、在线游戏与角色扮演等是研究的热点；

学习活动方面：计算机中介交流、数据驱动式学习（Data-driven Learning，语料库应用和词汇检索为代表）成为研究的前沿问题。①

综合以上内容可以发现，基于网络多媒体和混合式教学的研究越来越成为当下研究的热点和主题。

2. 混合式教学内涵

基于金课建设的五大类型课程中，线上线下混合式研究是语言类项目中的热点。我国大学英语教学改革近年来在大学英语自主学习和综合应用能力、基于网络的教学模式、教师教学水平和科研能力提升方面取得了丰硕的成果。研究成果可以通过研究论文数据体现。对于混合式教学模式的研究，笔者依然以知网数据为参考，以2019年6月作为检索截止时间，以"哲学与人文科学、社会科学类期刊"作为检索来源，以"主题"作为检索范围，以"大学英语"和"混合式"为关键词共发现379条结果。混合式教学的兴起和发展反映了教育思想和教学理念在新时代的重大转变。随着计算机技术对生活和学习的影响的日益广泛，现代信息技术也越来越多地应用于教学。通过对混合式教学的综述，可以对混合式教学的本质或核心思想理解如下。

首先，混合式教学是依托技术在"教"与"学"的过程中进行并完成

---

① 陆成定，陈美华. 国际信息化外语教学研究：发展动态、热点与前沿[J]. 外语研究，2019（02）.

信息和知识的传递。传递的过程中需要对时间和对象进行选择，并采用合适的教学技术、通过合适的技能对教学进行优化，从而确定学习者的学习质量和成绩。

其次，混合式教学并不是将在线学习与课堂教学的全部因素无序地排列在一起，而是有关"教与学"的多个维度和匹配方面的组合和融合。这些维度包含教学理论、教学模式、教学主体、教学活动、课堂学习环境、在线学习环境、教学媒介和材料、教学资源及学生支持服务等。

再次，混合式教学实施的关键点在于将"教与学"的关键要素进行合理筛选和优化组合，找到最科学的序列并确定范式。目的是将"教"与"学"的要素合理搭配，以期获得最佳效果。

最后，混合式教学本身就是教学模式，也是一种教学理念和教学策略，需要被置于信息化和网络化的教学大环境中。这种模式可以包含多种教学理论、多元教学方法、多样化的教学目标和多场域的学习环境，并应该合理利用各种支持性的教学资源，实现师生、生生和人机之间的有效互动。

混合式教学的基本特征体现为将教育国际化和信息化相结合的时代性、将学科教育和职业教育相结合的实用性、将"教"与"学"涉及的诸多要素相结合的多元性和随着时代和环境的改变而不断完善和发展的动态性。

（四）关于内容依托式外语教学的研究

CBI教学法也被称为"内容式教学法"或"内容依托式外语教学"[①]，即把内容与语言结合起来进行教学。[②]这种教学法最初是从加拿大"浸入式教学法"中获得的启示。内容依托式教学法是以目标语的内容作为媒介来进行的学科知识的教学。这种教学方法的使用使学生在相对真实的语料中学习，不仅让学生对语言的表达方式有了更深层次的了解，对文章的"言下之意"也有了认识和理解。内容依托式外语教学在国内还是有很多实践成功的案例的。朱军平在"慕课"背景下研究了以内容为依托的大学

---

① 袁平华. 依托课程内容进行外语教学之理据即教学元模式探讨[J]. 学位与研究生教育，2006（3）：31–36.

② 常俊跃，董海楠. 英语专业基础阶段内容依托教学为题的实证研究[J]. 外语与外语教学，2008（5）：38–40.

英语ESP教学模式，其中，MOOC课程+CBI+ESP又被称为"MCE模式外语教学"[①]，其核心就是推进内容依托式的大学英语ESP教学。Kasper为非本族语学生开设的"多重内容课程"（multiple-content course）包括了二语习得、计算机科学、人类学以及生物学和心理学等对专业背景要求不会过高的课程。在他的实践中，研究者通过对比分析发现，参与课程的学生在英语水平测试中的成绩远远超过了单纯进行英语课程学习的英语班学生，并且，在学科学习方面，这些学生的表现也超过了后者[②]。

在研究内容依托式外语教学的内涵上笔者发现，该教学模式的核心是将语言的教学纳入到学科教学体系，与学科内容有机结合起来完成外语教学。这与专门用途英语教学特征相吻合。语言教学与学科教学相结合使语言成为学科知识的载体，这是一种相对理想的二语习得条件。这种情况下的学生将注意力集中在内容上，也就是将学习目标作为工具来探索知识，这与母语习得的方式相类似，因此学习效率很高。因为，关注内容的学习可以把关注形式学习所产生的焦虑降到最低，同时，对于内容的学习增加了学习者可理解内容的输入，更好地调动了学生的学习兴趣，也更好地促进了高层次的认知活动的形成。这种对于实际任务的操作能力的提升能够在很大程度上增加学习者学习语言的动机。由此可见，CBI理论内涵体现在三个方面：

第一，语言学习与学科学习相结合。Cummins的观点是，人际交流基本技能与认知学术语言能力是人类语言水平的主要组成部分。[③] 前者主要为完成日常交际任务而形成，因为交际任务对语言要求比较低，所以语言也比较简单；后者主要在层次较高的学习或学术活动中使用，由于使用场景的特点，对认知程度要求比较高，语言层次也相对于前者复杂得多。学习者学习的过程体现为具备了一定语言水平后将语言教学与所学专业相结合，完成较高层次的语言专业认知和实践任务。刘润清教授指出外语教材到了

---

① 朱军平. 研究"慕课"背景下以内容为依托的大学英语ESP教学模式[J]. 科教文汇，2018（11）：175-176.

② Kasper, Loretta F. Content-based College ESL Instruction [M]. Mahwah, NJ Lawrence Erlbaum Association，2000.

③ Cummings, J. Psychological Assessment of Immigrant Children: Logic or Institution? [J]. Journal of Multilingual and Multicultural Development，1980（1）：97-111.

高级阶段，教材内容应该将80%的比重放在百科信息方面，学习者吸收知识的过程就是强化语言能力的过程。这一点与专门用途英语教学的学科英语性质相融合。专门用途英语的教学内容是与学生专业内容紧密结合的，学习的过程就是将语言学习与学科学习相结合。

第二，学习素质的全面提升。分科英语和传统综合英语最大的区别主要体现在内容方面，前者是学生专业相关的学科外语知识，后者是一般的综合人文内容。素质教育的内涵不仅仅涉及人文素质，也包括科学素质。我国公民素质提升与否应该与教学以及教材内容的选取有一定关系。各级各类英语教材内容的主题多是人文社会性的，或文学性的作品。缺乏科学素质方面的内容。在教学方面将科学素质和人文素质相融合的教学实践，才是实现《全民科学素质行动规划纲要》要求所必须做出的具体努力。在实践中学生学习素质的提升反映在对学习内容的掌握及学习技能的应用方面，是未来信息沟通和共享的基本能力。

第三，以学习目标促进学习。语言分科教学目的非常明确。在国际化的视野下，学校和学生都不仅仅面向本校环境或本国环境，而且要在更大的舞台上施展才能。学生需要通过参阅自己专业相关的外文文献来了解学科专业的最新发展动态，掌握进行专业学习和研究的学术能力，掌握能够处理特殊问题的外语语言能力。因此，以内容为依托的教学的优势就在于能够直接面向学习者未来可能接触到的文字材料，是直接面向学习者的特殊需求的教学，是正规教育制度中，学习目的最为清晰的英语教学。①这一点在专门用途英语教学领域意义重大。

四、研究思路与方法

（一）研究思路与框架

本文将从需求分析入手，研究目前大学英语的状况，我国高校的专门用途英语教学，尤其是工科院校大学英语课程及教学的问题及现状。对当前的

---

① Jordan，R．R．English for Academic Purposes [M]．Cambridge：CUP，1997．

工科院校专门用途英语课程的课程设置、教学设计、课堂教学模式、课程教学大纲及教学评价等方面进行阐述，并就教学模式相关的实践性成果进行分析，以期对专门用途英语课程及教学研究进行进一步的思考。

研究拟在大学公共英语改革的背景下，摆脱传统意义上对专门用途英语的狭义理解，将大学通用英语课程与专门用途英语课程放在统一的框架下进行构建，就专门用途英语类课程进行研究，不去有意识地割裂大学通用英语与专门用途英语之间的关系，而是努力将两者有机地结合起来，在现代信息教育技术手段的辅助下，对新工科改革趋势下的应用型本科院校的大学公共英语教学改革的方式、手段及专门用途英语的教学模式进行探讨。

本研究框架将以构成教学模式的几大核心要素为核心展开研究。以教学理念、教学目标、实施程序、实施策略、效果评价等为研究框架，讨论与专门用途英语课程相关的诸要素运行的程序和方法，找到符合专门用途英语课程特征的教学活动的实施框架和活动程序，从宏观认识上掌握教学活动整体体系及各要素之间内部的关系和功能，在语言学理论和教学设计理论的指导下，对专门用途英语的体系在理论上进行全面的探索，并结合中国情境，立足于应用型本科院校大学公共英语教学的实际情况，对该类课程的具体实施情况进行研究和探索。在对专门用途英语进行细致解读的前提下，清楚明确地呈现工科院校专门用途英语课程的教学模式建构观。在理论研究的基础上进行后续的实践研究。将现代信息技术与混合式教学理念融入专门用途英语课程实施及教学模式构建过程中，期待找到两者的结合点，对专门用途英语教学模式改革进行探讨和研究。

（二）研究方法

1. 文献研究法

笔者对国内外有关大学英语和专门用途英语课程及教学模式的相关书籍和文献进行广泛的阅读和整理归纳，分析了现有成果与前期研究之间的先后继承或横向关联的关系，将相关性问题进行梳理，并分析了问题的主次，把握研究的主题、对象、和重点，在他人研究的基础上，契合自己学习和工作的实际挖掘出待研究的问题，从整体上把握了专门用途英语教学相关的前沿领域的发展情况及未来发展趋势。为研究提供佐证和支持，并确立研究的视角、内容与方法。同时以教学模式作为关键词，查阅了与学科教学模式相关的资料和文献，试图找到支撑教学模式的核心内涵。对于混合式教学和内容依托式外语教学的研究为下一步的实践研究打下了基础。

2. 调查研究法

通过问卷及访谈的方式对专门用途英语的课程进行情况进行了解，收集所研究学校的学生对专门用途英语课程的需求、期望、学习动机、感情等各方面的情况，并对此类数据进行统计分析。对行业内外人士例如专家、教学管理人员和任课教师进行访谈了解行业需求状况。对问卷调查的结果和访谈结果进行分析和印证。通过课程前的需求分析调查，获得与"交际技能需求"有关的信息与数据来指导课程设计；课程中的需求分析调查有助于完善课程设计各环节中的不足，明确出现的问题并解决问题，最终满足学习者需求。

3. 个案研究法

本书研究选取了具有代表性的一门专门用途英语课程《工程英语》作为教学设计范例，对该课程的教学理念、教学特色及教学模式进行了实验性研究，通过真实的教学个案及对相应教学情况的分析，了解专门用途英语教学设计的本质，找到与专门用途英语教学理念相融合的切合点。

除了上述方法外，本研究还对大学通用英语和专门用途英语的不同教学模式进行了比较研究，搜集目标地点的相关语料并归类、观察目标地点的相关语言技能的运用并评价，以及对搜集到的相关语篇的分析总结，或是与专门用途英语学习者进行非正式的交谈等。

第一章 工科大学英语教学模式的理论分析

大学中的工科是指如土木、计算机、信息、通信、电子、机械、建筑、水利、汽车等研究应用技术和工艺的学科。工程学的内涵就是"应用科学和技术的原理来解决问题"。工科大学就是以上述工科专业为主，以培养工程人才为主要目标，帮助工程师通过想象、判断和推理，将科学、技术、数学和实践经验应用到设计、制造对象或程序的操作中的大学。在学校中，将自然科学原理应用至工业、农业各个生产部门所形成的诸多工程学科也称为工科或工学。本研究中的工科大学指的是普通类应用型工科大学。这类大学相比较双一流大学及其他重点综合大学在专业设置方面呈现出明显的工程方向性特征，在大学英语课程方面表现出教学投入和教学产出不成正比的问题。

当前国际高等工程教育决策中普遍比较注重人文社科因素，包括外语水平高要求对工程教育决策的影响。英语学习的主要目的是使学习者具备一定的语言交际能力，能够熟练使用语言达到交际的目的，在社会环境与国际环境不断发展变化的形势下，满足和适应外部环境对英语人才的要求。在决策内容方面，美国由四所大学创立的CDIO（Conceive、Design、Implement、Operate）工程教育理念的几项标准中，很多项都体现出对人文素养的重视，例如第七项"集成化教学过程"。"集成化"就是打破学科和专业知识的壁垒，进行多学科综合，将自然科学与人文社会科学相结合。[①]德国最为权威的一家工程教育认证机构ASSIN，在认证的课程结构中重视对学生进行多学科综合化的培养，注重培养学生的人文素养和气质，加大了跨专业的教学内容，比如经济科学、非工程类选修专业、语言类等

---

① 查建忠. 工程教育改革战略"CDIO"与产学合作和国际化[J]. 中国大学教学，2008（5）：16–19.

专业的教学比重，要求保证教学实践不低于10%。[①]日本JABEE的认证标准第一条就强调从全球角度全面思考事物的能力与素养；从社会需求的角度出发，强调对学生综合素养的培养。第二条学习与教育的量的要求中明确规定了在总授课时间1800小时中，人文社会科学（含外语）的授课时数要达到250小时以上。[②]由此可见，高等工程教育中鼓励多学科融合进行交叉学科研究，工程教育的内容无法脱离人文社科类课程而独立发展。并且新工科教育的发展必然与国际社会的人才需求相接轨，大学教育的实践，尤其是大学英语教育的实践使基础的、传统的英语课程模式及教学模式难以满足国家后工业时代发展对工程类人才的多样化需求。改革大学英语教学模式已经成为我国工科大学英语教学的一项重要任务。本章将对教学模式的相关元素及大学英语教学模式的表现形式进行研究。其中包括传统课堂教学模式的代表性特征，以及基于网络多媒体的教学模式的基本特点。并在此基础上总结了大学通用英语教学模式的特征，研究了工科院校大学英语教学改革现状及大学英语教学模式的特征与不同教学模式的共性和大学英语教学现状，为专门用途英语框架下的大学英语教学模式构建做好理论上的准备。

一、教学模式的含义

教学模式是教学活动进行所遵循的范式或样式。"模式"是我们经常使用的词语，对于"模式"的准确内涵的界定是避免教学实践中发生误解的一个保证。教学实践中出现的教学模式数量众多，例如信息加工型教学模式强调归纳性思维的培养；行为系统型教学模式认为行为有规可循，强调环境变量的作用；个人型教学模式注重个体差异在教学模式实施中的角色。

本文要对教学模式的含义做一个界定，以便更好地讨论和设计在应用

---

① 陈新艳，高安富. 德国高等工程教育的专业认证[J]. 高教发展与评估，2007，23（3）：73-77.

② 高倩，刘少雪. 日本高等工程教育认证机构的个案研究及其启示[J]. 理工高教研究，2007（6）：20-22.

型工科院校中教学模式对专门用途英语的教学产生的作用，从而按照明确的对象，确定性质的方式对其进行解读。

（一）教学模式的基本内涵

"模式"是指一种框架和结构，是指一种通过人为观察获取并进行加工概括化的框架和结构。按照大教育观的由大到小的模式特征，教育这个庞大的体系也能被细化，即从宏观、中观、微观三大层次研究教育模式：宏观上的研究为教育事业发展指引方向的战略模式；中观上的研究为教育教学奠定基石的教育系统管理模式（办学模式）；微观上的研究为教育教学增添活力的各级教育教学过程模式[①]。从概念上来看，"模式"一定是一种相对稳定的教学活动的结构，它在实施的过程中会以教学理论为支撑，以教学目标为前提，通过运用某些教学技巧，能够实现良好的教学效果评价的稳定架构。它不仅是一种教学手段，而且是根据基本教学原理、有限教学内容、特定教学目标和任务、系统教学过程甚至相应教学组织形成的整体进行系统理论化的操作模式。

从不同的教学理论和各个不同的教学方法、教学组织环节形态和教学手段视角来看，对于教学模式的内涵可以概括为："模式是再现现实的一种理论性的简化形式。"[②]以抽象的语言或模式对教学原型的简约且总结性的表达，这种简约和表达式教学模式具有理论性特征，但是不完全等同于理论。所以，在教学模式再现教学方法、组织形式及实施手段时，具有明显的实际操作性的特征。教学模式不仅仅局限于实践操作的层面，它是比教学方法更高一层次的概念。教学模式也是依据一定的理论所构成的一系列教学过程的程序，是包含教学方法等因素在内的，能够实现教学目标和掌握教学内容的结合体。通过概念对比，作者发现教学模式具有教学方法的操作性特点，也具有教学理论的指导性特征。[③]美国教育家Paul D. Eggen认为，"教学模式是为特定的教学目标而设计的具有规定性的教学

---

① 查友良. 教育模式[M]. 北京：教育科学出版社，1993.
② 张武生. 关于教学模式的探讨[J]. 教育研究，1998（7）.
③ 章兼中. 英语教学模式论 [M]. 福州：福建教育出版社，2016.

策略。"①Bruce Joyce认为，"教学模式就是学习模式，是帮助学生获得信息、思想、技能、价值观、思维方式和表达方式时，教师采取的教学策略。"②同时也是"在学习过程中所采用的总的对策、措施和方法，是学习思维活动的自控程序。"③从内容上看，这个概念下的教学模式与教学方法既有相同点又有不同点，它是在教学理论的指导下所进行的教学程序，并涵盖教学方法、教学策略的理论与实践的结合体。

根据上述对教学模式的不同界定，教学模式的内涵可以概括为以一定的教学理论为依据，以实现特定的教学目标为目的，将教学实践过程中的诸要素以特定的方式和形式进行加工处理，形成相对稳定且简明的教学结构框架的一种模式。并且相应的教学模型也具有可操作性程序。所以，无论是建立在理论基础上的教学实践，还是将教学活动、教学方法等具体的教学内容理论化都不能离开理论的支撑。虽然教学模式的外在形式也许是不同的，但针对某一课程教学模式的理论基础可能是相同的。

（二）教学模式的功能

研究教学模式就是研究它的作用和功能。美国社会学家Morton Deutsch曾经研究过一般意义上的模式功能，分别为：组合、启发、推断和测量。组合功能是模式把有关信息按照一定的规律联系起来，显示出一种必然性，例如各种教学要素的有序排列和组合；启发功能是指模式启发人们探索新的未知的事实和方法，例如教学模式的实施对学生的学习产生直接或间接的推动力；推断功能是指模式能够使人们依据它所提示的必然规律推断预期的结果，例如教学模式要素间的相互关系可能对下一步的教学行动提供参考和预测；测量功能是指模式通过揭示各种关系来表明某种排列次序或比率，例如教学模式的因素排列次序及相关比例可以对教学过程和效果进行测量。Morton Deutsch对一般模式功能的研究打破了以往对教学模式的认识。总的来说，教学模式的功能主要表现在两个方面：一是起到范式作用；二是提供方法论。

① 保罗．埃金等著，王维成等译．课堂教学策略 [M]．北京：教育科学出版社，1990．
② 乔伊斯等著，荆建华等译．教学模式[M]．北京：中国轻工业出版社，2011．
③ 章兼中，俞红珍．英语教育心理学[M]．北京：警官教育出版社，1998．

051

也就是说教学模式作为一种模式化的教学方法体系，能够为教学提供理论指导，帮助教师避免经验论和感觉论的误导，以理论为依据，在实施教学活动中能够推陈出新，更好地将理论与实践相结合。这种范式可以看作是某种理论的简化形式，而正是实践为这种范式奠定了基础。教学模式会通过优选、概括、加工对具体的教学活动方式进行优化处理。处理之后形成的相对稳定的操作框架为某一类教学及其所涉及的各种要素和相互间的关系提供了操作结构。而该框架包括了教学活动内在逻辑关系的理论依据，体现了理论意义。同时，简明扼要的象征性符号、图式和关系的解释也能够作为该理论的简化表现方式，来反映它所依据的教学理论的基本特征，使人们在头脑中形成一个区别于抽象理论的教学过程实施程序，而这一过程更加生动具体。这一中间必不可少，是抽象理论得以发挥其实践功能的重要一环，教学理论通过该环节来实现教学指导，真正地将理论付诸实践。

这种范式作用和方法论体系可以将教学过程中各个因素结合成一个整体，从而可以综合探讨教学过程中各个因素之间的相互作用及其多样化的表现，通过联系各个要素，将其转变成一个动态的、有机的、运动的过程，从而更精准地把握教学过程的本质和规律，同时优化教学设计，完善教学过程及教学效果。这种范式作用和方法论的功能同时也使教学模式成为教学活动的框架和总体指针，实现不同组织要素之间的合作。

（三）教学模式的要素

教学模式作为一种科学地、简略地和有组织地揭示教学活动过程的基本结构，20世纪60年代开始就逐渐形成了一定的教学系统方法体系。教育工作者努力将系统方法应用于教学实践的研究中，逐步形成了教学系统方法，又在这个系统中利用一定方法研究、设计和实施教学活动。具体表现为研究者通过教学模式来实现抽象的教学系统的运行。在实践中产生教学模式，然后由实践所检验。因此实践过程中的各个要素的运行程序和方法最终形成了教学模式。基本的组成要素包括：

1. 教学理念

人们对教学和学习活动内在规律的认识通过教学理念呈现。教学理念是对教学活动的看法和持有的基本观念和态度，也就是一种教学信念。以人为本、以学生为中心的教学模式的出现和发展是以发展学生的职能和科学精神为目的。以人为本的教学理念强调重视人，注重教育教学过程中全方位地发展人。素质教育理念强调知识、能力与素质在人才整体结构中的相互作用、辩证统一以及和谐发展。个性化理念强调学生的个体发展，鼓励学生拓展个性，主张因材施教，以不同的教育方法和评估标准为每一个学生的个性发展创造条件。《国家中长期教育改革和发展规划纲要（2010—2020年）》中有关教育理念的内容是这样的：要以学生为主体，以教师为主导，充分发挥学生的主动性，把促进学生健康成长作为学校一切工作的出发点和落脚点。关心每一个学生，促进每个学生主动地、生动活泼地发展，尊重教育规律和学生身心发展规律，为每个学生提供适合的教育，努力培养造就数以亿计的高素质劳动者、数以万计的专门人才和一大批拔尖创新人才。[①]

教学理念与技术推动教学模式的创新和协同发展。作为教学模式改革的驱动性因素，教学理念的改革升级直接影响着教学模式的改革，进而对教学效果产生影响。随着互联网技术与教育关联性的不断深入，教育部颁布了《教育部关于加强高等学校在线开放课程建设应用与管理意见》《教育部2018年工作要点》以及《关于加快建设高水平本科教育　全面提高人才培养能力的意见》等文件，以期用智慧教学理念与技术推动高校教学模式创新和协同发展。在在线教育推陈出新、大胆实践的情况下，教学理念是重塑教育教学形态，推动课堂革命的关键性因素，也是教育教学内涵的体现。

因此，要构建一个教学模式，首先要明确这个模式运行的目的，明确它的出发点和落脚点到底在哪里，以及如何保证这种教学理念能够有利于教育教学形态的重塑，从而推动教学改革。

2. 理论基础

理论基础就是教学模式的指导思想。教学理论是教学模式的指导思想和

---

① 《国家中长期教育改革和发展规划纲要（2010–2020年）》[EB／OL]. http://www.moe.gov.cn/srcsite/A01/s7048/201007/t20100729_171904.html，2010–07–29.

基本原理，它构建了教学模式的理论基础。例如，翻转课堂教学模式的理论基础就涉及心理学、最近发展区理论（即个体独立分析、解决问题的实际水平与潜在水平之间所存在的差距）、建构主义、自主学习理论、协作学习理论、混合学习理论等等。信息加工教学模式以信息加工为理论基础。程序教学模式以行为主义心理学的操作性条件反射理论为理论指导，强调刺激-反应-强化的连环形式是学习形成的主要方式。

因此，教学理论是能够规定教学模式的方向性、指导性和独立性的决定性因素。某种新型教学模式的产生必然来源于某种教学理论，且教学理论是教学模式产生、发展的理论基础和可以遵循的轨迹。在教学实践过程中，教学理论是教师应用、实施和操作教学模式的理论依据，指导教学的总体方向，是教学导向的坐标，也是教学必须遵循的教学原理和教学原则。在教学模式的构建过程中，理论基础对教学模式的支撑决定教学模式的科学性。

3. 教学目标

教学目标是教学模式结构的核心要素之一，是教学设计的根本。是教学模式规定师生要达到的教学结果和教学标准。如前文所述，教学目标在方向上制约着教学实施程序的步骤及教学策略与方法的实施，同时也是最终评价教学结果的标准和依据。所以在设计教学模式时，教学目标便成了处理结构、安排操作程序、选择策略方法的首要依据。任何教学模式都以完成教学目标为首要目的。也就是说，教学模式的其他因素也受教学目标的制约；教学模式的操作程序和师生在教学活动中扮演的角色及组合关系更是根据教学目标而定。教学评价通常以教学目标为标准和尺度。教学模式的个性存在于教学模式和教学目标的内在统一性之中并由其决定，不同教学模式的出现与存在也是为完成不同教学目标而服务。相关从业者经常需要关注两个要点：一是教学目标是否规定了师生必须完成的具体内容的明细和条目；二是教学目标是否规定了师生需要达到的具体结果及其明确的标准。教学模式都以完成一定的教学目标为首要目的，即预计教学活动对学习者可能产生的影响，具体表现为教学活动对学生知识储备、能力强弱、品德修养及其他非认知因素的发展和变化的影响。

4．实施程序

实施程序是指完成教学目标所需要的具体的操作步骤和过程，是教学模式的可行性条件，也是教学模式的教学结构。教学模式由一定的逻辑步骤和操作程序构成。根据教学理论和教学目标，教学模式的实施程序或教学结构可以分解为彼此独立而又前后衔接，并且相互联系的阶段和具体的操作程序和步骤。不同教学模式的操作程序会各有不同，但其内在本质一致，即明确教学活动中师生操作的先后顺序及各步骤应完成的任务。操作程序的实质在于如何处理好教师、学生与教学内容之间的关系及其在时间顺序上的实施。

实施程序中的各个步骤与师生的教学及学习习惯、能力程度和教学环境等因素都有紧密的关系，所以，相同的教学模式可能未必适用每一个执教者。例如，如果采用程序为"展示个案——范例性阐释类案——范例性总结规律——讨论规律原理的方法论意义——运用规律原理训练"的范式教学模式的话，其中操作程序中的"个案"和"类案"，规律原理运用的材料等需要通过多媒体手段进行呈现，否则教学实施程序就会发生变化。也就是说在这种情况下，范式教学模式不能够得以实施。

5．操作策略

操作策略是教学过程中积极有效的教学途径、方法和技巧的内隐思路和外显行为。[①]有时，教学策略的内隐思维活动能由外显行为表现出来，但有时，教学策略无法为外显行为所显示，不能够被观察和感知，经常以观念性、方案性、情境性的图式或网络贮存的方式隐藏在内隐思维中。国内外研究学者通过研究证明，学习效率与策略的运用存在正相关。所以，积极有效的策略是减轻学生学习负担，全面提高教学质量和学生素质的重要途径。

从某种意义上说，教学策略是教师针对学生的学习情况及身心特点，将教学模式和教学方法变通性地应用到教学实践中的教学行为。例如，生成性的教学策略鼓励学生自主形成学习目标，通过对教学内容的组织理解、强化迁移来构建学习的意义，学生是策略实施的主体；替代性策略由

---

① 章兼中．英语教学模式论 [M]．福州：海峡出版发行集团福建教育出版社，2016．

教师来选择教学内容，并将安排好的内容以一定的方法和手段传授给学生，教师是策略实施的主体；而指导性策略既强调学生对学习任务的具体的参与和体验，也强调教师在学生学习过程中的评价和监督，弥补了生成性策略和替代性策略的不足。

6. 评价体系

教学模式的评价体系是依据教学目标对教学程序中各个因素及其综合结果作出的科学评估和自我评估的手段，同时也是检查教师教学目标的完成程度、价值取向和反馈获取的主要手段。借助相应的评价工具和评价方法能够检验教学模式是否达到了预期的教学效果，并发现其在实施中还存在什么问题。①评价的根本目的是提高教学质量和教学效果。各个教学模式的评价体系都各有不同，但大都是从教学过程、教学效果、过程发展这三个方面来诊断评价。与此同时，教学模式也得到了不断发展与更新。教育部2004年颁布的《大学英语课程教学要求》（以下简称《教学要求》）指明学生的语言综合应用能力应该作为教学评价的立足点，以过程性评价和终结性评价相结合为纽带，建立多维的评价体系，其目的就是为了帮助学生改善学习策略、方法、手段，同时发展智慧能力、自学能力和拓展文化事业。

教学模式的各个因素是构成结构的基本要素和内在条件，这六个基本要素构成相互联系的综合体。其中教学目标是核心要素，它在一定的教学理论的指导下对教学方法、条件、策略和教学评价进行制约，教学策略、程序、方法和评价都围绕教学目标进行设计安排，为完成教学目标服务。教学实施程序是教学模式的关键因素之一。因为被分解为彼此独立，但又相互衔接和联系的不同步骤和程序，因此教学模式经常被定名为几段式或几步式。教学模式的程序、阶段和步骤以时间的先后顺序排列，发挥各个阶段各个要素间的相互作用。除了时间上的纵向联系之外，各要素间以平列的空间逻辑相互联系，同时外在因素对教学模式构成要素产生影响。

由于教学模式各个要素的排列组合逻辑的不同，教学模式表现为不同

---

① 郭岩. 大学英语课堂教学研究[M]. 光明日报出版社. 北京：2016.

的模式类型。又由于教学内容的类型差异所采用的不同的策略、方法、手段也呈现不同的表现形式，结果产生针对内容类型设计出的有针对性的不同的教学模式。教学模式中某一因素发生的变化能够引起整个组合模式产生变动，从而改变教学模式的结构。因此，充分发挥教学模式的作用需要激发各个因素间正向的相互作用和互动功能，发挥各个因素相互间的辩证统一的整体优势，从而促进学生提高学习效率，激励教师提高教学效率。

（四）教学模式的特点

教学模式是以特定的教学理论为指导，形成的相对比较稳定的教学结构框架和活动程序，它具有一定的系统性特点：

1. 指向性

任何教学模式的实施都是以教学目标为立足点，且每种教学模式都具有条件性，即为了高效完成教学目标，需要一定的条件才能实现。因此不存在对任何教学过程都适用的普适性的模式，更没有哪种教学模式可以认为是最佳模式。评价教学模式的标准是在一定情况下能够达到指定教学目标。例如，发现性教学模式更适用于理科教学而不适用于文科教学，训练式的教学模式有利于训练学生学习到的知识和技能，而对培养学生的探究精神意义不大。

2. 操作性

教学模式采用简练的语言、符号或图表和直观的程序、阶段和步骤将教学思想或理论进行具体化和操作化，通过一种简洁的形式反映教学理论或活动方案中的核心意义，为人们提供一个抽象的理论支撑和具体的行为框架，教师的教学行为受其指导，教学变得有章可循，从而使实践工作者简易、直观、快捷地理解、掌握、实践操作的过程。在教学过程中规定教师的教学行为，方便教师理解、把握和运用。

3. 完整性

构建教学模式的目的是建立一个设计、组织、实施抽象理论的层次较低，但是较为具体、完整的理论与实践相结合的组织结构体系。因为介于教学理论和实践之间，它存在于教学实践和教学理论构想的统一体中，所以其结构必须完整。教学模式的各个要素发挥各自的效能，经过实践总结、归纳、优化组合，形成一个有效的、完整的体系，并将教学的整体功能、整体优势、整体效应展现出来，积极有效地指导教师教学实践和具体操作，以提高教学质量。所以，一般来说，教学模式是一个从起点到终点的环形结构，可以体现一个循环的教学过程。

4. 稳定性

教学模式从理论上对大量教学实践活动内容进行了概括，在一定程度上反映了教学活动的普遍性规律。通用型教学模式适用于所有学科，没有具体学科内容之分，所提供的程序对所有学科教学起着一定的参考作用，具有一定的稳定性。但是，由于教学模式是以一定的教学理论为基础，这些理论和思想源于社会实践，是社会的产物，因此教学模式会受到社会政治、经济、科学、文化、教育水平等内容的影响，受到教育方针和教育目的的制约，因此它的稳定性是相对的，不是绝对的。

稳定的教学结构并不拘泥于固定的操作方法、程序或者细节。针对不同的教学对象和教学内容，即使运用同一种教学模式，在具体实施的教学中的操作也都是有差异的，这种稳定是相对的稳定，有弹性的稳定。

5. 灵活性

教学模式虽然具有一定的通用性，但是在运用的过程中也必须考虑到学科特点的不同、教学内容的差异、现有教学条件的限制和师生的具体情况，针对不同情况在策略上进行细微的调整，以体现教学模式的灵活性及对学科特点的主动适应性。如果把上课的教学形式规范化，限定必须是几个环节，统一使用一种模式，那么，所谓的示范课程就成了形式主义的课程，就无法进行推广。在这种模式下，教师和学生的思维都受到制约，也就无法发挥教师和学生的主动性。由于教学过程的不确定性，所以教学模式一定要具备灵活性。训练学生主动思维的一种手段就是锻炼学生在学习中主动进行思考，思考产生的问题和结果在教学过程中表现为教学过程的不确定性，那么，教学模式也就不能不灵活了。

由此可见，教学模式的特点体现了教学模式的价值取向，也通过教学理念和教学目标将理论原则与实践关联起来。教学模式的简略性和直观性能将某种教学理论和实践联系起来并指导教学实践，发挥其桥梁的作用。采用简单明了的语言、符号或图式更能够具体直观地将教学模式展现眼前，让教师容易理解、把握和操作。同时，具有一定整体性的教学模式使教学理念、理论支撑、教学目标、教学原则、教学策略、操作程序及评价体系等各个因素组合在一起，冲击了原有的孤立、单一因素的范畴框架，系统性地对各个要素进行统筹和控制，充分发挥各个内在因素间的整体、互动的作用。这种联系实际、指导实际、获取反馈升华的教学模式有助于重新审视、探索、创建一个更能提高教学效果的理论体系和实践结构。对于教学模式的构建，就是将教学模式构成要素进行梳理和分析，从而对教学整体进行更系统的控制。

二、大学英语教学模式组成要素

很多分析框架都可用于教学模式的构成分析，比如从语言学、心理学及社会学的角度出发来分析教学模式的构建。但是正如本研究在综述部分的介绍一样，在教育学的视域下探讨教学模式的构成是回归到了教学模式的本真。在教育学中找到大学英语课程的教学模式所涉及的主要构成要素，是构建合理的、有效的教学模式的分析框架。

（一）教学理念

根据最新的《大学英语课程教学要求（试行）》（以下简称《要求》），和《大学英语教学指南（教育部2017最新版）》，此次大学英语教学改革的重点在于提高大学生的英语应用能力、自主学习能力和跨文化交际能力。《要求》在教学模式部分指出："新的教学模式应体现英语教学实用性、知识性和趣味性相结合的原则，应充分调动教师和学生两个方面的积极性，尤其要确立学生在教学过程中的主体地位。"同时提出教学理念的转变"是实现从以教师为中心、单纯传授语言知识和技能的教学模式，向以学生为中心、既传授一般的语言知识与技能，更加注重培养语言运用能力和自主学习能力的教学模式的转变"。

2014年中华人民共和国教育部高等教育司的工作要点之一就是继续深入推进本科教育综合改革，特别强调了推进大学英语教学改革的重要性，颁布实施《关于进一步深化大学英语教学改革的指导意见》，研究制定了《大学英语教学指南》，鼓励并引导高校提供分类的高质量大学英语教学。在教学模式方面，提倡基于计算机与传统课堂相结合的模式帮助我国大学生达到大学英语教学要求。强调个性化教学与自主学习相结合的学习方式可以帮助个体学习者灵活利用自己的学习机会反复进行语言训练（尤其是听说训练），从而整合教师课堂讲授辅导和网络学习资源，利用自主学习、合作学习、互动学习的方式充分调动学生，提高教学质量和教学效果。

落实新时代全国高等学校本科教育工作会议精神，在推进"金课"建设的过程中，构建课程教学模式的整体的原则应该是"教的更少，学的更多"。其核心理念就是：学科大图景、理解型学习。打造外语"金课"，理念的提升是最重要的。普通工科院校全体教师要提升现代职业教育理念，转变原有的对于课程与教学的认识和观念。"以行业需求定标准，以企业需求定标准，以学生需求定标准，以社会需求育人才"。从理念入手，以理念引导实践。

（二）理论基础

1. 系统功能语言学

系统功能语言学是Halliday在发展功能语法理论的基础上创立的，它强调外语教学的重点是语言的实际运用过程。体系里"功能"主要是指语言的社交功能，也就是语言在交际过程中的智能。[①]Halliday的系统功能语言学理论认为语言主要有以下七个功能：工具功能、调节功能、互动功能、人际功能、启发功能、想象功能、表达功能。这些不同的功能突出表现了语言本质特性：应用性和交际性。ESP英语教学旨在提高语言使用者在专门用途中的语言综合运用能力。专门用途英语在教学过程中着重强调培养其应用语言的能力，而这种能力主要是通过创设有利于学生语用能力提高的语言情景来实现。如何将语言的七大功能体现出来是专门用途英语教育工作者需要研究的问题。

系统功能语言学中的语域理论认为，语言作为人类特有的一种社交手段，具有一定的社会性，是社会的产物，即语言的使用都是发生在特定

---

① 黄国文. 韩礼德系统功能语言学40年发展评述[J]. 外语教学与研究，2000（1）.

的语境中，只是不同形式的语言术语不同。口头使用语言称为"情景"（scene），书面语言使用称之为"语境"（context）。不同语境中所使用的语言是不同的。语域是在不同语境中被选择出来的，使用不同语言的综合体。语域对语言不仅有内容上的要求，还对说话者的语气、形式、场合和文化背景等有一定的要求。语域理论指出，人们表达思想时都会表现出一定的态度和采用一定的方式，这就是语体。人们的语言形式因时因地而变。人们在社会中有不同的地位和职业，不同的交际目的和场合，这些都会导致人们使用不同的语言形式。针对不同语境所使用的语言形式的差异，找出某一具体使用语言的语言共性就是语域分析。Hymes认为语言交际的两条重要指标就是既要符合语言规则，又要符合语言环境。语言交际比语言本身重要；功能比结构重要；环境比说话重要，衡量对语言的掌握程度的重要尺度在于，能否通过对语言环境的理解和把握而使用合适的语言。专门用途英语的最基本的特征就是其行业特征，那么以语域理论为指导的专门用途英语教学理论所强调的英语学习就不仅仅局限于记忆语言形式本身的内容，而是通过解读某些专业文章来了解文章所传递的思想，学习语言的具体应用。由于专门用途英语受到语域的制约程度很高，因此对专门用途英语的教学要以对语境及语域分析为重点，同时体现出不同语域特征进行情境教学，让学习者随情景的变化学到适当的、有特征的语言，从而引导学生掌握并灵活使用语言。

2. 社会语言学

社会语言学主要关注语言与社会的关系。Ferdinand de Saussure认为社会语言学以研究"谁在什么场合用什么样的语言对谁讲话"为主要任务。社会语言学理论认为语言从理论上看具有科学性，是一个科学的体系；从实践上看具有社会性，是一种社会活动[1]。由语言所进行的社会活动是语言学体系中非常重要的一部分。当两个人需要进行接触时所使用的工具一定是语言，语言是进行交流的最直接的方式。语言是个人和社会之间的关键纽带，作为社会的产物，其最本质的特征就是社会性，即社交功能。社会语言学家

---

① 徐大明. 语言变异与变化[M]. 上海：上海教育出版社，2006.

Hymes所提出的包含"语言能力"和"语言运用"两个方面的"交际能力"的概念直接体现了社会语言学这一观点。他认为，一个人的语言能力不仅包括能否使用语言的能力，而且还包括他能否恰到好处地使用语言。

根据社会语言学理论，外语的学习的首要目标是社会交际，不仅要学习语言形式本身，还要学会有效的交际方法，通过语言交际来解决实际问题。语言作为交际工具，并不是以单一零散的形式出现，而是以连贯的话语的形式存在的。没有信息内容的话语不能称为话语，语言形式是一种符号，需要交际内容和交际功能来赋予其特殊意义。然而，在实际教学中，专门用途英语教学往往以专业词汇和语句为主要教学内容，所谓的交际练习也是为了说而说，并没有真实的社会交际情景那样真实生动，所以这样的交际练习想要实现交际功能是远远不够的，学习语言形式本身还是占有重要地位，语言使用则被忽略。因此，要培养学生的语言应用能力，专门用途英语的教学要以职业背景为依托，教学内容要以毕业生在实际工作中将要面临的涉外业务活动为核心，使所学的知识应用到实际情景中。

3. 建构主义学习理论

建构主义者认为学习是学习者主动建构内部心理表征的过程。强调学习的主动性、社会性和情境性。代表学者Vigoski、Piaget、Bruner等认为学习者应当以已有的经验为基础来学习新知识，需要借助与外界的相互作用重新认知新知识，并非对新知识进行简单、机械地搬运。知识的建构受时间、空间和环境的影响。正是这三者之间的相互协作，相互促进赋予了知识的真实意义。所以，在教学过程中为学生提供一个真实的由案例基础构建的学习环境有利于学生知识结构的构建。建构主义认为，有意义的学习是以经历情境的形式为标志的，因而，案例形式教学要比抽象的规则教学更实用有效。在理论上，知识是简单的、固定不变的抽象体系；而在现实生活中，固定不变的知识只是存在于人们的脑海中，若要解决实际问题，还需要将其应用到生活实际中。因而，建构主义学习理论强调学习的积极性、建构性、目标引导性、探究性、情境性，以及内在驱动所引发的学习等。这些学者认为，在教学过程中应当以学为中心，而不是以教为中心。

除此之外，认知主义学习理论的代表Piaget认为个体在与环境相互作用中实现建构与发展，通过同化和顺应日益复杂的环境而达到平衡。教学不应是机械地给学生灌输知识，而是以某种恰当的方式来促进学生的"同化"和"顺应"的过程。在实际的教学过程中，任课教师往往忽略了"同化"和"顺应"的过程，这样的教学效果通常差强人意。而有意义的学习就是在理论与实践中建立起联系，否则就是死记硬背的机械式学习。目前大多数专门用途英语的教学属于接受式学习，只有建立与学生未来发展的行业工作内容相关的联系，才能使其成为有意义的学习。Bruner提出的"认知-发现"学习理论认为，学生在学习过程学会发现，这一过程既有学术知识的习得，也有学习技能的习得。为了激励学生能够主动探索和解决问题，教师应该采取指导发现的教学策略帮助学生完成学习任务。专门用途英语创设的情境和设计的任务以学习目的为主线，层层递进，引导学生逐步深入，这也是高校教育目标和方法的体现。

通过研究上述理论可知，大学英语课程是既强调应用性，又强调交际型的；学生学习到的语言技能是既符合语言规则，又符合语言使用环境的。学习者学习的目标是为了交际，学习者建构的心理表征也就是学生学习的自我建构。大学英语教学模式的完整结构应该包含以上诸要素。

（三）教学目标

培养学生的英语综合应用能力，尤其是听说能力是大学英语的教学目标，目的是让他们在今后学习、工作和社会交往中能用英语有效地进行交际。《要求》对大学生自主学习能力的培养和提高综合文化素养提出了明确指示，以适应新时期社会发展的潮流。《要求》中对大学阶段的英语教学要求由低到高分为：一般要求、较高要求和更高要求。这三个不同层次的要求对学生的听力理解能力、口语表达能力、阅读理解能力、书面表达能力、翻译能力及词汇量都有非常具体的要求，是我国高等学校非英语专业本科生经过大学阶段的英语学习与实践应当达到的标准。根据自身学校的定位和实际情况，一般要求是高校非英语专业本科毕业生应该达到基本要求；较高要求或更高要求是为有条件的学校根据自己的办学定位、类型和人才培养目标所选择的标准而推荐的，目的是使英语起点水平较高、学有余力的学生能够达到较高要求或更高要求。

　　就教学目的而言，大多数高等院校开展大学英语教学的目标是帮助学生通过四、六级考试。大学外语教学指导委员会（王守仁等，2011）在对全国31省市530所高校调查中发现，他们基本上都认可《课程要求》上的教学目标，但明确表示"保持或提高学生的大学英语四、六级通过率"也是大学教学重要或较重要的目标。学校和学生也都认为只有通过四、六级考试，才能表明学生已经达到了大学英语教学大纲的一般要求。因此，我国绝大多数高校的大学英语教学大纲不得不直接将四级考试的内容和要求作为本校英语教学大纲的内容和要求，反映到具体教学方面就是应试教学。就方法而言，大学英语的课程设置都是适合或针对各种英语水平考试的。课程名称也是和考试内容及项目一对一的。因此，这些课程名义上说是为了培养学生英语综合应用能力，实际上是为了学生顺利通过等级考试，而实际上学生也用学到的英语去应对各种英语考试。

（四）实施程序

　　大学英语课程因为高校自身实际情况不同和本校的大学英语教学目标的差异设计出不同的教学模式，教学模式的实施程序及教学策略也各不相同。改革时期的大学英语课程一直试图实施有效教学模式，并采用不同途径和方法体现"以学生为中心"原则。《要求》提出："新的教学模式应以现代信息技术，特别是网络技术为支撑，使英语教学不受时间和地点的限制，朝着个性化学习、自主式学习方向发展。"计算机辅助自主学习和面授教学相结合的教学模式是其定位。近年来，高校教师也纷纷尝试越来越多地将现代信息技术的有利因素融入传统课堂教学过程中。

　　《要求》中强调新教学模式"也要充分考虑和合理继承现有教学模式中的优秀部分"，精读精讲这种模式一直被认为是中国外语教学环境中最为有效的一种课型，同时也是高质量语言输入的重要途径之一。大学英语教学模式的改革在努力找到传统课堂与多媒体技术的结合点，虽然网络化教学、多媒体教学还受到一定硬件条件的限制，但是由于大学英语的课程性质，不同教育组织管理机构对于智能化网络教学软件的开发及局域网、校园网的建设都投入了大量的人力、物力，但是"基于计算机和课堂的英语多媒体教学模式"的可行性仍然还受到各种条件的制约。真正意义的大学英语教学模式的改革主客观条件决定了课堂教学模式仍然是主要的教学形式，对于教学模式实施程序和教学策略的改革也主要是基于课堂教学形式方面的改革，并未达到理想要求。英语学习虽然是许多大学生耗时最多的一门课程，但改革效果却并不明显。

（五）操作策略

作为一种教学活动的呈现形式，大学外语的教学方法经历了一个曲折漫长的过程，也呈现出不同的流派。如语法翻译法、试听法、功能法、启示法和交际法等等。影响我国外语教学相当长时间的另一种方法就是交际法。这种方法的基本观点是强调语言的意义表达，而不是结构；强调语言的功能，而不是形式。其核心思想认为学生学习的目的就是有效得体地运用语言系统的能力。交际法强调互动，鼓励以情景为路径，以功能为本质、以学生为语言活动的主体，对于培养学生的实际交际能力有很大帮助。每一种教学方法都有其独到之处，适用于不同的教学目的。没有任何一种操作方法是万能的，但是教学活动中有两个关键性制约因素：一是教学目的和培养目标；二是教学条件与教学环境。采用策略是为达到目标和目的所采用的手段；客观条件与环境因素也决定着方法的选择。

教学策略与教学方法密不可分，但是策略不能等同于方法。大学英语课程与教学改革已经经历了很多不同的阶段，在不同教学模式中采取的不同操作策略从不同的侧面强调了大学英语教学目标。

（六）效果评价

教学评价的主要目的和功能也是以工具的形式体现。《教学要求》中的过程性评价的目的和功能之一是让学生有学习的动力，使学生在学习的过程中获得成就感，促进英语学习效率的提高。同时使教师能从终结性评价结果中及时发现教学中存在的问题及原因，适当调整教学计划和教学方法，针对学生的具体情况及时提出建议。现在大学英语课程改革过程中已经开始就评价方面进行了改革，将学生学习的过程和方法、学生的情感态度和价值观纳入到评价体系中。试图通过评价来关注学习者的学习能力、创新能力、学习态度等，从整体上向评价学生综合素质转变。将过程性评价与终结性评价有机结合，使得评价内容更加客观。例如，评价过程中记录学生参加了哪些活动、投入的程度如何、在活动中的表现和进步等。同时，学生在学习中表现出来的情感态度和价值观等也可以通过评价得出结论。

所以，教学模式中的评价性因素在评价方式上看，更多的是综合运用评价方式来使得评价内容更客观，评价结果更真实。多元评价方式一方面能够根据学生学习情况通过多种途径综合地描述学生的学习进度，使教师能够通过观察、建立学习档案、面谈及问卷调查等方式更好地了解学生。另一方面，"大学英语教学模式改革成功的一个重要标志就是学生个性化学习方法的形成和学生自主学习能力的发展。"在学生在教学过程中的主体地位被确定的同时，学生自我评价也是学习过程中的一个不可忽略的部分，学生个人自我评价与小组中的合作评价相结合能够促使其对自己的学习过程进行回顾、反思，从而激发学生的学习主动性，主动调控自己的学习环境。

以上大学英语教学模式构成要素的性质和表现形式具有广泛适用性特征。高校的大学英语教学行为可以根据自身不同的校情和学情情况，在此教学要素形成的框架中进行展开设计。个别教学程序的实施和操作策略的差异不对整体教学模式产生影响。所以，就本质来看，大学英语教学模式的确定、实施、评价这一闭合结构的完成，就是大学英语教学一个完整阶段教学任务及学习任务的完成。

三、大学英语教学模式表现形式

大学英语教学的改革一直是一个发展的过程，主要以实现大学英语教学改革为首要目标，以改善教学效果为根本，以提高教学效率为宗旨，在改革的过程中努力厘清了教学理念，反思当前大学英语教学中存在的问题，从而进一步地推进教学模式的改革。教学模式的改革以培养学生交际能力为主线，强调教学过程中学生主体地位的发挥，重视师生间的双向互动，目的是摆脱传统教学模式的束缚，激发学生主动参与学习的动力，培养学生交流交际能力。自教育部颁布《大学英语教学大纲（高等学校理工科本科用）》之后，"公共英语"这个名称被"大学英语"取代，教学方法、教学形式、教学模式等也都随之进行了相应改革，对于学生语言输出及交际能力的强调使任务型教学和交际性教学成为大学英语教学模式改革的首要突破口。受建构主义和实用主义理论的影响，20世纪70年代的交际法流派更多地强调任务型教学、有效教学和内容型教学。总的来说，现行大学英语代表性的教学模式主要可以分为以下三大类别。

（一）基于传统课堂的教学模式

课堂教学是大学英语采用的最为广泛的教学模式。外语课堂教学与其他学科课堂教学相区别的特点表现在以下几个方面：必须通过大量的语言材料去激发其他参与教学的角色的兴趣，在事实积累的基础上掌握理论和技能；必须通过对集体作业和个别作业的设计和安排集中学生的注意力；构成课堂教学的各个环节联系紧密，有时需要交叉进行，更多时候需要顺序进行，如讲授新课程后马上进行的巩固复习；课堂教学的基本媒介语受到限制。无论采用哪种教学方法，外语课堂的教学内容大多是通过目的语来讲授。

1. 以教师为中心的课堂教学模式

"教师中心"模式的主要特点是教师作为整个教与学过程的中心，以"语法-翻译"法为主要教学方法，在非目的语语言课堂环境下，对课堂进行全面的控制和安排。教师向学生传递信息和知识，是知识的传授者、教学过程的主导者，监控整个教学活动的进程。学生是知识传授的对象，是外部刺激的被动接受者，学生处于完全接受的状态，只是偶尔对教师的讲授提出疑问或做出反应。

大学英语教学大都采用超过40人的大班授课，教师数量与学生数量比例相差悬殊，课堂教学一般采取教师问、学生答的情况。课堂教学往往缺乏交流和互动，教师也无法关注每位学生对于语言知识的掌握情况和课堂表现情况，致使理论知识和实践环节脱节，学生也丧失了展现个体化理解的时间与空间。传统教学媒体作为教师授课的演示工具，缺乏助力教学的实际功能。以黑板和教材作为承载教学信息的主要工具的单一媒体呈现形式也限制了课堂教学信息的容量，满足不了信息时代学生对知识的需求。

进入21世纪以来的"信息技术迅速发展背景下教育的发展和变革"虽然对大学英语的整体教学情况有所影响，但是多数普通院校因为各种原因仍然在延续传统的课堂教学模式，这种以教师为中心、应试为导向的模式无法满足学生获得足够的语言输入和交际活动的需求，这种求同的、强化顺从性质的教学也不能在提倡思辨性思维的教学理念下激发学生的主动性和能动性。课堂教学模式多数以教师为中心，教师讲课文、讲词汇、讲语法，组织训练。在高等教育的改革与发展过程中，大学英语课堂教学改革虽然一直受到关注，但是因为教学中的理论脱离实践、忽视学生个性、照本宣科、课堂容量受限等问题一直沉疴难改，在"教师中心"的教学模式下，学生的主观能动性被弱化，教学中过度强调教师和书本的权威性，使学习过程成为学生对教师讲授知识进行记忆和消化的过程。又因为课堂人数相对较多，课堂上对语言知识点的练习不够充分，忽视了让学生自己在实践中通过听、说、读、写等渠道去大量接触、运用和归纳语言规律，这就使课堂教学给学生提供的可理解性语言输入量受到限制，且质量不高。

与此同时，课堂上工具语言的使用因为受到学生外语语言理解能力和表达能力的严格限制，教师的讲授也受到一定的限制，对于讲授内容的阐释不够充分和自由。对于学生的社会文化背景、知识水平、认知方式、学习需求和能力方面的忽视，加上教学方法死板、课堂气氛沉闷，导致学生学习兴趣和学习动机等非智力因素得不到有效激发。在这种情况下，虽然依靠教师的丰富经验和个人专业能力以及因材施教的小班教学方法确实也培养了很多优秀的外语人才，然而随着国家和社会对国民外语能力的要求的进一步提升，这种传统教学模式已变得难以维系。

2. 以学习者为中心的课堂教学模式

建构主义思想作为大学英语教学模式改革实践的重要理论基础，指出学生应该要自己主动建构知识网络，脱离原有的习惯于机械地理解记忆的模式。以学习者为中心的课堂教学模式以任务型教学模式为代表。

任务型教学模式的三大核心要素为：学生、活动和任务。主要在于激发学生的学习兴趣和创新动力，在近年来的教学实践中发挥着举足轻重的作用，并逐渐渗透到其他教学领域，是近年来大学英语教学模式改革的首要方向。

建构主义认为学习者的知识获得是需要一定的情景背景，通过教师和同学的帮助以及辅助的学习资料，通过意义建构的方式获得的（何克抗，1998）。建构主义理论提出了学习的四大要素："情境""写作""会话"和"意义建构"，强调了学习是社会的产物，是需要在社会文化背景下，借助其他人的协作活动，实现与他人的交往，从而实现意义建构的构成。它认为经验与知识是双向建构的过程，而任务型教学强调"增强学习者个人经历作为重要的、促进课堂学习要素的作用"，两者不谋而合。

实用主义认识论持有者美国教育家John Dewey提出了"学生中心，从做中学"的教育模式，批判了传统的以教师和教科书为中心的教育理念，转而以学生为教学活动的中心，强调了学生在教学活动中的重要地位和作用，与传统的教学模式大相径庭。他所强调的教学应"将课堂语言理论学习与课外语言运用相联结"的观点与任务型教学提倡的"应用是理论学习的落脚点"的教学途径相吻合。这改变了学生学习的目的，从记诵书本知识转化为解决学习者遇到的现实问题，从而使学生、活动和社会成了新的教学中心。

人本主义心理学主张在学习过程中，提高效率是根本，激发学习者的学习潜力是关键，除教师和教学环境等外在因素外，还应该充分调动学习者的积极性，即让学习者主观能动地参与到学习过程中。为了克服学习过程中的阻碍，学习者需要主动参与学习中，通过教师的适当鼓励，提前高效地完成学习任务。任务型教学过程强调不仅要关注语言且要关注学习过程本身的机会，充分体现了学生作为主体，以人发展为本的教育理念。从而更好地发现问题，解决问题。同时也增强学生的协作意识和参与意识。

任务型教学的本质就是以学习任务为动机，完成任务的过程就是学习的过程，展示任务成果展现了教学效果。Brown认为，任务型教学最典型的特征就是以任务为核心来组织教学活动，在完成任务的过程中，课程目标也被充分考虑，为课程目标服务，学习的目的不再是简单的学习语言。与此同时，学习者还能实现主动参与、积极体验、灵活互动和交流，在过程中感知、认识和应用目的语。教师在教学活动中设计的具体任务，都是围绕特定的交际和语言项目，具有一定的可操作性，这样学生能够通过表达、沟通、合作等各种语言活动形式顺利完成任务，从而实现其学习和掌握语言的目标。任务型教学的目的是将语言教学真实地再现，将课堂教学融入社会。其特点主要包括以下三个方面。第一，任务教学法更侧重语言的内容含义而非语言的形式结构，因而任务型教学课堂中的语言活动更有利于学生达到学习语言的目的。第二，在任务型教学模式中，学生可根据任务是否顺利完成来进行自我评价。第三，整个课堂中，语言技能的应用占据首位，更能帮助学生学习语言技能。

因此，任务型教学在教学内容和教学形式上都明显区别于其他教学法。从其教学实践所体现的理论和教学思想来看，其实质就是突破了传统的教学模式，从学习主体被动接受知识到学习主体主动参与，从书本理论到具体实践，从以教师为主体转向以学生为主体。

就应用来讲，广义的任务型教学可以分为三个阶段，即任务前活动（pre-task activities）、任务中的活动（while-task activities）、和任务后的活动（post-task activities）。每个阶段都有其特定的教学任务特征。

（1）任务前的准备阶段

任务的准备阶段是学习者在学习新语言知识、运用新语言知识完成任务之前做准备的阶段。教师需要计划性地创造一个有利于学生学习的环境，并安排任务的开展次序和不同学习者的参与次序，要做到安排得科学合理。通过引导帮助学生激活已有的知识信息，对语言系统与思维方式进行重构，使得下一阶段完成任务时不再有压力，从而提高学生知识运用的正确率。在人物设计方面，应该包括以下内容：一是任务参与主体的学习者需要获取、处理或表达的信息内容；二是作为任务参与主体的学习者获取、处理或表达这些内容所需要的语言知识、技能或能力。准备阶段的语言输入真实性和任务的难度对学生任务的完成情况有一定影响。在现实的课堂教学实践中，大学英语教师在选取材料时，会更多地关注自然交际环境下的真实性特点，或具备仿制自然交际环境的特点（且必须是在课程标准指导下才具备的特点），联合构成英语课堂环境下的语言输入。

（2）任务中的开展阶段

任务的开展阶段要求教师创设主题情景时需要考虑学生的生活或学习经验，并将二者结合起来。使学生将要学习的新知识与学生已有的知识信息联系起来。以先输入、后输出为原则帮助学生激活语言知识和语言技能，这些都是完成任务所必须做到的。向学生说明任务，让学生理解语言任务，明确任务的目的和结果，同时需要为参与的任务做好准备，在进行语言输出时，应该注意速度不能过慢，同时语言输出质量应该保证。语言使用也会在完成任务的过程中实现。在教学实践中，由于真实运用任务与真实学习任务联系在一起。流利且正确的语言表达是任务的顺利开展的保障。

（3）任务后的评价阶段

大学英语课堂对于任务后的汇报及评价往往由学生来进行，教师在汇报过程中给予一定的指导和辅助，并与全班一起对任务的完成情况作出评价，总结和反思任务的完成情况。

任务型教学的不同阶段在很大程度上积极鼓励学生实现主体构建和完成真实的学习任务，培养学生综合语言技能，在大学英语教学模式改革过程中起到了先锋作用。

3. 以教师为主导学生为主体的教学模式

以教师为主导、学生为主体的教学模式同时发挥了教师和学生的作用。教师根据特定目标和特定学生设计不同的课程任务，对学生因材施教；学生根据教师下达的任务安排，结合自主学习，根据自己的兴趣、爱好和对自己未来设计的需要，自主地完成目标内容的学习。有效教学是以课前预设的教学方案为基础，实施过程中既体现预设教学目标的实现又生成了符合自身规律的教学。强调教学效果的最优化，提高教学效率。

有效教学发展的理论基础主要包括苏联教育家巴班斯基（Babanski）的最优化教学观、美国认知教育心理学家David Pawl Ausubel的有意义接受学习理论和行为主义心理学等。教学效果的最优化是所有理想的教学模式追求的目标。20世纪70年代初期，苏联教育家巴班斯基提出了教学过程最优化理论。综合性地研究探索教学涉及的各个要素，主要运用了系统论的原则和方法。巴班斯基指出教学最优化是教学模式的最有效的组织控制，这都是建立在全面考察教学规律和原则、现代教学方法和形式，以及教学系统的内部构成因素和外部影响因素的基础之上。

巴班斯基的教学过程最优化包括以下几个方面。①

在获得知识，形成技能、掌握技巧以及某种个性特征方面、提高品格修养方面，获得最大的可能效果；师生消耗最少的必要时间取得一定效果；师生耗费最少的必要精力，在规定时间内，达到一定的效果；在规定的时间内达到一定效果只花费最少的经费。

该理论的最终目的是如何提高教学效率，实现有效教学。在确定了教育的投入与产出之间的比率问题之后，进一步明确了教学效率的重要目标。巴班斯基认为："要达到教学效果的最优化，必须从教学的核心——教学方法的选择加以优化。从具体的教学规律及由此引申出的教学原则、教学目的和任务、学生学习的可能性，年龄方面的可能性、教师本身的可能性分析入手达到教学效果的最优化。"

Bell提倡有意义接受学习，将接受学习、发现学习和机械学习、意义学习结合起来，明确了四者之间的联系。他指出学习的实质是在新知识与学习者认知结构中已存在的适当的观念之间建立一定的联系，这种联系具有非人为的实质性。认为讲授法下的教师可以通过合乎逻辑的分析、论证，生动形象地描绘、陈述，启发诱导性地设疑、解疑，使学生在较短的时间内对系统的知识有一个较为全面的把握和理解，并把知识教学、发展智力、思想教育三者有效地结合起来，相互融合，相互促进。他指出讲授法能够帮助学生实现有意义的学习，也能满足学生进行有意义的学习的三个条件，无疑是最佳的教学模式。

根据Bell建立的理论框架，意义学习的心理机制是同化，他认为新知识和已有知识之间是否建立联系决定了学习是否有意义。学生认知结构中心就知识的相互作用及同化使新知识获得了意义，旧知识注入了新的活力。在这种相互联系中，建构和迁移知识保证了组织的有效性。

有效教学模式的心理学的代表人物为J.B. Watson和B.F. Skinner。Watson认为，动物和人的一切复杂行为都是通过学习而获得，并受环境的制约，以行为主义的心理学的公式"刺激–反应"的过程为基础。Skinner进一步

---

① 巴班斯基著. 冯克难等译. 教学过程最优化问答[M]. 北京：教育科学出版社，1986. 5–6.

发展了Watson的行为主义。认为人们言语的每一部分都是源于外界的某种刺激。这种刺激既包括言语的刺激，又包括外部的刺激和内部的刺激。某一环境下的声音、手势、表情和动作等都可以成为强化的手段。言语行为不断强化的过程就是语言学习的过程。这种"重复"出现，在学习中相当重要。就意义来看，行为主义心理学将客观性与一致性相联结。通过对外在行为的观察和研究，以客观经验事实为基础，研究极大地摆脱了个人主观因素，使得研究结论具有较高的一致性；以行为和环境之间的关系为研究中心，架起了理论与实践的桥梁，既可以从理论上对行为进行解释和预测，又可以在实践中通过对环境的设计和控制来影响人的行为，使得理论和实践相结合。

有效教学有两种定义，其中一种是描述性定义，另一种是流程式定义。描述式定义认为有效教学是能够产生良好效果的教学。该定义以Mursell为主要代表。对教学结果因素的考虑远大于教学过程的因素。认为有效教学中学生是中心、教学效果作为评价标准，教学结果持久性强、学生不受束缚且灵活自信、教学在生活中能够被实践才是有效的教学。流程式的定义主要是将教学有效性的各个环节进行流程图式的分析并且明确了他们之间的关系，主要从背景设置、过程流畅、产出效果的角度来考虑教学的有效性。教学有效性分析在这种观点下，实际上变成了一个由背景变量、过程变量、产出变量构成的流程。流程式定义的优点在于充分考虑了教学有效性的影响因素，局限性在于过分强调观念，认为观念比教学行为更重要。（刘立明，2003）

总的来说，有效教学的解释可以归纳为三种基本取向。

目标取向指学生在教师的指导下成功地达成了预定的学习目标的教学。此时教师必须明确应该促进学生怎样学习；教师必须帮助学生获得这种学习的学习经验，教学目标的实现程度是重点。技能取向对学生的智力有较高的要求，对教师也有一定的要求，要求教师能够整体把握所教的学科内容。要求教师在针对真实教学情境所提出客观要求时，有一定的能力指标，同时明确教学的社会性和实现途径。教师首先要了解学生知识背景，并能与学生交流与沟通，在此过程中，学生在教师的刺激下积极地学习与思考，向教师进行有意义的发问。成就取向认为学生的学术成绩在有效教学中能够被提高，这促使研究者更多关注有效教学与学生成绩之间的关系。

有效教学在大学英语的教学领域主要体现为需要人为设置的标准来衡量，具体包含三种情况。

第一，以学生发展为标准。凡是对学生发展有益、教学结果良好的教学活动都可以称之为"有效教学"。

第二，以教师主导为标准。凡是有利于教师自我反思，帮助其不断改进教学的教学活动都是有效教学。其中教师在教学中的反思成了有效教学的催化剂（高慎英，2005）。

第三，以教学目标为标准。有效教学以实现教学目标为最终目的，最大程度地遵循教学活动规律，将教学过程最优化，促进学生的知识与技能、过程与方法、情感态度与价值观的最优化融合，最高效化地完成教学活动。

在教学评价阶段时决策者需要对课堂教学活动的过程和结果做出的价值判断的再度思考。评价主要是按照收集、分析、描述各种有关资料的程序来实现，并最后比较实际表现与理想目标的差距，最终形成相应的评价结果。

形成性评价和总结性评价在大学外语的教学前和教学中都有采用。形成性评价将结果为教师教学计划提供了依据，也用来确定学生在该学科领域所需要继续学习的内容。教学结束时需要进行总结性评价，通过该评价，师生对最后所达到的水平有一个清晰的认识，并展现教学最后完成的全貌。

4. 需求驱动型教学模式

语言学习的最终目标就是在实际应用过程中，基于语言应用场景，采用恰当的语言形式，根据语言交际的任务对任务的内容进行形式灵活的语言交际。内容型教学就是以内容为依托的教学，是指在第二语言教学过程中，通过内容或信息的组织来实施教学过程，而不是围绕语言本身的一种教学方法。

内容依托型教学遵循的核心原则是：当人们把使用语言当成获得信息的工具而不是作为获得语言的手段时，学习二语更为成功。内容依托教学的各种模式的共同特点是以内容为课程的出发点和组织原则。这个特点源于共同的基本理论假设，即以获得信息为重点，在有意义的情境中给学生提供目的语材料时语言学习才可能成功（Brinton et al，1989）。这个假设也得到了其他学习理论专家的证实。也就是在正式的语言教育环境中，二语学习取得最佳效果的条件是关注内容，而不是仅仅关注语言本身。Richards和Rodgers（2001）对于内容依托教学核心原则所作出的另外的假设认为：当学习的信息被学生认为是有趣的、有用的，且能够使学生达到期望的目标时，学习者第二语言的学习更成功。支撑内容依托型教学最重要的学习理论假设包括：第一，学生关注语言所表达的思想、问题、意见时能够促进学生的语言学习，学生也会更自觉地学习，有效地获得第二语言。第二，语言学习中依托一些领域的内容比另外一些领域的内容更有效。内容依托教学中的直观、形象的图表和实物等辅助教学能够涉及更为丰富多样的学科知识，教师可以从中选择更恰当的信息载体。第三，针对学生的需求进行教学更容易帮助学生达到相对好的学习效果。学习者的学习需求是内容选择的前提，也是课程开设的重要依据。第四，内容依托型教学是建立在学生已有的知识和经历的基础上的，是学生吸收新知识，培养新技能的重要基础，也为学生学习新的知识提供了可能。

内容型教学的内涵强调人们以使用语言作为获取信息的方式，而不是一种学习目的的时候，二语习得的效果会更好；内容型教学更好地反映了学习者在第二外语学习时的学习需求，因为在内容型教学中，语言习得的目的是用来呈现某主题或学科的内容，真实世界的内容是学习的对象，语言学习是副产品，语言学习与内容学习具有同等的地位。内容型教学强调教学材料的"真实性"（authenticity），这种"真实性"是指材料来源于或类似于母语教学中使用的材料，例如，报纸、杂志文章及其他媒体材料等，这些真实性材料最初并不是为了语言教学而产生。

在教学过程中，内容型教学强调"做中学"，要求学生积极地理解语言输入、愿意接受学习过程中的不确定性、有意愿探索不熟悉的学习策略以及愿意对口头和书面的文本进行多种解读。让学生充分发挥自主性，在合作学习模式中互相支持、共同选择主题和活动。教师不仅是教师的角色，还要负责选择和修改适合课堂使用的真实语言材料，帮助学生分析教学所需，创造适合学习者的、以学习者为中心的课堂教学。

内容型教学的优势在于语言课堂的活动是针对主题或学科开展的，通过不断地调整来激发学生通过目的语进行思考和学习。这种教学法将听、说、读、写四种语言技能的教学融合在一起。

以上带有明显交际法特征的教学法是大学英语课堂教学的主流教学法和课堂教学模式，核心理念强调"学用一致"和"体验式学习"。大学英语的课堂教学是大学英语教学的亚系统，是系统工程的重要组成部分。教学特点主要通过课堂教学反映出来。课堂教学的过程由各种教学活动组成，主要涉及教师在课堂教学过程中为了完成教学和教育的任务而进行的活动或采取的方法，以及学生在教师指导下所进行的活动或采取的方法。其课程目标的多层次性和教学内容的多组成性决定了大学英语课堂教学的教学方法和教学模式的多样性。

（二）基于网络多媒体的教学模式

基于网络多媒体的大学英语教学模式是基于现代科技、语言学、教育学和认知科学的发展的产物，也是对传统语言学及教育学理论、观点、思想和方法论的继承和发扬。《大学英语教学指南》指出，信息时代大学英语教师的教学方法应该与时俱进，不断改进。基于网络多媒体的大学英语教学模式实现了"一对一"的教学思想，学生面对计算机，就如同学生面对一位英语教师，学习者理论上可以通过"教师"的讲解与面前的"教师"进行交流。课上，教师利用多媒体课件展示声像结合、图文并茂的内容，课下学习者从自身情况出发，利用网络学习系统新选择适合自己的学习模式。这种网络多媒体环境下的大学英语教学模式越来越多地展示出自己的优势。总的来说网络多媒体的教学模式表现为：慕课模式、微课模式和翻转课堂的模式。

1. 大学英语慕课模式

作为一种在线课程模式，慕课（MOOC）是在传统发布资源、学习管理系统的基础上建立起来的课程模式，也被称为"大型开放式网络课程"（Massive Open Online Courses）。以开放、共享为理念的开放教育资源的发展要从MIT的开放课程（OCW）运动开始，早在2002年，MIT就把自己大量的课程放在网上供人们免费学习。后来，随着开放教育资源（OER）运动的发展，越来越多的高校和教育机构将优质资源共享。2012年，开放教育资源这一领域又出现新一轮的高潮，以在线课程为核心的互联网公司纷纷涌现并获得飞速发展，从Udacity、Coursera到edX、Udemy，它们以免费、高质量的课程内容为卖点，为学习者提供广泛的在线支持，包括课程任务布置、学习评估、师生和生生之间的互动交流，甚至为顺利完成课程的学生提供学习证书。这类服务受到了广泛的欢迎，并将2012年称为"MOOC之年"。MOOC沿承了开放共享知识的理念，成功高效地实现了优质教育资源的全球共享，是学习方式和方法的突破性创新。目前，各国教育机构也纷纷投入到大规模网络开放课程当中，一批批网络课程项目如雨后春笋般接踵而至，我国高校在继国家精品课程、大学网络公开课之后，也密切关注MOOC的发展，北京大学已经计划推出本校的MOOC课程，上海高校课程联盟也初步实现，其他高校也结成联盟，开始自己关于MOOC课程的相关拓展及研究。目前对于MOOC课程的研究主要集中在其课程特征、管理框架、理念研究及模式探讨等方面。

　　就当前的大学英语教学来说，慕课模式改变了传统教学模式的单一状况，更好地开发和利用了优质师资力量和教学资源。就课程设置来说，高校设置的必修课和选修课从客观上满足了学生对语言学习的基本需要，但是线上的慕课资源允许学生根据自己的兴趣和需要选择课程，从主观上满足了学生对英语学习质量和效率的需要。就上课方式来说，慕课模式实现了多样化的学习形式，学生可以利用移动设备随时随地地进行学习。就考试方式来说，慕课的考核方式是多样化的，首先可以探索个性化考核方式，根据不同层次的考生设置不同的测试题目，其次可以探索开放性的考试方式，对学生的学习行为实时进行监督和反馈。

　　大学英语慕课教学模式尚未完善，与之相关的教师培训及与之配套的教学硬件设备都需要不断地更新，大学生本身适应慕课模式需要一段时间，而且，互联网上慕课资源未必完全适应学习者的需求。完全由慕课达成教学目标很难实现，因此仍需要教师在了解学生基本情况的基础上，对慕课课程资源的使用进行监管和把握，将慕课与传统课堂教学相结合。慕课的出现为学生提供最新的发展评估和专业动向；通过开放性的网络平台给学生提供了有针对性的教学；形成了语言使用环境；扩大了学生知识储备。

2. 大学英语微课模式

网络及"微时代"的影响也在多媒体技术不断发展的背景下越来越突显出来，微课慢慢进入到大学英语教学的领域，并成为探索新型教学模式的重大突破口。就内涵来讲，微课是课式，是一种短小的教学活动的呈现形式；微课是有计划、有目标、有内容、有资源的系列课程；微课也是教学资源，如数字化学习资源包、在线教学视频等。因此，总的来说，微课是一种具有单一目标、短小内容、良好结构、以微视频为载体的教学模式。胡铁生、黄明燕、李民认为，"微课又可以称为微型课程，是建立在学科知识点的基础上，构建和生成的新型网络课程资源。微课以微视频为核心，包含与教学配套的扩展性或支持性资源，如微练习、微教案、微反思、微课件等，从而形成一个网页化、半结构化、情境化、开放性的交互教学应用环境和资源动态生成环境。"[①]

微课模式下的大学英语从本质上是将新型的课程资源纳入到传统的大学英语教学体系中去，使微课与大学英语课程要素相结合，构成了微课程。当学生通过微课模式开展学习活动时，微课就成为媒介，与教师产生互动活动，学生与教师通过面授辅导、在线讨论、线下任务等形式进行直接或间接的交互，从而产生有意义的教学。

微课模式主要涉及四个关键要素：课程目标、课程内容、课程活动、交互和多媒体。其中，课程目标确定了教学所要达成的效果，将应用目的和应用效果作为选择微课模式的原因进行考虑；微课的内容根据大学英语学生学习情况及准备应用的教学阶段的要求进行设计；微课活动体现教师

---

① 胡铁生，黄明燕，李民. 我国微课发展的三个阶段及其启示[J]. 远程教育杂志，2013（4）：36-42.

与学生的教与学的相互作用，即以微课短视频内容为主要教学信息，根据教学信息帮助学生对课程内容进行理解与思考；利用多媒体进行学生与微课的相互交流，实现概念、信息、操作的交互也是微课模式的主要特点。

大学英语微课模式的主要优势在于单位时间内教学内容相对较少，教学持续时间相对较短，资源构成情境化特征明显，反馈及时、针对性强，成果简化，主题鲜明，内容具体。但是就实际实施情况来看，由于大学英语的微课模式主要建立在视频这一载体上，同时还需要一些辅助性的例如微练习或互动答疑等活动，因此必须得到结构灵活、系统性强的微课学习平台的支持。同时，微课的特质决定其录制技术质量要高且形式要简单，因此要求微课的研究人员在网络多媒体技术上进行改进和发展，追求卓越，体现实效。另外，当前大学英语教学中的教学资源不均衡的情况也限制了微课的推广和使用，资源共享并不能够完全实现成了微课的主要问题。

3. 大学英语翻转课堂模式

翻转课堂模式是指在课堂进行之前，学生利用教师给出的视频、音频、开放性网络资源、电子教材等学习材料自主完成课程内容，并在课堂上主动参与教师互动活动，最终完成学习任务的教学模式。翻转课堂作为一种新型成功的授课方式，不属于在线课程，也不能运用视频代替教师，主要通过学生展开自主学习及进行师生互动完成教学任务，对我国大学英语教学改革影响巨大。

翻转课堂模式主要由三个层面构成：课前内容传达、课堂活动组织、课后效果评价。其中，课前内容传达主要采用教学视频与纸质材料结合的两种模式传达教学内容。教学视频来自网上现有的教学视频或教师自主制作的新型教学视频两种形式。课前将任务布置给学生，由学生课下灵活安排时间进行自主学习。课堂活动组织的过程通过面授课来完成。对于大学英语教学而言，导读类课程通过网络多媒体展开。学生课下按照教师的安排习得内容。课堂上教师解释重点难点，通过网络多媒体实现在线测试，通过获取的网络背景知识和学习资源比对自己的测试结果，从而加深自己的认识。在这个过程中将个体学习与合作学习相结合，充分领会和识记新知识，锻炼新技能。课后效果评价的阶段通过学习过程中的形成性评价完成，及时的评价有利于对学生学习过程中产生的问题及偏差进行解决和调整，对学生的知识掌握程度进行判断，也根据不同学生的差异，为其提出合理化的建议和指导。

翻转课堂有利于学习者安排时间学习，科学展开课堂和课下的互动。能够让学习者针对某一问题或某一相关主题产生的关联性问题进行反复学习。有助于个性化学习的实施和课堂管理的人性化。最明显的优势是将学习的主动权归还给学生，扭转了传统教学模式下学生的学习观念和学习态度，使学生对教师的依赖性降低。

但是由于翻转课堂教学模式兴起时间较短，其评价与测试形式并不完善，因此，大学英语翻转课堂的学习评价偏向于教师的主观性评价，所以需要教师提供更多渠道为学生展示学习成果，综合评价其学习表现。

四、大学英语教学模式特征

综合以上应用相对广泛的大学英语教学模式可以发现，大学英语教学模式主要以通识教育为基本定位，以人文性为基本的价值取向，且具有明显的多媒体和现代信息技术的色彩。针对专门用途英语的教学模式的研究是基于大学英语教学模式基础上的研究，专门用途英语与大学通用英语在本质上没有根本的区别。专门用途英语是在大学通用英语改革过程中，受到社会需求和个人需求的驱动而发展出来的。对大学通用英语教学模式特征的研究是专门用途英语研究的基础和准备阶段。

（一）以通识教育为基本定位

亚里士多德认为教育既不为了实际使用，也不满足于需求，而是为了自由而高尚的情操；它通过发展理性、提升智识和道德水平，实现人的和谐发展。通识教育的理念是针对高等教育的过度专业化而产生的。通识教育理念下对学生的培养是"做人"的素质教育，强调学生的完整发展。当前大学外语的办学思想是建立在通识教育理念下的，并一直努力试图符合和体现通识教育理念的教学实践。通识教育理念下的大学英语课程倡导者认为，大学英语课程应该秉承以人为本的理念，立足于人的全面发展，加强学生的语言知识、技能和人文素养的综合全面发展、和谐发展与自由发展。因此，为了实现"完整发展"的课程理念，课程讲授过程中不能片面地强调语言知识和技能，突出语言的功用性和工具性，而忽视提升学生的人文素养，如批判意识、鉴赏能力、对他文化的宽容和理解能力、国际化的视野、人文精神等。而且，为了促使学生的语言知识、技能和人文素养"和谐发展"，掌握一定的语言知识、技能和人文素养也是必需的。即在语言知识、技能和人文素养方面进行个性化、自主化、独立化的发展，并在相互间找到平衡。

大学英语课程具有明显的通识性特征，无论从课程的理念、教材内容的设计还是教学策略的选择方面都在努力表现其"通达国际前沿、贯通中西文化、融汇不同视角的工具与桥梁"的作用，都在努力"见识另一民族的文明与文化、探索另一种思想与灵魂的人文沃土与海洋"以帮助学生拓宽知识视野、了解世界文明与文化。这种通识性特征还体现在对多元文化理解的培养方面，认为学生的跨文化交际意识是建立在多种文化相互依存，相互交融，和谐发展的基础上的，倡导不同科学文化，不同国家、民族、区域文化的交融是培养交流"跨文化性"的途径，使用不同语言文字是为了实现这种文化间的交流，从而互相理解，实现交际目的。

大学英语通识教育的办学理念的核心是培养"完人"，体现个体本位论的教育目的观，坚持以学生为本，通过广泛地接触不同文化的不同要素来促进学生语言知识、技能，尤其是人文素养的完整发展、和谐发展与自由发展；以通识教育性体现工具性与人文性的双重价值取向，在全球多元文化社会培养学生的跨文化交际能力。

（二）以科学性为主要价值取向

2000年左右，某些研究型大学开始了本科通识教育改革，目标是培养全能型人才，外语课程不仅是为了提升学生的语言综合应用能力，更是为了增强学生的自主学习能力和提高综合文化素养而开设。其主旨是服务于实现通识教育的目标。基于这种理念，其教育内容除了语言知识和语言能力之外，还包含了众多领域的知识，试图在文学、艺术、音乐、体育、政治、军事、宗教、历史等各个方面为学生提供广泛的空间，帮助学生更好地了解目的语的相关文化，从而更好地体现人文教育的本质，体现对学生人本精神的培养。同时，发挥语言课程的人文价值是要通过语言的学习"使外语学习者提高人文修养，并学会如何做人，如何处世，如何审美，如何处理各种关系，如何确认价值，如何构筑自己的精神家园。"通识教育下的大学英语不排斥其作为工具的工具性价值，但是通识教育是以人的能力发展和提高为更加基本的价值取向，其目的是要增强学生的适应能力，随着社会的发展而提升自己的综合素质，而不是为了某种职业提升某项语言能力。

这种大学英语课程以外语为媒介对学生进行人文性的思维训练，培养学生的人格，培养学生的外语文化与兴趣。工程学的内涵是：以应用科学和技术原理来解决问题的学科。工科大学是以工科专业为主，以培养工程人为主要目标的大学，这种表现为工程方向性特征的大学培养人才的主要方向应该是在相应的工程领域从事规划、勘探、设计、施工、原材料的选择和管理等方面工作的工程技术人才为目的，毕业生需要具备的外语语言能力也必须是实际的语言应用能力。

就语言教育的价值而言，这种以工具价值为主体的技能教育与人格培养为目的的人文教育虽然不是完全等同的，但是在本质上并没有绝对的差别。英语学科的价值就在于利用英语教育去获取语言本身之外的用处，去依赖、利用和谋求衍生价值，即教学目标指导下的，以科学性和具性为主要特征，兼具人文性的大学英语课程。

（三）与现代信息技术联系紧密

多媒体和网络技术的发展为大学英语教育改革提供了有利的平台。慕课课程、微课课程、翻转课堂教学模式等在现代信息技术支持下开始逐渐兴起的新型教学模式越来越突显其重要地位，在高校招生规模日益扩大、教师资源紧缺的情况下，现代信息技术为英语教学向个性化学习的发展提供了支撑，打破了以往因时因地教育教学的传统限制，互动和自主式学习已取代了传统的机械式学习方式。英语教学的实用性、文化性和趣味性在网络教学模式中融为一体，充分调动了教与学双方的积极性，并为学生提供了自主学习环境，形成课内与课外、线上与线下、大班与小班、自主学习与课堂面授相结合等教学环节的互动互补，满足学生多样化和个性化的英语学习要求，使学生成为自主的英语学习者。

高校大学英语教学部门从实际情况出发，实施有特色的大学英语网络教学，或采用基于单机或局域网以及校园网的多媒体听、说教学模式，或采取直接在互联网上进行听、说教学和训练的模式。这种"多媒体大班课堂教学+小班听说教学+网络自主学习"的多元教学模式将网络教学平台与课堂教学有机地结合起来，从而能全面对学生进行英语的听、说、读、写、译的教学。多媒体技术支持下的大学英语教学迎合了时代发展的潮流，具有无比的优越性。首先，教学信息增加、语言教学更加生动。集声、像、图、文于一体的丰富教学资源方便教师灵活更换教学内容。在以教师为主导的课堂教学过程中，教师的教学过程更加生动有趣，教学效果得到提高。其次，学生学习的时空并不仅仅局限于课堂上的时间，而是得到了更多的外延和拓展。开放的教学空间给予学生灵活的学习时间和地点，学习的频次和内容更加自由，对于知识点的认识和掌握更加全面。再次，学生自主学习能力得到重视。计算机辅助语言教学在某种程度缓解了师资短缺的问题，在有限的教学资源和课时的实际情形下，教师通过教学任务来要求学生在课外培养和形成"自主学习"的能力。最后，教师教学理念发生了变化，教师在传统的英语教学中承担的"传道、授业和解惑"的任务，转变成了"设计、引导、筛选"，成为课堂活动的幕后导演。

现代信息技术辅助教学也存在一些不足。教师利用多媒体进行教学的理念转变尚不到位，教学方法的准备也不够充分。教学实践中往往出现教学媒体技术的低值使用的现象。因此，这种由封闭式、单向性的知识与技能传播转向开放式和多向性的多元化趋势应该得到更好的规范和提升，对于教学环境的开放性、交互性和教学元素的协作性和多元性特点进行更好地协调和把握，才能够更好地发挥现代信息技术的优势。

由综合课堂教学模式和基于网络多媒体的教学模式可见，大学英语教学模式具备以下特点：

第一，"网络学习模式"的特征，即利用现代化的信息技术，构建外语学习平台，实现完全自主的人机对话，完全实现网络学习共同体。如吾文泉、张海燕的《"网络自主学习+课堂"的大学英语教学模式的调研》，邓昕的《基于信息化支持下的英语教学模式初探》，陈炼的《利用多媒体网络技术进行大学英语教学模式改革》等。这种网络学习模式所持有的主要观点认为，多媒体技术、现代化的信息技术是目前大学英语课程摆脱师资缺乏、学生水平参差不齐的有效出路。现代信息技术内容丰富、信息多元，将文字、声音、图像、图形等集于一体，将涉及的讲授内容形象地呈现在电脑上，在声音、文字、影像等交互作用的全景环境下，学习者得到了强烈的感官刺激，从多方面为学生创造了相对真实的语言学习环境，从而有利于学生开展个性学习和自主学习。从学生的角度来看，学生可以自由地选择自己感兴趣的适合自己学习水平的资料，可以进行书写训练，也可以强化听说训练，能够全方位地提高自身的英语水平；从教师的角度来看，教师在教学活动中的角色转变，由占主导地位的授业者转变成了占次要地位的引导者，摆脱了繁重的教学工作，提升了教学效率。这种以多媒体和网络为媒介的教学模式提供了全新的教学方式，使抽象的、枯燥的英语学习转化成形象的、生动的、视听说结合的感官内容。增强了学生学习兴趣，激发了学生个性化学习和自主学习的动力。教师角色在全新的网络学习环境中发生了转变，教学组织形式、网络资源建设方式和学生学习方式也都发生了转变。

虽然网络学习模式实现了外语学习的交互性、可实现性和可操作性。但是它也存在着一定的问题。首先，网络教学模式对任课教师的计算机水平有较高的要求。在大学英语教师团队中，大部分教师为文科专业，对计算机和网络技术了解得不多，这在很大程度上削弱了教师对多媒体课上和课下活动的掌控能力。其次，学生的网络自主学习过程需要教师的监督和辅导。网络环境作为一种开放的资源，虽然资源无限量，但是学生往往会被其他与学习无关的内容所吸引，导致学生的网络自助学习目的性不强，学习效果不佳，这就需要教师对学生的学习过程进行监控。另外，网络自主学习模式中的网络和多媒体技术只是一种手段和工具，在英语教学中不能忽视教师的主导作用。教师通过言传身教对知识进行分解，指导学生对其进行进一步的理解，这种面对面的交流是网络等现代化技术手段所不能替代的。只有把网络等现代技术手段和教师的讲解有机地结合起来，才能真正提高课堂教学质量。

第二，体现"互动型教学模式"理念。这种教学模式强调从交际理论出发，注重师生之间、学生之间的互动，目的是提高学生的交际能力和实际水平。这种教学模式强调文化在外语学习中的作用。鼓励学生掌握除目的语的语言系统外，还必须掌握与目的语有关的文化内容和目的语所在国家的价值观、宗教信仰、社会习俗、重大历史事件、社会制度和审美倾向等。除强调文化在外语学习中的重要作用之外，这种教学模式还强调语言使用的得体性。因此，在教学过程中往往会创设一定的教学情景，产生特定的文化氛围。让学生在相对真实的语境下进行专业或学习内容相关的信息交流或互动，从而在互动过程中提高交际水平，掌握语言文化内涵。

该模式满足了目前我国外语人才市场的需要，使学生不仅掌握了语言学习技能，还保持了对英语及其代表文化的兴趣和热情，使外语学习跳出书本，促进了外语学习的多元化。它的缺陷是缺乏固定的模式和实施标准，教师讲授过程的任意性和小作坊意识明显，而且也无法证明这种教学模式的实际效果。长期采用这种教学模式会造成学生的语言基本功薄弱，读写能力下降，最终影响到学生外语学习的综合效果。

第三，从整体出发的特征，称为"整体教学模式"。这种教学模式强调教学各个因素的整体性，教学过程把教学的各个环节综合考虑进去，在强调课堂教学的同时，也注重自主学习，提倡合作学习，鼓励探究式学习。同时强调测试的信度和效度，把教学效果和测试有机地结合起来。在这种教学模式中，教师了解学生的学习需求、认知特点和风格，能够通过大量的语言实践培养学生的语言意识，提高其语言运用能力。小组合作学习在整体教学模式中也得到提倡，被认为是对班级教学形式的补充和改进。通过自主学习和小组学习的有机结合，学生增加了互动机会和使用语言的机会，为学生的全面发展创造了有利条件。

但是这种教学模式从实质上并没有摆脱传统教学的桎梏，只是把课堂、课外和考试的传统教学因素重新进行排列组合，而不是放在一个立体的空间上，各个层面之间的联系和区别也不明显，对于学生各方面英语水平的提高效果有待考证。整体式教学模式是对客观的教学因素进行了一定程度的把握，但没有考虑学生的心理层面。而学习的过程必然涉及学生的心理因素，因此，补充该模式对学生心理因素的考察十分重要。

第四，具有开放式特征的教学模式，这里的"开放"主要是指教学内容的开放。英语教学不仅体现在课堂与教材中，也体现在日常生活的各个方面。这种模式主张将英语学习的各个方面进行开放，包括师生关系、教学内容、教学过程、交流空间、课后作业、测试形式等。其主要理念是将学生的"学习"转为"习得"，在固定课堂教学的基础上，对英语教学进行多方面的引导，提高英语教学效率。这种教学模式是对教师教学能力的巨大挑战，要求教师不断充实自己的储备知识，扩充知识面，提高教学水平。从学生的角度而言，英语学习内容变得丰富多彩，这种"学习"英语的方式将学习变得生动、有趣，学习英语不再是沉重的负担。就师生关系而言，教师与学生之间建立了一种民主、平等、和谐、宽松的教学环境，促进了师生关系的良性发展，达到了提高教学效果的目的。但是这种教学模式缺乏可操作性，很难监督和管理，由于很难界定哪些内容能够促进学习，哪些不能，因此也很难检测学习效果，很容易干扰正常的学习节奏，浪费时间。

五、工科大学英语教学情况

尽管大学英语教学模式已经体现出其多样性特点及根据时代特征不断纳入新要素的与时俱进的特征，但是依赖单一教学模式的实施无法从根本上改变大学英语教学效果不如人意的最终结果。本书对专门用途英语教学模式的研究是以对工科大学英语教学现状表现出的问题及具体应对策略为依托。工科大学学习者的学习特点和其所属大学的属性决定工科大学大学英语教学实践中出现的矛盾和冲突是产生其教学模式改革和实践的内部因素。

（一）通用英语与专门用途英语的联系与区别

通过研究专门用途英语的概念及特征可以了解到通用英语与专门用途英语既有相似性，又有明显的差别。作为语言教学，两者的性质及目的都是学习与交际，在整个英语教育体系中，两者都为同一个教学目标而服务，都具有词汇、语法、语篇等层次上的语言共核部分，为培养学生的语言应用能力，通过一定的教学模式和手段完成教学目标。在整个英语教育体系中，两者是为统一的教学目标而服务的两个层面，是语言连续学习过程的两个终端。专门用途英语作为英语语言教学的一个分支，具有语言教学的全部特征和要素。就两者之间的区别而言，专门用途英语并不是包含专门的词汇、专门的结构、专门的语法的英语，而是有专门的"目的"。因此，这种"专门"并不是指"语言专门"。专门用途英语并不是一种教学方法，而是一种教学途径、教学方针或教学理念，只有遵循专门用途英语教学理念开设的课程才是真正意义上的ESP课程。Robinson曾指出："利用语言来实现某种目的是工作过程的中心，在这个过程中，语言只是一个辅助的角色。所以语言本身的教学并不是专门用途英语的中介，利用语言去实现确定的目标才是ESP的真正目的。"因此，作为一种行之有效的教学途径，专门用途英语以十一语言学习理论为理论依据，基于学生的特殊需求来制订教学目标、教学内容和教学方法，最终培养学生在实际工作中的实际语言运用能力，其中的关键就是根据学生的需求与目的来设计与课程相关的各个要素。

作为英语教学领域中一个特点鲜明的分支学科，专门用途英语在语言教学中的重要性不亚于通用英语。通用英语以教授通用型语言知识及语言技能为目的，更多强调人文知识的认识和了解，对学习者而言，它以完成一定的通用型测试和实现日常交际交流为学生学习的主要目的；而专门用途英语课程的开设是为了帮助学习者在一定的专业或职业上使英语知识和专业技能相互关联并融合，从而实现交流专业知识的目的。但是，这两者之间并不是对立的，反而联系紧密。通用英语是专门用途英语的基础，专门用途英语是通用英语的拓展和延续。两者虽然在实践上有先后，但是在内容上却相互衔接。

工科大学专门用途英语并不是英语的某种特殊变体，也不是一种特殊的语言，尽管在一定的特殊情境下可能会遭遇到某种特殊的语言情景，但是这种差异性并不能冲淡英语以及所有语言所拥有的共同特征，也就是说专门用途英语仍然具有英语语言的共核；专门用途英语教学与所有语言教学一样，尽管学习的内容有所不同，但语言认知的过程与通用英语一样，没有专门应用于专门用途英语的方法，教学过程中使用的方法同样可以应用于其他形式的语言学习中。

（二）通用英语课程教学现状

首先，工科大学英语的改革应该是基于教学定位所进行的有针对性的改革。2007年《课程要求》提出："大学英语的教学目标是培养学生的英语综合应用能力，特别是听说能力，使他们在今后工作和社会交往中能用英语有效地进行口头和书面的信息交流，同时增强其自主学习能力，提高综合文化素养，以适应我国社会发展和国际交流的需要。"对此，"今后"应如何解释？如果是为了满足学生"今后学习"和"今后工作"的需求，那么《课程要求》提出的内容和目标是脱节的；如果是为了满足学生"社会交往"，那么该目标具有严重的定位偏差；如果是为了培养学生的"综合文化素养"，那是把大学英语引入歧途。教学目标的偏差使各大学对于教学内容的理解不甚相同。结果就是各个大学和大学英语教师只能按个人理解和自己的学历结构在课程设置上，如在语言技能、考试技能、社会交际、文化视野等诸多目标之间游离，教学效率受到极大影响。课程或大纲设计最重要的三个要素是需求分析、目标建立和手段选择。三者间的相互关系解释为，正确的大纲目标必须基于正确的需求分析，目标确立之后才设计内容选择。基于工科院校大学毕业生的需求确定合适的教学模式完成教学目标，选择恰当的教学内容，才能够实现复合型人才培养的最终目的。

其次，教学改革的主要内容之一是提高课堂效率。但是重点大学的大部分学生在大学英语课堂上是在重复他们高中阶段已经基本掌握的学习内容；一般院校的大部分学生的大部分学习时间用在所谓"重要"的四、六级考试上；大学毕业生走出校门时，整体英语水平并没有多大提高，甚至有所下降；我国大学生的英语根本无法应对社会和专业的需求。对于重点大学来说，尽管越来越多的新生的英语水平有了显著的提高，但是由于某些学校规定：只有学完大学英语四级课程才能报名参加四级考试；再好的学生也要至少学习一到两个学期的大学基础英语。因此，这些入学英语水平在大学英语四级以上的学生也被安排在大学基础英语课程里学习。再看一般院校的学生。这些学校为了提高四级通过率，往往把四级证书和学位证书或毕业证书挂钩。这样，一些英语成绩较差的学生为了能顺利毕业，不得不把自由支配的时间用于学习英语，无形中把英语升格为自己的第一专业。英语成了许多大学生耗时最多的一门课程。如果通过如此努力，英语水平有所提升也可以接受，可是情况恰恰相反，这种学习方法不仅没有提高学生的英语水平，反而使学生语言能力下降了。学生的英语学习从小学到大学都以打基础为主，内容有限，从技能上来说，主要是听、说、读、写、译；从内容上来说就是语法知识和词汇知识。语法规则及核心词汇数量有限，这就不可避免地造成教学内容和教学形式的重复。经济学中的边际效用递减效应的原理（宋承先，1994），即消费一种物品的数量越多，心理上得到的满足和生理上对重复刺激的反应会相应递减。长时间的打基础式语言教学使教学内容拘泥于语法规则和基本词汇，到大学后还是学习相同的语法结构，复习已经学会的词汇，学习目的还是为了应付统考。这种学习必然将学生的语言学习的新鲜感耗尽。

最后，对《普通高中英语课程标准（2020年修订）》和《大学英语课程要求（2007）》进行共性分析，主要集中在课程目标、课程设置、课程要求三个方面。以下是对这些方面的共性归纳：

1. 课程目标

（1）综合语言运用能力

两者都强调培养学生的综合语言运用能力，包括听、说、读、写四个方面的技能。《普通高中英语课程标准》明确提出了这四个方面的具体级别要求，而《大学英语课程要求》也强调培养学生的英语综合应用能力，特别是听说能力。

（2）跨文化交际能力

两者都注重培养学生的跨文化交际能力，包括文化意识、文化理解和文化鉴赏能力。《普通高中英语课程标准》强调增进跨文化理解和跨文化交际的能力，而《大学英语课程要求》强调促进学生的国际视野和跨文化交流能力。

（3）自主学习和合作学习能力

两者都鼓励学生发展自主学习和合作学习的能力。《普通高中英语课程标准》提出形成有效的英语学习策略，培养学生的自主学习能力；大学英语课程则可能通过项目式学习、小组讨论等方式，促进学生之间的合作与交流。

2. 课程设置

（1）必修与选修结合

高中英语课程采取必修课与选修课相结合的课程设置模式，必修课程旨在构建学生的共同基础，选修课程则满足不同学生的兴趣和发展需求。虽然《大学英语课程要求》未直接提及大学英语的课程设置，但大多数高校也提供英语必修课和多样化的选修课，以满足不同专业和学生的需求。

（2）模块化教学

《普通高中英语课程标准》按模块组织教学内容，每个模块都有明确的学习目标和内容要求。大学英语课程也可能采用类似的模块化教学方式，将课程内容划分为不同的模块或单元，以便于组织教学和评估学生的学习成果。

3. 课程要求

（1）词汇量要求

两者都对词汇量有明确要求。《普通高中英语课程标准》设定了不同级别的词汇量要求，如九级优秀毕业生词汇量要达到4500个单词。《大学英语课程要求》虽然未直接给出具体数字，但通常也会对学生的词汇量提出一定的要求，以确保学生能够顺利完成学习任务和进行学术交流。

（2）语言技能要求

在语言技能方面，两者都对学生的听、说、读、写能力提出了具体要求。《普通高中英语课程标准》明确了这四个方面的不同级别要求，而《大学英语课程要求》也包含了对学生语言技能的全面评估和提升。

（3）学习策略要求

两者都鼓励学生形成良好的学习策略。高中英语课程强调学习策略的重要性，认为它是提高学习效率、发展自主学习能力的先决条件。大学英语课程也注重引导学生掌握有效的学习策略，以应对更加复杂和深入的学习任务。

大学英语课程标准要求学生能掌握简单的英语技能，比如"听懂英语授课，能听懂日常对话和一般性题材讲座，能基本听懂慢速英语节目，口语能用英语简单地交流，并参与话题讨论，能与英语国家的人进行日常交谈，能简短发言。阅读方面能读懂一般性题材的英文文章并无理解障碍。"

可见高中学生的英语学习要求涵盖了听力、口语、阅读和写作四个方面，注重基础语言技能的培养和实际应用；而大学英语课程标准要求则侧重于提高学生的英语听力理解、口语交流能力和阅读理解能力，以适应更广泛的学术交流和国际交往需要。两者在技能要求上有所重叠，但大学标准更注重实用性和学术性。

（三）专门用途英语课程教学现状

大多数工科大学也都开设了学术英语或ESP类课程，涉及金融、贸易、计算机、工程、电力、水利、土木工程等多个领域。国内高校开办相关工科类专科和本科专业过程中，专门用途英语教学和研究也进入了新的历史时期。但是，与国外成熟的专门用途英语课程体系相比较，我国专门用途英语类课程的发展目前还是趋于落后。秦秀白教授（2003）认为，我国高校的专门用途英语教学无论在实践方面还是在理论方面都未进入成熟阶段。这一观点体现在以下几个方面：

①专门用途英语在高校英语教育中的定位问题并未得到解决；

②对专门用途英语的性质和教学原则理解不一；

③对专门用途英语的教学方法研究不够深入。[1]

许多专门用途英语课程相关的实证研究也表明，目前包括双一流等重点大学的专门用途英语教学情况并不令人满意，普通工科院校的专门用途英语课程教学存在以下几方面问题。

---

① 秦秀白. ESP的性质、范畴和教学严责——兼谈在我国高校开展多种类型英语教学的可行性 [J]. 华南理工大学学报（社会科学版）2003，4.

1. 专门用途英语课程观念不强

从教育理念来讲，长期以来大学英语教育忽视专业英语教学，更多强调培养扎实的英语语言基本功和人文素质教育修养。《大学英语教学指南》（2020）中对大学英语的课程性质有明确规定，其中涉及了大学英语的工具性和人文性。就工具性而言，《指南》明确指出，"大学英语课程是基础教育阶段英语教学的提升和拓展，主要目的是在高中英语教学的基础上进一步提高学生英语听、说、读、写、译的能力。"具体目标是"培养学生的英语应用能力，增强跨文化交际意识和交际能力，同时发展自主学习能力，提高综合文化素养，使他们在学习、生活、社会交往和未来工作中能够有效地使用英语，满足国家、社会、学校和个人发展的需要。"

虽然《指南》中并未直接提及"学术性"一词，但大学英语的某些教学目标和要求实际上体现了其服务于学术研究和交流的功能。包括关于专门用途英语教学方面，"大学英语的工具性也体现在专门用途英语上，学生可以通过学习与专业或未来工作有关的学术英语或职业英语，获得在学术或职业领域进行交流的相关能力。"这实际上是大学英语学术性的一种体现，因为它直接服务于学生的专业学习和学术研究。在综合文化素养与思辨能力方面，大学英语课程的教学目标还包括发展学生的综合文化素养和思辨能力。这对于学生进行学术研究至关重要，因为进行学术研究不仅要求学生掌握专业知识，还需要具备广阔的视野、深厚的文化底蕴和独立的思考能力。在跨文化交际能力方面，跨文化交际能力也是大学英语课程的重要培养目标之一。在全球化背景下，学术研究往往涉及跨国界、跨文化的交流与合作。因此，具备良好的跨文化交际能力对于学术研究者来说至关重要。

综上所述，《大学英语教学指南》虽然未直接提及"学术性"一词，但通过其对大学英语工具性的阐述以及对专门用途英语教学、综合文化素养与思辨能力、跨文化交际能力等方面的要求，实际上体现了大学英语在服务学术研究和交流方面的重要作用。从1999年推出的《大学英语教学大纲（修订版）》到2001年教育部要求各高校在本科教育方面积极推动使用英语等外语进行公共课和专业课教学，到2004年教育部高等教育司出台的

《大学英语课程教学要求》等教学相关政策和指导性文件来看，针对专门用途英语课程的课程要求仅仅局限在宽泛的概念及形式下。尽管有些双一流重点大学开设了学术英语相关的课程，但是普通工科院校中针对专门用途英语课程的认识和概念并不清晰。

2. 学校对专门用途英语教学重视程度不够

从教学目标和学生的就业需求来看，专门用途英语教学是大学英语不可或缺的部分，是大学英语学习四年不间断的保证。蔡基刚教授（2004）认为"随着我国和国际交往的日益扩大，经济全球化、科学技术一体化、文化多元化的到来，随着我国大学的新进校新生的英语整体水平的提高，ESP教学将是我国大学英语教学的发展方向。"[①]但实际情况是，学校并未对专门用途英语教学给予足够的重视，学校只关注基础英语教学和四、六级考试。可是四、六级考试只是针对通用英语水平进行测试，高校英语教学迟迟不与专业挂钩，必然会给学生毕业后走上需要专业英语的工作岗位带来困难。[②]即使有些高校开设了专门用途英语课程，却还是只强调基础英语教学而没有系统地对专门用途英语课程进行开发，导致此类课程设置的随意性较强，甚至处于零散的、自发状态。课时安排不合理，学时安排相对不足。彭清华等对安徽工业大学的专门用途英语教学现状调查发现，学校把专门用途英语教学安排在大学三年级，或者是大学四年级。开设专门用途英语的系部每周只安排2学时，并且只有一学期的课，总学时不超过40学时。这种在专门用途英语课程建设方面投入较少，且学校及教师普遍不予以重视的情况下的专门用途英语教学效果可想而知。

3. 专门用途英语教学方法滞后，手段单一

从专门用途英语的教学方法来看，目前各大高校开设的专门用途英语课程普遍采用的是"语法–翻译"教学法，通过词汇讲解、翻译语句和段落的方式，完成教学内容的讲解和练习。"语法–翻译"法固然有其优势，但是工科院校专门用途英语的特征对英语语言的使用情境有较高的要求，即

---

① 蔡基刚. 全球化背景下我国大学英语教学目标定位再研究[J]. 外语与外语教学，2012（3）.

② 张振邦. 也谈我国外语教改问题[J]. 外国语，2003（4）.

便是进行了"语言分析+翻译""阅读+写作""翻译+写作"以及"词汇讲解+翻译"等教学方法的改革,李新等在《高校专业英语教学现状调查报告》中发现,46%的学生仍反映教师在课堂上所使用的仍然是单纯的语言翻译或阅读与翻译相结合的教学方法,并不采用幻灯片、投影、录音、影视或计算机多媒体等教学手段,且比例高达58.4%。[①]

4. 专门用途英语师资力量薄弱

专门用途英语课程教学内容及教学要求对任课教师的要求也比较高。不仅要求教师有较高的英语水平,还要具备一定的专业相关知识和技能。尤其是工科类院校的专门用途英语课程授课内容涉及工程设计、施工及商务交流相关的各方面专业知识,这给相关教师带来了更大的挑战。Jarvis早在1983年就归纳了专门用途英语教师应具备的10项能力:分析ESP和情境、评估教材以及相关的资料、评判学生的成绩、确定学生学习能力目标、设计和解释工作计划、规划教学和学习策略、规划个人辅导内容、编写教材、组织教学和评估教学目的。对照这个标准,目前国内的专门用途英语师资水平还有待提升。当前从事专门用途英语教学的教师来源主要有两种类型:以英语为主的英语教师和以专业为主的任课教师。前者英语功底扎实,对英语语言材料的把握比较自如,但基本不具备从事专门用途英语教学的相关专业课知识和实践经验;而后者虽然专业能力强,但外语能力又很难达到语言教师的水平,由此带来的以语法翻译法为主要教学方法的专门用途英语教学的效果不如人意。

工科院校的大学英语改革的主导性理念应该是将专门用途英语作为目的明确的专业英语课程而设立。大学英语的改革应该是置于这一理念下的改革,无论是通用大学英语课程的开设还是针对未来专业领域的专门用途英语课程的开设,都要求教学模式相对稳定,教学内容特点鲜明。对未来工科工程类人才的培养应该考虑大学英语人文性与工具性的统一,在通识性英语教育的基础上开发专门用途类英语课程,其具体实施步骤就是找到目前课程发展的掣肘之处,针对具体的问题找到解决问题的方法。

---

① 李新. 高校专业英语教学现状调查报告[J]. 教育理论与实践, 2006 (14).

第二章　工科大学专门用途英语教学需求分析

为了确定针对大学英语教学模式的研究是对专门用途英语教学模式研究所进行的必要准备，且在专门用途英语框架下进行教学模式的研究符合大学英语改革的需求。本书第二章以前文的理论背景为基础，进一步探索本书的研究设计。研究的问题主要包括以下三方面：第一个方面主要用于了解某普通工科院校专门用途英语课程的现状，也就是实然状态，经过考察分析，发现其与应然状态之间的差距；第二个方面着力于探索造成应然、实然状态之间差距的成因；第三个研究方面则对主要影响因素之间的互动情况进行深入研究。

围绕问题进行研究对象的抽样和确定，笔者采用问卷调查的方法对某普通应用型工科院校（简称C校）的教师和学生的信息进行了收集。调查选取的对象专业多样、年级不同、英语水平各异，以其专门用途英语课程的任课教师作为研究对象，并立足于研究问题，合理选择了问卷、书面访谈和深入访谈等研究方式。另外，笔者也说明了数据的收集方式即拟使用的数据分析方式。

一、研究问题和研究思路

根据Stevick（1971）的研究分析，外语教学要想对学习者产生更有利的影响，应该充分体现与学习者学习需求的"相关性"，同时具备"完整性"（指教学能较好地包含学习者的学习需求）、"有用性"（能让学习者学以致用）、"满意性"（让学习者感觉到他们的需求得到满足）。Nunan（1988）在课程发展模式中也把分析学习者的需求和学习目的列为课程计划的首要阶段。Dubin和Olshtain（1990）也指课程设置的第一步是调查摸底。因此，只有先对学生、教师、毕业生、用人单位等进行需求分析，包括个人需求分析和社会分析，才能设置具有实用性价值的语言教学大纲和课程内容。

（一）研究问题

为了了解教学对象的语言学习需求及社会发展对学习者英语能力的实际要求，需要通过需求分析进行把握，进而以社会及学生的实际需要为最终落脚点，设置实用性英语课程，为他们日后工作中对英语的熟练使用奠定基础。笔者在研究过程中，鉴于各个院校的实际情况各有不同，为了有的放矢，从需求的角度以其中一所普通工科院校的某些专业为研究对象，对其开设专门用途英语的必要性及实施情况进行了调查。

本章将主要从需求分析的个人需求和社会需求出发，围绕以下三个核心问题展开研究。具体内容如下：

第一，工科大学专门用途英语课程的现状研究，其中包括工科大学的专门用途英语课程的现状及呈现的课程类型，在应用型工科院校中专门用途英语课程的性质，现有的教学内容、教学模式特点等。

第二，工科大学专门用途英语课程学习效果的影响因素研究，其中包括工科大学专门用途英语课程设置和实施需要考虑的因素、各自的影响程度，以及大学英语教师群体对学生学习的主要影响因素，学生的外语水平、学习策略、学习动机对专门用途英语的实施造成影响，学生的态度等。

第三，工科大学专门用途英语课程的影响因子之间的关系，其中包括工科大学专门用途英语课程设置主要影响因素类别的划分，其包含的维度，以及影响该课程的主要影响因素之间的关系，整体的互动机制，同时包括社会需求在哪些方面对专门用途英语的课程实施造成了影响，未来课程设置及课程实施需要关注哪些问题等。

（二）研究思路

研究问题中涉及的第一个核心研究问题设计为描述性问题，拟通过以某工科普通本科院校的不同背景的高校在校大学生、往届毕业生及在校任课教师为调查对象，采用问卷调查的方式搜集相关数据，并以质性访谈进行交叉验证。描述所调研的高校专门用途英语课程的建设概貌，并通过文献综述中相关研究的归纳分析，设计出该校专门用途课程类别划分的维度标准，对该校专门用途英语课程性质进行研究，找到课程性质特征。

在调查问卷一中，第一部分收集答卷人的个人信息，包括在校学生及教师的基本信息及院系类别，自身英语学习状况等。第二部分是对在校学生专门用途英语课程的需求状况进行调查。根据前文对专门用途英语课程的文献综述，以及对语言课程教学模式的研究，这部分采用了郭剑晶的"从需求角度研究ESP教学的必要性问卷调查表"，其中涉及大学英语课程开设时间长短及本校专门用途英语课程的基本现状等30个问题，全部为单项选择题，问题所涉及的维度包括学习活动的设计、课程开设的模式、课程开发的性质、课程进行的方式、课程开发的动因、课程设计的内容及课程评价等。同时设计了两个开放式的简答题目，以期进一步调查大学专门用途英语课程在开发和实施教学模式中的关键因素。

在调查问卷二中，笔者采用了张伟、胡玉洁设计的问卷，该问卷可靠性检测系数为0.899，说明该问卷真实、有效，可靠性高。问卷中第一部分为参与调查者的背景信息，笔者对参与调查的被调查者的基本信息进行了统计，其中包括性别、毕业时间、从事的职业和工作单位的性质等。第二部分为现状调查的内容，主要涉及毕业生在工作中使用英语的情况，包括英语方面欠缺的技能及对在学期间英语课程安排的意见等。第三部分为工作中英语需求调查，其中涉及听、说、读、写、译方面不同任务的使用频率和难度等。第四部分为毕业生对专门用途英语课程的期望。

质性访谈拟选取三个层次的访谈对象：一是大学英语教学指导委员会的专家；二是部分高校大学英语课程管理人员；三是部分大学英语教师。三个层次的访谈设计了不完全相同的访谈提纲以达成不同的访谈目的。在专家层面的访谈中，访谈内容主要围绕目前我国普通工科院校大学英语及专门用途英语课程改革的整体程度，期待从专家的视角探究专门用途英语框架下的大学英语课程改革的总体思路。在对课程管理层的访谈中，笔者通过课程管理层的讲述，进一步了解了工科大学专门用途英语课程的实际开展现状。在对大学英语教师的访谈中，更多涉及了关于专门用途英语课程在教授过程中的相关情况的问题，拟从具体案例反思验证第一个问题。

第二个核心研究问题主要是探索型问题，拟通过比照分析问卷调查和质性访谈所获得的数据来探查因素及相互的关系。以前期文献收集整理和分析为前提，确定影响专门用途英语课程开发的主要维度，并确认影响因素的涉及范围和题目数量，形成问卷中的量化数据收集工具，用社会科学统计软件SPSS19.0进行探索型因子分析提取出影响因子，界定影响专门用途英语教学模式影响因素的概念，并对主要影响因子的影响力度进行描述。

第三个研究问题为解释性问题，通过探究各种影响因素之间的互动关系，对专门用途英语课程出现问题的原因给予合理的解释，以便为推进专门用途英语课程实际建设提供借鉴。

二、研究工具与调查方法

通过文献综述的研究发现，现阶段大部分院校都开设了专门用途英语课，并根据自身院校学生的英语学习背景和专业特征对课程设置和教学实践进行了安排，对于工科院校目前开设专门用途英语的教学实践进行调查和研究，需要对当下的该类院校的专门用途英语课程发展进行深层次的了解和认识。

本书认为，需要关注的是，现有的诸多教学实施中的做法是否还能够引导专门用途英语继续向前发展？他们存在什么样的问题？该如何从实践的角度采取措施去应对这个问题？这些都应该得到理性审视。因此，笔者在此步骤的研究设计为通过调查问卷的形式对该应用型工科院校的师生进行问卷调查和访谈，以通过调查问卷和访谈的形式发现大学专门用途英语课程的应然和实然的状态，并探索两者之间差距的成因。

（一）调查问卷

1. 调查的目的与对象

笔者通过对某普通应用型工科院校（简称C校）的教师和学生以问卷调查的方式进行信息收集，来了解现阶段工科院校开设专门用途英语课程的必要性、已开设专门用途英语课程的教学效果以及专门用途英语与大学公共英语教学融合的可行性。参与调查问卷的对象包括专门用途英语教学的主要参与者，专门用途英语教师（20位）和专门用途英语学生（来自3个工科专业的大学学生450名，毕业生15名）。参与调查的教师和学生均采取随机抽样和方便抽样相结合的原则。

2. 调查地点与工具

根据上述所列研究问题的性质和需要，结合比例抽样和方便抽样，鉴于工科院校的办学层次及专业特色，本研究问卷调查在J省的某普通应用型工科院校进行。以该院校专业设置的特点来分，属于理工类应用型的范畴，符合研究问题所在的研究领域。研究主要采用SPSS19.0软件对调查问卷各个变量产生的数据进行分析。

3. 调查问卷的处理

在2017年9月至10月内，主要进行调查问卷的发放和回收工作。问卷主要以纸质版呈现，由笔者打印好并附带一份问卷注意事项，由任课教师或辅导员直接将问卷发送至答卷人手中，在一定的时间内收回，由专人进行汇总并发给笔者。

4. 问题答案的收集与处理

研究的最后一部分是开放式问题。以问卷的简洁性和问卷人的情感因素的正面性为出发点，两个相关的开放式问题分别是：1. 您认为影响专门用途英语课程实施的重要因素是什么？为什么？2. 您认为目前推进大学专门用途英语课程实施面临的障碍有哪些？为什么？对于开放式问题答案，笔者通过将答案的语言描述与影响因素相结合，将不同的答案首先归并到不同的维度中，再在维度范围内设立相对应的因子项目，并进行比照，以验证问卷调查所收集的量化数据，进一步探讨专门用途英语课程实施的影响因素，增加研究的信度。

（二）现场访谈

问卷调查收集与专门用途英语课程设置现状及课程实施影响因素的信念等相关的数据，此过程主要采用量化的形式（除问卷中开放式问题），并建立起专门用途英语课程设置的影响因素的构念效度，主要进行因子分析，为影响该课程的各因素提供了一个初步的解释框架。社会科学的研究突破了以往的研究方法，开始借助自然科学领域的量化研究方法。但为了使研究成果更有效度和说服力，三角验证（triangulation verification）被越来越多研究者认可并采用。因此，访谈环节的目的在于通过质性数据的分析来弥补量化分析在深度方面的不足，更好地回答需求分析中的三个问题。

基于研究前期查阅的资料和问卷调查的数据分析，考虑现有的专门用途英语课程涉及的宏观、中观和微观三个层面的情况，三个层次的访谈对象最终被确定，分别是J省高校大学英语教学指导委员会部分委员、工科高校大学英语课程管理层和C校的专门用途英语课程授课教师。除先期的试访谈和后期的追加访谈之外，本研究作为数据收集工具的访谈主要在2017年10月至12月之间进行。研究主要采用的访谈形式是个人面对面半结构性访谈，只有个别由于时间或条件所限采取了小组访谈和个人录音访谈、书面访谈的形式。

1. 专家访谈

访谈的第一个层次针对专业人士。这类专业人士主要是大学英语课程设置和大学英语教学研究领域的专家，主要是J省大学英语教学指导委员会的委员。此次共访谈三位专家。通过访谈认识国家对大学英语教育实施的政策和规划，从而进一步了解当前我国大学英语课程实施的整体状况及未来发展趋势，挖掘大学外语教育领域的专家对大学英语及专门用途英语课程改革的态度、看法和建议。

专家访谈内容主要包括三个部分：第一个部分的主要内容是对ESP所处的外部环境及大学英语所处的外部环境的描述，了解专家对课程建设的看法，以及专家对于影响专门用途英语课程发展的因素的理解；第二个部分是了解专家对专门用途英语课程性质的看法，对这门课程的阐释和对其内涵的认识；第三个部分设计的访谈内容是专家对课程现状和课程发展未来趋势的理解和预测，并根据专家所研究领域的特点和关注问题的角度，对不同的问题进行追问。

本次访谈的内容主要从宏观角度出发，访谈所要达到的目的包括：

（1）了解我国的语言政策和外语教育规划背景下的专门用途英语和大学英语课程所在的位置；（2）厘清国家教育政策对专门用途英语课程产生了怎样的影响，影响因素是什么；（3）了解专家对专门用途英语课程现状和未来建设方向的意见；（4）了解专家从宏观角度，对专门用途英语课程所出现的问题的观点；（5）明确专家对专门用途英语课程发展的建议。

2. 部分高校大学英语课程管理层访谈

访谈的第二个层次针对的是大学英语课程的管理层人员，包括工科高校的外语学院院长或教学副院长、大学外语教学部主任或副主任，以及大学外语教研室主任等。主要目的是深入了解普通工科院校专门用途英语课程的现状，了解课程管理层对专门用途英语课程的观点、看法、现实问题的解决方法等。

访谈内容主要包括：（1）对受访者个人教学与管理工作的简单了解，根据对受访人的了解提出相关问题；（2）对接受访谈者所在学校的学生招生情况、人才培养情况、特色专业建设、学生入校英语水平及毕业生去向等情况进行了解；（3）对受访者所在工科学校的专门用途英语课程实施现实情况进行了解；（4）了解受访者从管理层角度对专门用途英语课程的观点和看法。

这一层次访谈内容所要达到的目的包括：了解普通工科院校招生概况及人才培养方面所面临的问题，以及专门用途英语课程实施概况和可能出现的问题；了解C校专门用途英语课程的现状和做法；了解管理层对于专门用途英语课程建设的看法和观点；找出专门用途英语课程建设影响因素的相关维度。

3. 部分专门用途英语授课教师

作为课程的直接代言人，工作在一线的教师是本研究关注的重点研究对象。第三个层次的访谈针对的就是目前承担专门用途英语课程的专业课双语教师和大学英语教师转型为专门用途英语课程的一线教师。主要目的是为了了解具体的专门用途英语课程实施建设的过程和情况，了解授课教师的教学经历、课程建设的概况以及他们对专门用途英语课程的观念、反思和期待。

这一层次的访谈内容包括四个方面：（1）了解受访者概况，包括个人从业简历及从事专门用途英语课程教学的经历等；（2）从授课教师的视角了解所在学校的大学英语课程及专门用途英语课程情况及面临的问题；（3）具体了解受访人所讲授的专门用途英语课程情况，包括课程的规划、建立、实施、评价、是否得到了足够的支持和遇到的困难等；（4）访谈专门用途英语教师对所讲授课程的真实观点和态度，以及对未来课程发展的展望。

本层次访谈所要达到的主要目的包括：在了解任课教师个人从业信息的前提下对专门用途英语课程的师资情况进行研究；通过任课教师对课程的反馈信息明确目前专门用途英语课程目前存在的问题，以及问题的来源是什么；通过教师在课程设计和实施中的真实体验明确一线教师对专门用途英语课程的理解和期待。

三、数据收集与技术处理

（一）问卷的收取与量化数据处理

调查问卷一研究累计发放问卷450份，回收问卷432份，回收率为96%；经过初步审查剔除无效问卷22份，剩余有效问卷410份，回收的问卷有效率为94.9%。随后笔者进行了问卷辨识，剔除无效问卷，以提高问卷的信度。筛选结果是，410份试卷中，有效问卷共计380份。这些有效数据进入了下一步的统计分析，而没有通过筛选的问卷数据则被予以剔除。调查问卷回收后笔者使用SPSS19.0对数据进行了编码，并将其录入到原始数据文件中进行保存。接下来笔者对量表所有题项的项目进行分析，以检验本次调查问卷的区分度。然后根据此分析得到的构念维度把各个题项进行归纳，求出每个维度的均值，将六个维度的均值相加求出量表总分，根据总分对所有答卷进行高低分组，把总分得分最高的28%共107名答卷者归入高分组，得分最低的27%共105位归入低分组，每一道题项进行两个组的独立样本T检验。检验结果表明，所有题项均有显著差异，即所有题项都有显著性区分度。对于问卷信度的把握主要通过可靠性分析来完成，本研究所涉及问卷的信度分析结果显示为0.757，证明问卷信度比较好，属于较为可靠的问卷。

在调查问卷二中，笔者对参与问卷调查的40名往届毕业生的自然情况和工作背景做了统计。其中，男性、女性比例各占50%，工作1年的为18人，占被调查者总数的45%，工作2年的为12人，占被调查者总数的30%，工作3年及以上的为10人，占被调查者总数的25%。在调查过程中，笔者对参与问卷调查的被调查者的职业和单位性质进行了统计，发现被调查者从事的行业分别为研究生、项目管理、项目设计、产品研发、外贸等。被调查者所在单位的性质主要是国有企业、民营公司、外企公司。其中在民企的人数最多，占总数的44.5%；其次是国企和外企分别占总数的22.5%和18.5%。

对于问卷效度的把握主要通过"结构效度"和"内容效度"两个途径进行。结构效度方面的效度主要采用主成分分析的方法进行探索型因子分析。对于样本的取样适切性量数的统计说明问卷的数据适合做因子分析，效度得以保障。通过专家判断的方式来进行内容效度的测量，对于问卷变量的定义、问卷的维度以及选项都严格按照该研究领域的学科规范进行，而且经过对三个层面的访谈检测，访谈结果和问卷结果互相印证，证明问卷效度可以保障。初步形成问卷之后，问卷也得到相关专家的测评，因此研究中的内容效度也是可以确保的。

（二）问卷与问题答案的处理

笔者对调查问卷最后的开放式问题的答案也进行了整理和分析。在所获取的380份有效问卷中对开放式问题进行回答的问卷共有370份有效答案。开放式问卷的特点就是由于答卷人的个体思维差异和答题方式的不同，针对同一问题的答案呈现出无规律的多样性状态。对于这种情况，本研究主要采用了手工归并开放式问题答案的办法。首先根据答案的描述将特定问题的答案按照关键字出现频率分为几个不同的群体，并且将课程本身的因素也作为一个变量指标放到答案提取过程中去。其次将开放式问题的答案进行逐一细致阅读和仔细思考，根据不同的维度列出具体的项目列表，遇到相同或近似的项目增加频度标注，并按照此步骤进行循环，直到所有问题答案归并完毕。最后计算所有答案的占比，算出每一条项目在其所述维度中的百分比，并将开放式问题获得的数据与量化数据相比较，完成统计，将统计结果与讨论部分整理报告。

（三）质性访谈数据的处理

按照既定的访谈实施计划，本研究面向大学英语教学研究领域的专家、大学英语教学管理人员和专门用途英语授课教师进行了访谈。在访谈现场征得被访人同意后，对访谈过程进行了全程录音，访谈结束后将内容进行了文字转写，并进行编号归类。就具体实施过程而言，在分析的过程中，结合访谈提纲对三个层次的访谈转写文字进行反复阅读，将文本材料分解、分析、概念化并逐级建立编码，对同一个概念提取出关于专门用途英语课程现状和影响因素的相关表述并进行阐释，以对通过问卷调查收集到的量化数据进行验证和补充，同时对多个访谈者的观点进行对比分析，用于补充回答第一个（关于专门用途英语课程现状）和第二个（关于专门用途英语课程实施的影响因素）问题。此次访谈数据的分析主要借助扎根理论的思想（即用系统化的程序对现象加以分析，整理出结果的一种研究方法），对照因子分析中提取出的因子，结合自上而下和自下而上两种过程进行。从而对因子分析中提取出的影响因子作为节点，通过关键字定位的方式提取出关键字概念的所有语料，并比照相关文献的研究结果进行概括和归纳，找到各个影响因子之间的联系和作用机制，也就是个影响因素的互动机制，以回答第三个研究问题。

四、调查结果与数据分析

在专门用途英语的教学领域，按照需求分析所涉及的两方面内容进行。个人需求分析主要是对学习者的学习需求进行分析，包括学习者缺少的知识和技能、知识和技能学习的先后顺序等。这对学习者的英语水平有要求，对学习者学习该课程的课程期望以及学习目标和学习动机等都有关注。学习者的学习分析从根本上与"以学生为中心"的教学理念相吻合，也在实质上与"因材施教"相一致。需求分析中的社会需求分析是对学习者未来可能遇到的交际情境进行分析，包括社会文化背景和环境、工作环境，以及环境影响可能带来的心理状态等。本研究的调查是从个人需求和社会需求两个方面对专门用途英语进行分析。

（一）个人需求结果分析

1. 在校生专门用途英语学习需求分析

（1）学生对开设专门用途英语课程的目标需求调查结果分析

通过Hutchinson和Waters的以学生学习为中心的观点，了解学生学习需求是合理安排课程的第一步骤。因此本调查从满足课程学分需求、满足知识储备需求、满足交际需求和满足未来工作需求四个维度来对学生的专门用途英语课程目标需求进行问卷调查。在回收的380份有效问卷中，学生专门用途英语课程目标需求表现如下：

表2-1　学习专门用途英语课程目标需求

目标需求	满足课程学分需求	满足知识储备需求	满足交际需求	满足未来工作需求
百分比（%）	45	19.76	16.72	18.55

由此可见，满足课程学分需求的学生所占比例最高，满足交际需求所占的比例最少。满足知识储备和未来工作需求所占比例相对接近。参与调查问卷的主体中90%以上的学习者认为专门用途英语课程的开设很有必要，认为该课程对其就业（81.51%）、职业发展空间（89.92%）以及未来工作中专业知识的提升（91.6%）起着至关重要的作用。虽然大部分学生对于专门用途英语课程的开设持肯定态度，但还是有部分学生认为开设这门课程并无必要。通过进一步调查发现，产生这种现象的原因在于这部分学生原本对学习，或者说对英语及所学专业兴趣不大，因此，认为英语课，尤其是与专业相关的专门用途英语课程将给他们带来更多的负担。

通过数据可知，学生在学习过程中对专门用途英语学习的目标仅仅关注于满足所学课程的学分。相当多的学生并没有意识到学习专门用途英语的优势和意义，缺乏学习这门课程的概念和意识。并没有认识到随着近年来我国和国际沟通与交流频率的增高，国家和社会已经对高校毕业生的英语要求发生了变化。这种变化的趋势决定专门用途英语学习的目标应该是通过英语学习让自己具备与所学专业内容及未来就业需求相关的英语技能，将普通英语和所学专业知识相结合，吸取学科中的先进知识，提高真实语境中的语言交际运用能力，并促进专业知识的获得，最终将自己训练成既精通专业知识又精通外语的具有国际视野和国际竞争力的新时代工程人才。

就该工科院校情况看，大部分学习者认为目前的大学英语教学对英语基础较高的新生没有挑战，对于基础较差的同学又缺乏提高的手段。对已经通过四级水平考试的学生来说，继续进行基础英语课堂教学内容的学习缺乏特色，且能力提高不明显。而且大学英语教学内容仍然是以通用英语为主，是对外国文化的介绍或是对客观事件的报道，虽然学生也能了解到一些相关的异域文化，但是与学生所学专业关系不大，无法做到学以致用，学生缺乏直接的学习动机。除此之外，个别学院正在实施的双语教学对工科大学学生来说并不适宜。个别学生生源地英语水平普遍偏低，其外语水平和专业知识的水平不足以达到双语教学的程度。这种情况使学生陷入语言能力很难提高，且专业知识听不懂，掌握不好的窘境。

（2）学生对学习专门用途英语课程的教学内容需求调查结果分析

调查发现学习者大一入学时的外语水平是直接影响其学习专门用途英语课程的一项不可忽视的因素。高考分数在110分～150分之间的学生有85%对专门用途英语教学感兴趣，认为掌握更多的专门用途英语知识对他们研读英文版文献、了解最前沿的国外科研成果有非常重要的作用，当然在工科普通院校中，这一分段的学生数量并不多。而高考分数在110分以下的学生对专门用途英语教学表示感兴趣的比例远远低于分数较高的学生，仅有54%的学生表示勉强可以接受进一步学习专门用途英语，大多数学生还是认为专门用途英语教学在大一阶段开设难度太大，自己很难接受这种强度太大的外语课程，会在学习中出现消极情绪，导致恶性循环，最终放弃对这门课程的学习。

教学内容是课程内容的物化形式，只有依托具体的教学内容，教师才能真正实现课程的教学目标。学生的英语水平对专门用途英语课程的教学内容会产生直接的影响。一般来说，教学内容需求包括具体知识与技能两部分。前者关于具体知识需求的调查是从非语言知识、词汇、语音语调、语法知识、写作基础知识和专业英语写作知识6个角度进行的问卷调查。后者关于技能需求的调查是从口语交流能力、一般阅读技巧、可以阅读和所学专业相关的材料、听各类新闻的技能、可以解决所学专业相关的问题、翻译能力、水平较高的翻译知识技巧、可以在学术会议中发言的技能等8个角度开展的相关调查。

表2-2　学习专门用途英语课程教学内容需求

序号	具体知识/技能	百分比（%）
1	非语言知识	3.48
2	词汇	21.05
3	翻译能力	3.42
4	一般阅读技巧	13.39
5	语法知识	17.77
6	口语交流能力	6.58
7	水平较高的翻译知识技巧	2.66
8	听各类新闻的技能	3.65
9	语音语调	10.53
10	可以阅读和所学专业相关的材料	3.58
11	可以解决所学专业相关的问题	3.71
12	写作基础知识	5.21
13	专业英语写作知识	3.59
14	可以在学术会议中发言的技能	1.38

可以看出，学生对这门课程的学习之后学到的个关于词汇、语法知识及阅读技巧的比例占比较高，希望获得关于非语言知识的能力所占的比例较小。相当多的学生仍旧关注词汇、语法等基础知识层面的学习需求，这与学校过分重视基础英语教学及大学英语四级考试的总体方向密切相关。学生对专门用途英语的学习更多是为了应付考试的需要，对相关阅读材料和解决专业相关问题的需求较小。然而《大学英语课程教学要求》中提到，大学生英语综合应用能力的培养是大学生在未来工作、社会交往与生活中运用英语自如交际的根本保证。而且，提升学生自主学习能力，对其综合文化素养的不断提升才能适应国际交流和我国社会发展的需要。基础英语的语言知识的确很重要，但是不应该成为大学英语教学的唯一关注点。

（3）学生对学习专门用途英语课程的教材需求调查结果分析

问卷在对学生目前使用教学材料进行调查发现：9%的学生认为非常符合学习需要；73%的学生认为符合学习需要；8%的学生认为不符合学习需要；10%的学生认为一般。从客观上来讲，参与调查的在校生认为现行教材非常适合的非常少，说明学生并不是很满意所用的教材，而且对于教材的选择知之甚少。而对学生对教材中突出实用性阅读和写作（如说明书、技术规范等）有助于提高英语应用能力的看法的调查结果表明：70%的学生同意教材中突出实用性阅读和写作有助于提高英语应用能力；20%的学生完全同意；6%的学生表示无所谓；4%的学生不同意。毕业后大多数学生都会在一线从事基础性工作。企业引进的大型的进口设备、仪器的安装说明、操作指令、维护指引都是以英文写成，因而必然要求操作、维护人员需要具备较高的英语水平。这些工作面对的大多是"技术规范""说明书"等应用性很强的英语材料。此项调查结果与我们在问卷中对毕业生所在岗位上经常接触到的英文资料的调查结果相一致。

（4）学生对学习专门用途英语课程的学习策略需求调查结果分析

在对学生的英语学习策略的调查中发现：34%的学生主要通过背单词和课文来进行英语学习；22%的学生是依靠大量阅读来提高英语水平；21%的学生是做大量的考题来为四、六级考试做准备；21%的学生经常练习听说；2%的学生是其他方式。由此可见，学生对学习策略的了解几乎等于零，从未有意识地考虑过学习策略的问题。对学习策略的不了解使他们盲目地按照习惯的英语学习方式进行学习，无从通过有效的学习策略提高自身学习效率。语言学习策略的指导和教学无论在专门用途英语教学中还是在通用英语教学中都应该得到重视，这不仅可以帮助学生改善现有的学习情况，而且还能激发学生的主体意识，有利于学生思辨能力和创新能力的培养。

在调查中关于自主学习能力方面的数据显示，即使是毕业生也没有对自己的独立自主学习能力给出较高评价，只有15%左右的毕业生认为自己具备独立学习的能力，32%的毕业生认为自己勉强可以进行独立的自主学习，但是自主学习效果并不令人满意。而素质教育强调的"授人以鱼不如授人以渔""教是为了不教"的教育理念要求外语教学应重视培养学生的自主学习能力，培养其终身学习的能力。我国颁布的《大学英语课程教学要求》中明确规定，自主学习能力是大学英语的教学目标之一，教学模式改革成功很大程度上要从学生是否形成个性化学习方法来进行判断。

（5）学生对学习专门用途英语课程的教学模式需求的调查结果分析

教学模式是问卷调查所关注的重点。教学模式是在一定理论指导下，对针对特定的问题所进行教学所遵循的范式或样式。在对在校生最喜欢的教学模式的调查显示57%的学生最喜欢的教学模式是师生互动；19%的学生喜欢以教师讲解为主；18%的学生以自主学习为主；5%的学生以网络教学为主；1%的学生为其他方式。由此可见，师生互动是最受欢迎的教学模式。这个结果与问卷中对毕业生在校学习时最喜欢的英语课堂教学模式的调查结果相印证：毕业生最喜欢的课堂教学模式是师生互动。显然，学生心目中的教学模式，就是课堂教学中教师与学生的关系，学生并没有真正认识到教学模式是一个课程实施中必然遵守的实施框架。因为这个原因，虽然教师在某种意义上对教学模式有了解，但是学生对教学模式认识的缺失使学生自身不能有意识地思考教学模式能够给自己学习带来的变化。只是被动地、机械地完成老师布置下来的任务，而没有找到不同教学内容和学习方式之间所具有的规律性。而且，由于网络自主学习普及的时间相对比较短，现代信息技术在专门用途英语课程实施中的优势并没有表现出来，学生对这项指标没有太多了解。

（6）学生对学习专门用途英语课程的教学方法需求调查结果分析

教学方法就是教学策略，对于专门用途英语教学方法，68.07%的学生希望在听说方面有所侧重，主要原因是听说训练中的内容相对来说比较简单。听说教学的教学目标与专门用途英语的教学目标存在一致性，二者都以强调实用性为目的，都鼓励学习者在实际交流的过程中完成交流任务。听说教学很显然会偏重语言材料的真实性，这与专门用途英语不谋而合。传统的阅读翻译教学法在专门用途英语课堂使用得最为频繁，可以有效帮助学生积累专业英语基础知识。但是，专门用途英语课程强调的是提高学习者的语言交际能力，传统的语法翻译教学法忽略了语言在真实情境和未来工作岗位上的应用。另外，某些专业词汇通过听说的形式被学生认知要比阅读记忆更容易为学生所接受。调查结果显示18.49%的学生认为应该侧重专业知识；11.76%的学生认为应侧重读；1.68%的学生认为应侧重写。在课堂形式方面，56.3%的学生希望教师在专门用途英语课堂中增加互动环节或者模拟专业从业活动等形式。如举办与专业相关的英语活动，54.65%的学生喜欢外出类活动，如相关的实践活动、模拟将来用英语完成的任务和活动等。

这个结果从侧面印证了学生对于学习策略的缺失，以及在专门用途英语课程学习过程中产生的情绪。无论是从客观要求方面还是从学生主观愿望方面，与专业学习相关的，以专业内容为依托的大学英语教学改革势在必行。学生已经意识到英语学习与今后的专业发展和职业扩展空间联系紧密，已经开始知道自己应该采取行动来加强专门用途英语的学习。那么如何采取恰当的模式，选择合适的学习材料，安排合理的课程设置，设计先进的教学模式就应该是这门课程的从业教师和管理人员需要思考的问题。

2. 毕业生专门用途英语工作需求分析

针对毕业生的调查问卷的第二部分聚焦其英语使用现状，共4个调查项，题目为单项选择题。其中调查项的1、3、4选项为五级量表的形式，包括非常同意、同意、无所谓、不同意和完全不同意。调查项2有5个独立的选项，要求被调查者根据实际情况作出符合自身情况的选项。

（1）毕业生英语使用现状调查结果分析

在第一项关于工作中使用英语频率的调查中，统计数据表明，有65%的被调查者同意工作中经常使用英语，35%的被调查者持否定态度。说明，该工科专业毕业生在进入工作岗位后，英语是经常使用的工作语言。

表2-3　毕业生英语使用现状调查

调查项	在工作中使用的频率（%）	在校期间获得的英语知识与技能可以满足工作需要（%）	对大学期间英语课程设置持满意的态度（%）
完全不同意	10	20	20
不同意	20	10	20
无所谓	5	60	50
同意	20	10	10
非常同意	45	0	0

调查第2项旨在了解被调查者工作中英语知识或技能的欠缺情况。数据显示，"沟通技能"是最欠缺的能力，有40%的被调查者选择该选项；35%的被调查者认为自己"专业知识"欠缺；而第1项"英语语言知识"选项无

人勾选。由此可见，毕业生毕业后欠缺的不是英语语言知识本身，而是如何有效地利用英语进行专业领域内的沟通。

表2-4　工作中英语使用知识或技能的欠缺情况

调查项	频率	百分比（％）
英语语言知识	0	0
专业知识	14	35
沟通技能	16	40
人际交往及沟通能力	7	17.5
外国文化的理解及洞察力	3	7.5

调查第3项考察被调查者在校期间是否获得与自己工作所需的英语能力相匹配的知识和技能。数据表明，有60%的被调查者在这一问题上做了"无所谓"的选项，30%的被调查者持"不同意"的态度，仅有10%的被调查者给予肯定的态度。由此判断，毕业生在进入工作后很少能将在校期间获得的英语知识与技能运用到实际工作中，即使用到英语，也无法确定是否是在课堂上学到的。

调查第4项用来了解被调查者是否满意大学期间的英语课程设置。数据显示有半数的被调查者做了"无所谓"的选择。有40%的被调查者不同意这一说法，仅有10%的被调查者给予肯定的态度。这说明学生走出校门后对大学期间的英语学习不满意或无所谓，或者他们并不认为大学期间的英语课程对毕业后的工作和学习起到了积极的作用。

通过对毕业生现状的调查可见，大部分参与调查的毕业生在工作中经常使用英语，但是，工作中实际的外语沟通成为他们最大的困难。同时，多数毕业生对大学期间的英语课程设置表示不满意，不认为那些课程能够满足当前的工作需要。

（2）毕业生工作中英语需求调查结果分析

问卷二的第三部分旨在了解被调查者在实际工作中的交际技能需求，分为听说和读写译两个方面。研究者从使用频率和使用难度上对被调查者的需求进行调查。问卷选项采用5级量表的形式，难度划分为完全不难、不是很难、难、很难、非常难（按1、2、3、4、5编码）；频率划分为从未、偶尔、有时、经常、总是（按1、2、3、4、5编码）。

调查项5～9是对听说方面使用频率的调查。统计数据显示，调查项6"工作中使用英语介绍相关产品或陈述项目"的均值为3.48，说明介绍产品或项目是毕业生常有的工作内容。具体来看，选择"有时""经常"和"总是"这三项的被调查者占55.0%。调查项7"工作中使用英语进行商务谈判"的均值最低为2.20，有60%的被调查者表示从未在工作中使用英语进行商务谈判，由此可以判断毕业生听说方面使用频率由高到低依次为"用英语介绍相关产品或项目""用英语进行面试"和"用英语进行口头报告""用英语进行电话沟通工作内容"和"用英语进行商务谈判"。

表2-5　毕业生工作中使用英语（听说）频度调查结果

		调查项5	调查项6	调查项7	调查项8	调查项9
均值		2.73	3.48	2.20	2.90	2.60
标准差		1.617	1.502	1.556	1.236	1.128
频率	从未	32.5	2.5	60.0	10.0	10.0
	偶尔	22.5	42.5	–	30.0	50.0
	有时	10.0	7.5	10.0	–	20.0
	经常	10.0	–	20.0	40.0	10.0
	总是	25.0	47.5	10.0	20.0	10.0

调查项10～14是针对听说方面使用难度的调查。问卷数据显示，10～14项的均值都低于中位数3，说明被调查者认为听说方面的难度不大。35%的被调查者认为"用英语面试""用英语进行谈判""用英语介绍产品和陈述项目"是困难的；20%的被调查者认为"用英语进行电话沟通"是困难的；10%的被调查者认为"用英语进行口头报告"有困难。

表2-6　毕业生工作中使用英语（听说）难度调查结果

		调查项10	调查项11	调查项12	调查项13	调查项14
均值		1.70	2.00	2.20	2.40	1.90
标准差		0.648	0.784	0.883	0.672	0.709
难度	完全不难	40%	30%	–	–	35%
	不是很难	50%	40%	70%	70%	45%
	难	10%	30%	20%	20%	20%
	很难	–	–	10%	10%	–
	非常难	–	–	–	–	–

调查项15～20是对读写译方面使用频率的调查。其中"用英语翻译商务文件"均值最高，为3.30，大多数被调查者都挑选了"经常""总是"或"有时"；调查项15"用英语阅读产品项目说明"的均值为2.10，有60%的被调查者表示未阅读过英语的产品或项目说明。数据显示，毕业生在英语读写译方面使用频率由高到低依次为"翻译工程类文件""收发电子邮件""书写工程类信函""写备忘录""阅读产品或项目说明"。

表2-7　毕业生工作中使用英语（读写译）频度调查结果

		调查项15	调查项16	调查项17	调查项18	调查项19	调查项20
均值		2.10	2.90	3.20	3.30	2.20	2.40
标准差		1.464	1.661	1.448	1.018	1.556	1.516
频率	从未	60%	30	10	10	60	50
	偶尔	–	20	40	–	–	–
	有时	20%	10	–	50	10	20
	经常	10%	10	20	30	20	20
	总是	10%	30	30	10	10	10

调查项21～26是对读写译难度的相关调查。数据表明，调查项21到调查项26的均值都低于中位数3，可以理解为调查者在读写译方面认为难度不大。半数被调查者认为"翻译工程文件"有困难，40%的调查者认为"撰写会议报告"有困难，30%的调查者认为"书写工程信函"有困难，20%调查者认为"接待国外客户"有困难。

表2-8　毕业生工作中使用英语（读写译）难度调查结果

		调查项21	调查项22	调查项23	调查项24	调查项25	调查项26
均值		1.70	2.20	1.70	2.50	2.30	1.50
标准差		0.791	0.608	0.464	0.816	1.203	0.506
难度	完全不难	50%	10%	30%	10%	30%	50%
	不是很难	30%	60%	70%	40%	30%	50%
	难	20%	30%	–	40%	30%	–
	很难	–	–	–	10%	–	–
	非常难	–	–	–	10%	10%	–

综上可见，毕业生在工作中对英语的需求是有的，但不占据最重要

的部分。他们最需要的是听说方面的能力，需要在工作中用英语介绍相关产品或陈述项目。他们还需要翻译工程相关文件和收发工作相关的电子邮件，这类工作勉强可以完成但是也存在困难。

（3）毕业生对大学英语课程教学模式期待调查结果分析

毕业生问卷的第四部分是对被调查者进行的大学英语课程改革的期待调查。目的是了解毕业生从工作的角度评价大学英语开设的课程内容、课程模式和课程目标。该部分共分10个调查项，每个调查项有5个选项，要求被调查者进行单项选择。

问题27主要调查从毕业生的角度认为大学英语课程需要培养什么能力。其中选择口语的占被调查者的60%。问题28用于调查大学英语后续课程类型的选择。调查提供的5个选择项分别为语言技能课、语言应用课、学术英语课、专门用途英语课和人文素养课。数据显示选择"专门用途英语课"和"语言应用课"的被调查者分别占50%。其余三个选项无人选择。这说明，毕业生普遍认为在课程类型的选择上，语言应用课和专门用途英语课对未来的职业发展方面有意义。问题29调查毕业生倾向于选择的后续英语课程的性质。该调查项共提供5个选项，分别为必修课、选修课、必修选修结合课、按课程模块选修和无所谓。数据显示，选择"必修课"的占50%；"必修选修结合的占40%"；仅有10%的学生选择"选修课"。问题30调查了毕业生认为的大学英语课程开设时长，分别为32学时、48学时、64学时、80学时和其他。其中认为应该开设48学时的占50%、开设64学时的占40%，还有10%的被调查毕业生选择80学时。问题31主要调查毕业生认为大学英语课程应该持续的学期时长。该调查项的5个选项分别为"一个学期""两个学期""三个学期""四个学期"和"其他"。其中选择"两个学期"和"四个学期"的均为40%；选择"一个学期"和"三个学期"的比例均为10%。问题32主要调查毕业生认为的大学英语课程教材形式。选择复合型"电子教材+纸质教材"的为最多，占60%。

笔者关注了毕业生期望的大学英语课程教学模式的调查，在调查项33中，该考查项共有5个选项，分别是"课堂讲授""专题讲座""网络自主与课堂结合""无所谓"和"其他"。数据显示，支持"课堂讲授"模式的有12人，占被调查者的30%；支持"网络自主与课堂结合的"有18人，占被调查者的45%、其余选项依次为"专题讲座"7.5%、"无所谓"17.5%。这个结果与在校生关于调查模式选项的结果相一致，毕业生和在校生都认为应该利用便利的网络条件和移动设备开展"网络自主和课堂教学相结合"的教学模式。

表2-9　毕业生对大学英语课程教学模式期待调查结果

		样本数量	频率	百分比（%）
您期望大学英语课程的教学模式	课堂讲授	40	12	30
	专题讲座		3	7.5
	网络自主与课堂结合		18	45
	无所谓		7	17.5
	其他		0	0

调查项34、35、36主要调查毕业生认为对大学英语教学内容、授课教师和课程评价方法方面的看法。在教学内容方面，5个选项中，"英语技能训练"、和"与职业相关"分别占比为60%和40%，其他选项无人选择，这与在校生的英语学习期待相吻合。授课教师方面的5个选项中"语言教师+专业教师"选项和"语言教师"选项分别占比为70%和30%，其他选项无人选择。这个观点同样与在校生的选择相一致。课程评价方式方面的5个选项中，"闭卷考试"和"作业"选项占比均为40%，"开卷考试"和"学生互评"占比均为10%，无人选择"档案袋"一项。

从毕业生的角度看，他们在校期间所学的大学英语的内容基本可以保证毕业后的日常外事活动的交流，但是从就业角度出发，他们仍然认为自身的英语实际能力不足，尤其是"专业相关""实用性强""内容丰富"的英语课程更能够对自己的工作提供帮助。大学英语课程与专业相关有助于提高毕业后的实际语言交际能力的培养。毕业生在工作岗位上的锻炼使他们对大学英语课程的认识更加理性和深入，在关于大学英语课程设置、教学模式、教学内容方面的观点和看法有助于进一步审视现有的大学英语课程状态。

（二）社会需求结果分析

工程类高等院校与其他高校的显著不同就是前者所进行的大多是以

就业为导向的教育。对本校学生人才培养方案的制订是按照社会及用人单位对毕业生的要求进行安排的。就大学英语需要培养的能力来讲，要求包括英语听、说、读、写、译五项能力，具体涉及日常交际对话，阅读产品说明书，产品说明书写作、翻译等，另外用人单位认为毕业生具备的英语应用能力在实际岗位中的重要性，包括生产岗位等。根据中国人事科学研究院发布的《中国科技人才发展报告（2022）》预计，专业技术人才在未来将出现供不应求的情况，这种局面以涉外人才需求为代表，如涉外工程师、涉外监理、涉外会计、涉外律师、涉外金融人才等，人才缺口预计在325万人。

1. 企业对毕业生的英语五项要求

根据社会调查统计数据，总体而言，涉外用人单位对毕业生英语5项要求中，对学生的英语翻译能力的要求高达54.5%。（详见表2-10）

表2-10　用人单位对听说读写译5项技能的要求

用人单位对毕业生英语听说能力的要求	30.9%
用人单位对毕业生英语阅读能力的要求	51.5%
用人单位对毕业生英语口语能力的要求	38.2%
用人单位对毕业生英语写作能力的要求	36.8%
用人单位对毕业生英语翻译能力的要求	54.5%

针对具体工作内容如表2-11所示，用人单位认为毕业生英语听说技能在"援外施工"和"接待外事"这两项工作中占的比重最大。（详见表2-11）

表2-11　用人单位听说技能在具体工作中的需求的比例

日常交际对话	30.9%
与外商进行谈判	35.3%
签订外交合同	32.4%
接待外事	39.7%
援外施工	41.2%

多数用人单位对毕业生英语技能中阅读技能的要求比较高，要毕业生可以做到"会议通知"的占到58.8%，英语阅读能力的高低会直接对毕业生是否为涉外工作领域所接纳产生影响。（详见表2-12）

表2-12　用人单位对阅读技能在具体工作中的需求比例

产品说明书	48.5%
设备说明书	44.1%
合同文件	48.5%
工程项目书	44.1%
协议书	47.1%
会议通知	58.8%

　　毕业生写作能力也是涉外用人单位所关注的一点，高达50%的用人单位认为英语写作技能在"会议通知"这项写作工作中的重要性。（详见表2-13）

表2-13　用人单位对写作技能在具体工作中的需求比例

产品说明书	42.6%
设备说明书	39.7%
合同文件	48.5%
工程项目书	45.6%
协议书	48.5%
会议通知	50.0%

　　英语翻译技能在工作岗位中体现得更加明显和重要，针对不同工作内容和任务，用人单位认为最重要的翻译内容是"合同文件"的翻译，达到55.9%。（详见表2-14）

表2-14　用人单位对翻译技能的要求比例

产品说明书	51.5%
设备说明书	52.9%
合同文件	55.9%
工程项目书	52.9%
协议书	51.5%
会议通知	44.1%

　　被调查的用人单位认为技术岗位，即研发型岗位对英语技能的需求值最高，达52.9%，技术性人才需要较多地接触国外先进的技术，并且经常要阅读外文资料，所以技术性岗位对英语技能需求最高。相反，用人单位对后勤单位，即服务型岗位提出英语技能要求的只占27.9%。（详见表2-15）

表2-15　不同岗位对英语技能需求比例

生产岗位（操作岗位）	51.5%
技术岗位（研发型岗位）	52.9%
行政岗位（管理型岗位）	51.9%
后勤岗位（服务型岗位）	27.9%
第三产业岗位	51.5%

根据我国社会调查所展开的全国英语能力培训调查结果显示，93.6%的受访者表示，由于社会需求的不断扩大，应用英语是未来英语就业培训的重点，超过80%的受访者表示，如果企业对人才的英语水平有要求，这些要求将围绕读写和口语交际能力进行，企业更需要实用型人才。

2.　岗位英语需求分析

针对在不同岗位（高层管理岗位、中层管理岗位、基层管理岗位和一线生产/工作人员）是否使用英语的情况调查结果发现：岗位层次越高，对英语应用技能的需求越多，日常使用量也越大，同时也更加具体。除大量使用进口设备的企业外，一线生产岗位对英语技能的需求还是相当有限的，而管理岗位则对英语人才存在较大需求。毕业生初次就业的岗位多为"非常低"或"从来不"使用英语的生产一线，但这并不意味着完全不需要学习英语。我们在英语水平对毕业生薪资收入、职位升迁、未来发展的影响的调查中也得到了证实。毕业生认为英语对薪资收入、职位升迁、未来发展的影响，回答"很大""较大"的占54%。在物质回报和个人发展目标的推动下，随着岗位的提升，在校生会十分清醒地认识到英语技能的重要性，在经济全球化的今天，英语作为通用的国际语言，已经成为求职、就业、加薪和职业晋升的必备条件之一。

3.　岗位英语技能使用分析

对用人单位各岗位英语技能使用频率的调查结果显示：听说的均值最高，其次为阅读和写作，翻译均值最低。而在对毕业生的工作中使用英语最多的方式的调查项目中，回答听说的占53%，回答读的占14%，回答写和译的分别占11%，回答多项同时使用的人占11%。从数据可以看出，在工作岗位上，毕业生使用最多的英语技能是听、说技能。在对在校学生英语技能的需求调查结果也证明了这一点：28%的学生认为说最重要，20%的学生认为听最重要，8%的学生认为写最重要，8%的学生认为读最重要，7%的学生认为译最重要，剩余29%的学生认为听、说、读、写、译都重要。可见，在校学生已经意识到以听说技能为主的综合应用能力培养的重要性。因此，英语教学要正确处理听、说、读、写、译之间的相互关系。在确保各种语言能力协调发展的同时，特别注重加强听说技能的培养，这样才能符合教学目标，培养出更多具备涉外交际活动语言能力的人才。

4. 岗位接触英文资料分析

从对毕业生岗位上经常接触的英文资料的调查可以看出，大多数毕业生对专业的英语资料比较关注。33%的调查对象要用到产品说明和操作手册，19%的调查对象要阅读专业期刊或专业书籍，同时，与行业相关的信函和单证能力也受到较高的重视，分别占16%和12%。

而我们在对毕业生在岗位上运用外语时经常遭遇的问题和困难的调查结果显示：毕业生在岗位上运用外语时所遇到的最大问题和困难是词汇量和专业术语量少。因此，一个外语学习者发音准确与否、词汇量多少、语法掌握的熟练程度，始终是衡量其外语水平高低的重要标志。而外语的综合能力的提高离不开这个现实基础。我们在提倡英语教学由普通英语教学向专门用途英语教学过渡的过程中，如何打好学生语言的基本功也是我们所要解决的问题。

五、调查结果引发的思考

根据调查问卷和访谈的结果分析，当前普遍的工科大学英语的教学形式是通用英语的教学。学生通过英语听、说、读、写、译等基础的练习，能够拥有一定的英语交际能力，满足一般的交际需求。但是因为缺乏系统的英语专业知识和技能的培养，在校学生和毕业生普遍感觉缺乏专业英语交际能力的训练。在校期间由专业教师用英语讲授的专业课程不是以语言教学为目的的，而是以讲授某学科的专业知识为主线。这种情况下的专门用途英语课程虽然也可以帮助学生提高自己的英语水平，但是如此培养出的学生在特定的情境下完成交际任务仍感困难。目前大学英语面临的改革应该是在基础英语教学的基础上，让学习者的外语能力和专业技能有更好的结合，使他们在接受本专业普通知识的同时，持续提高他们的英语技能水平，在学习者达到大学英语基础水平后，尽快适应与专业课内容贴合的专门用途英语课程。根据调查情况，对专业用途英语的教学现状引发如下思考。

（一）改进课程设置理念

针对大学英语课程目标需求，大学英语课程的改革实施路径首先要对课程设置理念进行考虑。对于课程设置的思考是专门用途英语课程实施的理论基础。在何种环境下进行专门用途英语的教学，教学从哪里开始到哪里结束都对课程实施起着理论上的指导作用。Tyler曾提出的课程设计目标模式是以课程目标为核心，探索完成目标的途径的课程设计。Tyler的经典四步法目标模式被称为"泰勒原理"。（详见图2-1）

确定教育目标 → 选择学习经验 → 组织学习经验 → 评价学习结果

图2-1 泰勒原理的目标模式

泰勒原理以确定教育目标为起点，随后进行学习经验的选择和组织，最后评价学习结果。

教育目标的判定就是对学习者现有的英语语言能力和知识水平与社会需求的行为和知识水平的差距的判定。这个差距就是教育实施的目标所在，教学任务的完成就是缩小差距的过程。对当代社会的研究是要分析和总结在真实的社会情境中，学习者完成学习后的行为表现和其背后的知识支撑，从而培养学生适应社会环境，将典型的社会情境搬入教室，使学生更了解真实的社会需求。

选择学习经验的过程是在对学生进行充分调查和了解后，确定学生通过学习哪些内容，经历怎样的学习过程来达到这些目标。解答这个问题的过程就是"选择学习经验"的过程。因此，根据Tyler提出的选择学习经验，需要考虑的问题是：第一，学生是否有机会经历目标所要求的行为时间，也就是学习时间；第二，学生是否可以从学习中获得满足感，以促进下一阶段的继续学习；第三，学习内容期望的反映是否在学生能力范围内；第四，是否可以找到典型特征和意义的学习经验；第五，是否能够意识到相同的学习经验可能会带来不同的结果。对于学习经验的选择是基于学生和教师对学习过程的了解而产生的，Tyler认为选择学习经验时，要关注那些能培养学生思维能力、信息能力，影响学生世界观，同时能激发学生学习动机的学习经验。那么，这种学习经验的确定与之前的教育目标的确定密切相关，学习目标决定学习经验的选择，学习经验是学习目标具体化的表现。

组织学习就是确定教学程序的过程，表现为对教学模式的选择。这个过程是对学习经验的总结，目的是保证学生的学习效率。笔者认为教学模式的实践操作过程恰恰反映了对学习的组织过程，其中的策略选择、操作程序和评价手段反映了教学组织程序。在具体的实施过程中，组织学习经验的方式有以下几种：第一种是按难易程度排序，保证由易到难、循序渐进的学习顺序，在大学英语的教学实践中表现为"通用英语+专门用途英语"先后进行的次序；第二种是将相关联的学习经验放在一起，让学生意识到两者的关联和相互作用，在大学英语的教学实践中表现为通用英语和专门用途英语同时进行的逻辑关系；第三种是分类归纳，把有相同特征的经验放在一起，便于学生对比分析。这种组织学习的特征在于提炼同专业英语学习者在使用英语时的共通特性，进行概括总结，并据此开设通用型专门用途英语课程。实践过程的学习经验的组织方式往往根据自己的知识，借鉴他人经验，根据实际情况创造各种各样符合实际的组织策略。

评价学习结果，评价的目的是衡量课程和教学是否达到教育目标，与教育目标的差距有多少，所以评价的内容和手段也是多种多样的。对大学英语课程的评价不仅仅局限于对这门课本身的评价。应该是在整个大学英语教学体系内对通用英语和专门用途英语分别进行评价。评价的内容不仅仅包括对学生的评价，也包括主体间的对课程、教学、教师、管理等更多因素的评价，发现与教育目标的真实差距，采取措施缩小这些差距，从而实现整个大学英语教学体系的升级。

目标模式是一种线性的课程设置模式，其基本步骤是基于需求分析来确定教育目标，在此之后根据确定的目标选择和组织学习经验，最后对学习结果进行评价。尽管这种线性机构以确定教学目标为起点，评价学习结果为终点，从教育目标的确定开始到测试与评估的过程都是直线型结构，在某种程度上忽略了反馈的过程，但是只要将反馈和调整的内容补充进来，仍然可以是科学进行课程实施的重要参考。对这一部分内容的补充可以参考过程模式。

将过程模式的理念与目标模式相融合，就形成了目标过程复合的一个相对全面的模式。过程模式是由英国著名课程论专家L. Stenhouse在批判性的评价泰勒原理的基础上提出来的，其重要理念是：把教育看作是一个动态的开放的过程，与社会活动密切关联；教育的过程与教学情境和对象密切相关，注重教育目标的同时也不能忽略教育教学的过程；教师和学生的合作体现为教师是学生的引导者和伙伴；学生的学习经验与社会生活经验密不可分，并反映教学的价值；教学评价不是对教学成果的测量，而是教学提升的催化剂，形成性评价好于终结性评价。

将Tylor与Stenhouse的教学理念相融合，我们可以认为，大学英语的课程就应该是以课程目标为出发点，针对学生的学习情况和学习特点安排适当的学习内容，并创设相应的情境，由教师和学生利用恰当的学习手段，体现教学价值的过程。目标模式的课程关注了教学过程的程序，利于理解，操作方便；过程模式的意义在于关注了教育过程的价值，将质量控制植入教育过程中，同时关注学生的主体性和创造性的发挥，重新定义教师的角色和地位，将教育过程规划为一个由教师引导，学生自主生长的自然过程。目标模式和过程模式互相补充，虽然各自存在自己的缺陷，但是专门用途英语课程设计过程中对两者的兼顾将大大提高其理论性和实践性。

（二）进行全面需求分析

专门用途英语课程的设计需要以学生的需求、教师的需求、行业及社会对人才的全面的需求分析为中心而进行的。全面的需求分析能够准确地了解学生的英语学习状况和对未来的专业英语学习期望。有同时也更有利于教师合理化地指导系统化、专业化的课程。同时，利用学习情境分析对学生今后的工作及学习中需要的知识和语言进行了解，能对未来教材的把握和人才培养模式提供借鉴。从授课教师的角度进行分析有助于更好地明确专业英语教学目标、帮助教师组织整合已有的教学手段与方式，建立一套科学合理的课程评估体系去评估学生的学习效果和教师的教学效果，从而根据教与学的双向反馈去纠正教学目标中的不足，调整教学内容、教学方法，从而最终达到提高自己专业英语教学能力与教学效果的目的。从社会需求的角度进行分析有助于高校课程设置真正开始之前对学生未来工作岗位所需要的知识和技能进行了解，使专业英语课程的设置与社会需求紧密关联，帮助学生在学习完专业英语课程后所获得的语言知识和技能不至于和社会对人才的需求相脱节。

关注学习者学习的必要性，对知识的缺乏和个人需要，也关注客观情境对任务执行者的要求才能够最终决定整个学习过程是否成功。学习的必要性是目标情景所确定的一种需求，即学习者需要学习什么内容才能在目标情境中对自己掌握的语言技能应用自如。由于专门用途英语关注的是特殊的个体，所以需要知道学习者已经学会了什么，以此确定学习者还需要哪部分内容的学习。当学习者对必要性和所缺乏的内容都很明确的时候，还有可能出现个人观点与其他相关人如课程的设计者或教师的观点产生冲突的情况。

全面的需求分析的目的是通过分析学习者现有的语言能力和未来所需要具备的语言能力来找出二者之间存在的差距，并且通过对这种差异性的分析找到相应的缩小差异的实际可操作的办法。教师期待的教学效果与学生接收到的学习的实际效果也存在差异，这个问题的解决也会在需求分析结束后得到反馈。所以，需求分析是专门用途英语进行一切教学设计的关键，也是完成教学目标的前提。

（三）加强教材和教师建设

通用大学英语教师在教授专门用途英语课程时缺乏系统的专业知识背景。这是外语师资培养结构不合理造成的。大多数大学英语教师知识面窄，只有语言这个工具，没有专业知识背景。因此，专业师资培训尤为重要。调查问卷一和调查问卷二中学生主要诉求之一就是要求具有"语言教师+专业教师"双重身份的教师讲授专门用途英语课程，那么面向专门用途英语的教师的培训就需要列入日程。"送出去""请进来""加强自培"是不是可以作为普通工科院校大学外语教师培训的主要办法呢？

学习任务的真实性要求学生在模拟场景中采取与现实生活相同情境中的技能和策略。那么学习材料的可靠性和有效性用什么来保证？在教学方面也采用如案例分析、角色扮演、问题解决、模拟谈判等一些现实情境再现的方法，那么这种再现是否对学生语言能力培养具有直接意义？教学活动进行过程中的师生互动和配合才能够创造出科学的、良性的教学循环，那么什么样的策略和操作程序可以促进这种教学循环呢？如果教师和学生都不能改变原有的教学及学习观念，拘泥于传统的讲授模式，就不可能使专门用途英语教学效果得到改善，那么以上的一切就都是纸上谈兵，空中楼阁。处于被动地位的学习者在实际教学中的需求往往在无意中被忽视。要改变这种现象除了需要教师改变以往的教学观念以外，还要积极学习并运用新的教学理论，同时鼓励学习者配合教师提供建议和意见，良性互动，创造科学的教学模式。因此，教学模式依然是一个重要的体系和框架，是保证教学相关要素科学、合理、有效运行的关键。

专门用途英语学习的主体及主体的需求在不断变化，这要求课程内容需要对此进行积极调整。从教材的角度来看，尽管具备可参考的相应英语教材，但教材本身的特性决定教师的教学不可能完全遵循教材中体现的内容，根据学生的水平和需求的变化对教材内容进行改变和调整才能更好地适应学习者的学习情况。从授课教师的角度看，发挥教材最大优势达到最佳效果的唯一途径就是对已有教材进行再加工，对相关内容进行相应的增删。这个过程并不容易实现，需要根据学生对教师所选用教材的评价与反馈及时弥补英语教材中的不足，使选用的教材可适用性得到有效的提升。

（四）改革教学模式

1. 实现专门用途英语课程目标的价值

大学公共英语历时长久，有教育部制订的统一的教学大纲，而专业英语到目前为止并没有一个全国统一的教学目标。而且实际情况是，由于不同学科的专业英语学习目的的差异，未来也很难出现一个全国划定的统一的教学目标。从专门用途英语的定义就可以看出，专门用途英语课程既不是单调的针对语言知识的学习，也不是对专业学科类课程的复习和巩固，它是二者的结合。而且，专门用途英语虽然不是一门学科，但是与学生未来的职业密切相关，由于学生未来的就业意向和工作岗位的不确定性、各高校办学水平和条件差异性较大，对于最终培养出的毕业生的语言综合素质与技能水平必然也有差异。所以，专业英语的教学目标和过程必然区别于大学通用英语；学校对于教学目标的制订也要结合社会对人才语言知识技能的需求及学校自身的办学实际来进行。但是，尽管专业英语课程具有特色的教学目标，并不代表它和通用英语教学目标是孤立和决裂的。二者是大学英语教学的两个不可或缺相互补充和促进的部分，只有将两者融合才能在一定程度上保证完整的大学英语课程体系的构成。大学公共英语教学的目标在于提高学生的语言基础知识与技能，而专业英语教学的目标是在保证学生掌握一定的语言基础知识与技能的基础上更加侧重对学生专业能力的培养，这一点是实现语言知识技能学习和专业知识学习的有机融合的一个表现。

2. 完善教学模式实施程序

专门用途英语的教学模式隶属于学科教学模式，学科教学模式存在三个层次：宏观模式，即语言教学模式；中观模式，即大纲设计层次；微观模式；即课堂教学模式。课程实施过程中的课堂教学模式也是课堂教学结构。专门用途英语的教学本质就是英语教学，因此在微观模式上，课堂教学在实施过程中占有举足轻重的地位。

"网络教学模式"下的课程实施强调利用现代化的信息技术，构建外语学习平台，实现人机对话，形成网络学习共同体。课程的实施过程就是构建网络环境下有个性的学习和自主学习的过程，学生在学习过程中享有极大的自主性，理想状态下的网络学习模式会很大限度地提高学生的学习效率。但是，教师对计算机技术的不专长及学生在网络自主学习中的充分自由往往使教学资源处于低利用率的状态，学生也很容易因为缺乏监督和评价机制导致学习效果不佳。另外网络自助学习模式中的网络和多媒体技术只是一种手段和工具，不能完全替代教师的引导性作用，所以未来的发展方向是将网络现代技术手段和教师讲解有机地结合起来。

"互动型教学模式"从交际理论出发，注重师生之间、学生之间的互动，旨在通过主体间的互动提高学生的交际能力和交际水平。通过创设一定的教学情境培养特定的文化氛围。注重师生在文化背景中扮演不同的角色，通过信息的交流与互动掌握文化内涵。学生在模拟的文化场景中不仅掌握了语言学习技能，还激发了对英语及其代表文化的兴趣和热情，促进了外语学习的多元化。但是由于实施过程中缺乏固定的实施标准，这种互动型教学是否具有真实的实际效果尚未得到证明，长时间在这种教学模式下学习，会造成学生语言基本功不扎实，读写能力下降。因此，互动型教学的实施和进行必须要有相对固定的实施标准，并与特定的评价体系相匹配。

从整体出发的"整体教学模式"把各个因素、各个环节综合在一起，强调课堂教学的同时也倡导自主学习、合作学习和探究式学习，将课内活动与课外活动有机地结合起来，将测试的信度、效度及教学效果有机地结合起来。在自主学习的基础上强调小组学习的作用，并通过小组合作学习对课堂教学内容进行补充和改进，为学生增加了互动机会和使用目的语的机会，同时也为学生的全面发展创造了适宜的环境和条件。从表面上看，这种系统化的设计突破了传统的以教学方法为基础的教学，将教、学、测结合起来，但实际上，它是把课堂、课外和考试的传统教学因素重新排列组合了起来，并将各方面的因素放在一个立体的空间上，各个层面之间的联系和区别也不明显，对于学生英语水平的提高效果也有待考证。

专门用途英语课程由于其学科英语的特质，及从属于英语学科的性质，在教学实施程序上的设计会直接影响教学效果。如何将现代大学英语教学模式中的有利点融会贯通于专门用途英语课程的教学，形成富有专门用途英语特色的教学模式是个性化发展和建设专门用途英语课程过程中需要关注的问题。

3. 强化教学和评估体系

专门用途英语的跨学科属性使其有别于大学通用英语的统一教材和评价方式，这门课程要做到职业岗位群、典型工作任务与英语语言知识和学科专业知识的有效结合。这就要求听、说、读、写、译五项技能应要根据不同学习者的需求，有不同的侧重点和差异性的教学策略，系统且个性化地为学习者提供多种选择,将个人需求和社会需求紧密结合。

学生是否过四级考试大多会成为对学生英语水平进行评价的依据,但是,工科类院校学生的英语水平普遍较低,以四级成绩的优劣作为学生英语水平的判断标准并不符合工科类院校的现实情况。而且,工科专业毕业生在毕业后面临的就业形势和从业要求与大学英语四级考试的考查内容并不完全匹配。对于专门用途英语教学效果的评价必须根据课程教学的目标与内容才能有效进行。就测试的角度而言,要明确专门用途英语课程学习者的语言能力与专业程度。Wu和Stanfield明确指出,考核该行业的语言能力被认为是语言考试的首要任务。因此,判断专门用途英语本身具有的语言能力的基础是分析目的语的真实使用情况,也就是需求分析,才能对制订测试的考试因素、考试目的及行业需求等进行调查和研究,真正意义上的教学效果评估也是对学生解决实际问题能力的评估。

专门用途英语教学的展开是大学通用英语教学的进一步延续和扩展,是在通用英语教学的基础上针对学习者的内在需求,将毕业生未来可能面对的毕业需求考虑在内的,为进一步培养学习者利用外语从事专业工作的重要的内容。从问卷调查和访谈结果可见,专门用途英语课程的开设是符合学习者学习需求的,也是符合将教学目的由单一性向复合性发展的关键。在应用型教学目标和新型教学理念下,以需求分析为前提针对专门用途英语进行研究,尤其是对教学模式进行研究是这门课程教学实施过程中的一个理想的途径。工科大学的专门用途英语教学模式的改革是工科大学英语教学体系改革的主要内容之一。

第三章　工科大学专门用途英语教学架构

为了明晰工科大学英语课程改革的主要问题及其深层原因，本研究在第二章以工科大学中开设专门用途英语的实然状况和应然状况为研究内容，根据研究问题对研究对象进行了抽样，通过问卷、半开放式书面访谈和深入访谈等形式展开了研究，得到相关数据，并形成了研究报告。结果表明，以学习者内在需求与社会需求为导向，在大学通用英语基础上进一步培养学习者利用英语解决专业问题的能力是未来外语教育者的一项重要任务，是新工业时代工程人才的个人需求和快速发展的工业化社会的社会需求的综合表现。

本章主要对教学模式的理念架构部分进行研究，专门用途英语课程的教学理念注重"以人为本"，更多强调以学生为中心的英语综合应用能力培养。借鉴了ADDIE和史密斯—雷根教学模型，并在实施过程中强调教师主导学生主体的双主模式。主要内容围绕教学理念、理论基础、教学目标和课程设置展开。专门用途英语课程和传统大学英语课程教学联系密切，互为依托。在对通用大学英语教学模式研究的基础上讨论专门用途英语的教学模式的特点，从宏观上角度而言，可以为大学英语教学提供改进方向，从微观层面上看，为专门用途英语教学的相关研究提供了支撑性框架。

一、教学理念

理念是行动的指针。新型大学英语ESP课程体系建设强调以学生为本的中心思想，操作策略是将学科信息与英语语言信息整合，总体原则体现为动态化管理，多模块课程，重视培养学生应用能力，合理利用现代技术的指导思想。以专门用途英语为新定位的大学英语教学，既区别于以往的以语言技能训练为主的基础英语，也区别于大学高年级全英语的专业知识学

128

习或者"双语教学"，还区别于英语专业学生所学的人文学科方面的专业英语。它是基础英语的提高阶段，是在学生的英语水平达到一定程度后，为他们用英语进行专业学习，做好语言、内容和学习技能上的准备。因此，本研究以这个原则为基本依据，确立了专门用途英语教学模式的基本理念。

在这个教学理念的指导下，专门用途英语课程的价值期望也是课程进行的理想目标。教学理念作为一种行为准则，规范和指导教学参与者进一步明确教学目标和教学实践，其中心思想就是为了让学习者更好地在教学过程中实现自身的学习目的，体现语言教学的工具型特点，最大限度地提高教学效率。它是教学模式构建的依据，是课程进行和发展的灵魂，也是课程实施需要遵循的法则。

依据新型大学英语课程体系的总体原则和内涵，专门用途英语教学模式的基本理念如下。

（一）学生主体

大学英语的教学目标是培养学生的英语综合应用能力，帮助学生实现从学习语言到使用语言的转换，尤其是在特定的职业范围内能用英语进行有效交际。英语课程不仅应打好学生的语言基础，更要加强培养学生实际使用语言的技能。因此，英语课程在教学过程中要将学习者的学习需求和用人单位的需求考虑在内。专门用途英语教学使语言学习服务于专业学习，通过有效教学模式的实施将学习与实践结合起来，使学习与实践互相促进，现代教育技术与传统教学模式相结合。

"以学生为中心"或者"以学习为中心"的原则都是强调学生在学习过程中的核心作用。专门用途英语的教学目的是让学习者能够在自己的专业领域内具备实际的用外语解决专业问题的能力，因此所有的教学设计和活动都围绕学生展开，以学生为中心。Hutchinson和Waters指出："在专门用途英语的教学中我们关注的并不是语言运用，而是语言的学习。"这里谈到的"语言运用"就是指专门用途英语的使用规范，包括词汇特征、语法特征、语域特征、篇章结构和题材特征等，而"语言学习"则指的是能使学生理解和产生规范语言的学习策略和教学方法。学生在掌握一定的语言学习策略和方法之后，能够自如地应用英语解决问题。"以学生为中心"的教学，应该使课堂教学活动和课外教学活动的设计都以学生为主体。课堂上的语言输入考虑学习者的水平和需求，语言输入的量和语言输出效果都与学习者的水平密切相关。专门用途英语课程的学习者学习目的很明确，只有适合学生需要的语言输入才能最大化地转化成输出。课外的自主学习也是以学生为中心的体现，教师要发挥指挥者的作用，针对不同的学习任务、不同的学习环境，引导学生的学习策略和认知行为，帮助学生对英语语言知识进行领会和表达。教师的角色在这一过程中发生转变。教师不仅仅是语言知识的传授者同时也被称为学习资源建设的组织者、网络教学活动的总工程师，以及学生自主学习的总指挥。Dudley Evans和St.John认为，合格的专门用途英语教师要扮演五种角色：（1）首先是个合格的英语教师（teacher）；（2）是个合格的课程设计者，并能为学生提供使用可行的教学资料（course designer and materials provider）；（3）是专业教师的合作伙伴，也是学生的合作伙伴（collaborator）；（4）是个合格的教学研究人员（researcher）；（5）精通ESP的测试与评估（evaluator），能够根据教学需要对学生的学习情况进行适时的分析和总结。

（二）需求导向

正如本书第二章论述，需求分析是制订专门用途英语课程教学大纲，编写ESP教材的基础。需求分析指对目标需求和学习需求进行分析。对目标情景、目前情景进行分析，也就是对学习者进行分析。专门用途英语的需求分析使教师能够明确教学中出现的问题，了解学生的需求，从而为教学实践提供支持和参考。Keith Johnson指出，"相对而言，学习者的语言需要在专门用途英语中确认，这是专门用途英语引人注目的特色之一。"在专门用途英语教学领域，"需求分析"是确保专门用途英语教学方向和效果的必要条件。Hutchinson和Waters（1987）对于有关"目标需要"和"学习需要"的分析和相关内容的细化把学习者的客观状况明确地表现出来。如学习者目前的外语水平、语言学习中的难点等被称为客观需求，而学习者在语言学习中的认知和情感需求（信心、态度）被称为主观需求。通过需求分析，教师能够全面了解学生的自然状况，更有针对性地完成教学任务；同时学生也能更清楚自己的学习目的，明确自己的学习动机，从而提高学习效率。

　　需求分析的良好应用可以为专门用途英语教学的开展提供依据，是实践教学过程中必须遵守的原则之一，也是科学地构建教学模式的前期准备阶段。

　　（三）应用驱动

　　专门用途英语学习者来自不同专业，所学内容各不相同，教学内容及相关要素的设计要体现专业性，针对不同学习群体的学习特征和教学内容的特点需采用不同的教学方法。教学过程中对学生接受能力的判断以及对未来客观实践的需求的判断也是确定教学安排和调整教学内容的重要手段。专门用途英语的教学自始至终都和学生的学习实践相联系，涉及的内容既包括专业知识，又包括语言技能，不能只包含一般的科普知识，更要设置一部分的专业知识。在语言技能培养上，让学生在具备一定的听、说、读、写、译能力的前提下，用英语进行专业方面的锻炼。学习的目的是能够听懂专业内的英语讲座，可以在会上同与会者进行交流，可以用英语进行专业主题相关的语言或文字交流，可以独立阅读专业相关的文献，用英语进行相关专业信息的检索，能够撰写工作报告、文章摘要等。这种对学生知识和技能的具体要求促使专门用途英语不断发展，同时促使参与实践的教师和研究学者们以学生语言应用为目的，对课程的具体实施办法进行计划和设计，对教学模式进行完善和发展，使其形成一个完整的体系。

　　实践过程中的专门用途英语词汇、句法和语篇都有其独特的特点。专门用途英语词汇的构成方式灵活，来源广泛；句式具有名词化特征；大量使用定语从句和名词性从句；科技类和应用类语篇具有说明性特征。这些语言和语法特点使专门用途英语课程教师和学生认识到这门课程特定的社会需求背景的重要性。开展教学所需策略研究主要针对的是科技类文献的思维和解释的过程。这种研究使专门用途英语课程从语言的表面形式进化到语言的较深层次。这种以应用为驱动的理念是专门用途英语课程存在的逻辑依据。

　　（四）突出实效

　　为了提高教学效果，教学材料选取和教学情境设计的真实性是专门用途英语教学的灵魂。专门用途英语产生早期所选取的文章都来自专业性较强的科技杂志。在教学过程中并未对这些文章进行删减，也未对文章中出现的一些句型和专业术语进行简化。其目的就是让专门用途英语学习者可以最大程度地接触到专业内的真实材料。"真实的材料不仅指科技杂志的文章，而且应当包括诸如实验报告和使用手册之类的不同体裁语料；真实性不仅要体现在阅读技能的训练上，还应体现在听、说、写等其他各种技能的训练上，因此真实的口语语料也应成为专门用途英语的教学资源；真实性不仅体现在语言技能（language skills）的训练上，而且还应体现在学习策略（learning strategy）和交际策略（communicative strategy）的培养上。"（秦秀白，2003）由此可见，真实语料的范围扩展到了专门用途英语学习的各个方面。

为了提高教学的实效，教学采取了分层次备课、授课和辅导的办法。根据专门用途英语学习者的专业划分成不同的班级，每个班级为专业相同的学生，这与教学班级的划分原则相一致，既可以实现正常的课堂授课，也避免了不同专业学生学习同一本教材时存在的基础和理解力的偏差，使教师能更有针对性地选择教学内容和教材。此外，在同一专业的学生中进行分级教学也是切实可行的一个办法，专门用途英语基础较好的学生分配难度相对高些的学习任务，基础薄弱的学生组成学习小组进行适合自己水平的相关练习。这样，基础较好的学生互相监督和鼓励，基础薄弱的同学也能在找到自身不足的同时，形成学习小组，共同提高。

教师针对学生不同的水平调整教学内容，选用不同的教学方法，找到适合学生水平的教学模式。授课过程中不同程度的学生可以设置不同的学习内容和学习任务。水平较高的学生可以更好地自主安排学习的时间，而教师扮演指挥棒的作用，主要对学生学习的学习策略进行指导，帮助学生将习得的新知识与头脑中已有的知识建立联系，将新知识纳入到原本的知识体系中，帮助学生进行系统归纳和整理。对于基础相对薄弱的学生，教师主要采取布置任务的形式，在完成任务的过程中逐步提高学生的能力，教师可以帮助学生进行知识点的提炼和陈述，强化学生对知识点的吸收。

专门用途英语课程可以无限向课外延伸，使学生课上所学尽可能延伸到日常事件中去，学以致用。对于基础较好的学生，各种报纸、杂志和网络文献等都是学习延伸的很好的资源，学生可自己归类、整理、选择和吸收英语信息，提高整体英语水平。对于基础薄弱的学生，教师可以有针对性地指导学生根据所学内容去寻找课外材料，找到符合自己水平的学习材料并对其进行研究和讨论。总之，针对不同学生的学习程度，不拘一格因材施教是拓宽学生获取知识渠道，激发学生认知主体潜能，使其逐步形成语言知识和能力自我建构。

二、理论基础

模式是根据一定的理论基础表征活动和过程的一种模型或形式。[①]教学模式是以一定的理论基础为支撑，能够指导教学实践活动的样式或范式，是介于理论和实践经验之间的中介，也是两者之间的桥梁。既可以将实践经验抽象概括为理论，也可以根据一定的理论提出假设，从而设定相应的活动程序和操作条件，并用来指导实践。

（一）ADDIE模型

基于专门用途英语的教学设计的动态构成要素间的互动过程，教学模式选择以ADDIE模型为参考。处于教学系统不同位置的参与者对于教学设计有不同的理解，从教学管理的角度或教学实施的角度看问题时解决问题的维度也不同，但二者的目标都是为了优化教学，都是在教学设计过程中为实现教学目标而努力。笔者作为一线教师，在选取学习材料、选择教学方法和教学策略、提高教学效率及衡量教学活动效果、检验教学参与者教学观念及修正和调整后续教学活动的过程中发现，传统的教学设计包括五个环节，即Analysis、Design、Development、Implementation和Evaluation也就是ADDIE模型的内容（详见图3-1），具体解释为：需求分析—设计—开发—实施—评估。这种模型主要从教学的主导者，即教师的角度进行考量，对教学的对象进行分析，完成教学的各个步骤，同时对各个阶段进行评估。

---

① 钟志贤. 大学教学模式革新：教学设计视域[M]. 北京：教育科学出版社，2008：80-90.

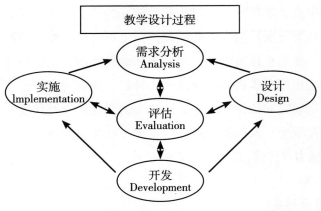

图3-1　ADDIE模型

这个模型将专门用途英语的教学设计的动态互动过程清楚地表现出来。环节中的五个要素有规律地不停循环往复，形成了一个完整的教学设计过程，这种整体性的思考将设计环节作为完成学习分析后开展教学活动的第一步。需求分析的内容确保设计工作满足工科学习对象的需求，并能够有助于最终成功实现教学目标。分析整个系统所涉及的相关要素的特征，就能够全面了解即将开始的任务；分析及解释与各项工作有关的所有任务；选择任务对象为其设计任务并制订评价标准、实施场所及实施形式等。设计与需求分析、评估和课程开发密切相关，涉及制订每项任务的学习目标；完成任务所需的教学模式和学习步骤；完成任务制订考核标准及测试流程；考核学习者学习之前的起点能力；同时确定学习目标的顺序和结构等。开发任务的目的是对课程实施和课程设计进行发展和提高。包括对学生学习活动的设计和考虑；对不同教学媒体的选择；教学课件的选材和制作等，是顺利完成教学目标的重要影响因素。教学实施主要是对计划进行管理和实施，确保教学过程的顺利开展。评估的任务包括回顾并评估分析、设计、开发、实施四个环节，确保完成教学目标的情况下对现有的教学模式进行反馈，以进一步完善教学模式。

ADDIE模型中教学模式的重要环节是对教学的评估和反馈。这种教学设计模式体现了动态的教学过程和要素间的互动关系，是评估学生需要，设计和开发培训教材按步骤逐一进行的有效参考。

（二）史密斯—雷根模型

P.L. Smith与T.J. Ragan在1993年提出的史密斯—雷根模型（详见图3-2）把认知学习理论对教学内容组织的影响纳入了考虑范围之内。新工科大学英语教学设计的实际要求更注重教学过程中教学方法的使用。针对工科专业学生特点，何克抗（1998）认为，史密斯—雷根模型明确了教学设计过程中对教学方法的设计。从内容上看，史密斯—雷根模型将重点放在教学组织策略上，而教学内容的组织和有关策略的制订必须建立在学生原有的认知结构上，这与认知学习理论在某种意义上相关联，也更适合理工科学生偏向于利用有效工具，立竿见影地解决问题的学习特点。

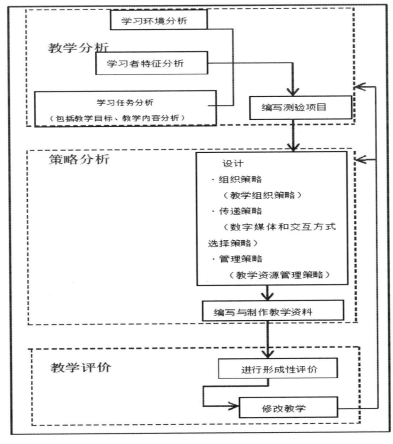

图3-2　史密斯—雷根模型

由图中内容可见，教学策略包含教学组织策略——有关教学内容的组织方式的选择，排列次序的原则，及教学活动的具体安排；教学内容传递策略——教学媒体的选用和教学的交互方式，以实现教学内容由教师向学生的有效传递，其中包括学生的分组策略；教学资源管理策略——教学资源的分析、计划与分配的办法。将教学设计的内容具体化，并根据策略设计形成教学材料。这种模式成功地将学习目标具体转化为学习成果，对教师在教学设计过程中的作用进行了强调，这与ADDIE模型相呼应。教师的学科知识、教学法知识和技术知识的整合对教学组织、教学内容和教学资源的把握提供了更大的空间和灵活性。大学英语ESP课程的教师应该训练自己整合技术的学科教学知识的综合变量（也称TPRCK）的能力，对实际教学过程进行系统的组织和监控。

这个1993年提出的教学组织策略模型在1999年又有了新发展，在模型中添加讨论了建构主义学习理论的影响，以及建构主义方式和现有模式的结合的问题。教学设计模型的不断发展是建立在学习理论的不断发展和改进的基础之上的。由于教学设计模型的形成受主流学习理论的影响。所以当主流学习理论发生变化时，教学设计模型也会发生相应的变化。传统的学习理论注重以"教"为中心，强调知识信息的传授和教学目标的实现。在这种理念指导下的教学设计对技能型训练有很好的效果。建构主义学习理论强调"学"，以学生为中心，重视"情境"在教学过程中的重要作用，以激发学习者在学习过程中的主动性、建构性。

（三）过程双主模型

笔者通过研究斯密斯—雷根的以"教"为中心的教学设计模型发现，建构主义理论认为"情境""协作""会话""意义建构"是学习的四大要素，教学设计应该包括以下七个步骤：教学目标分析、情境创设、信息资源设计、自主学习设计、协作学习环境设计、学习效果评价设计、教学模式设计等。这种强调学生自主学习，认为创设情境可引导学生进行自主及协作学习的观点在网络多媒体技术高度发达的今天有巨大的发展空间。教学模式的设计应该将这些要素考虑在内。

在教学过程这个结构式序列中，师生间由教学启动、导入、展示、讲授、训练到评价、反馈等连续展开活动。（鲁子问、康淑敏，2008）从目的视角来看，教学过程就是学生在教师的指导下，对世界产生认识的过程，与此同时，也是接受和不断积累前人经验的过程；从交往的视角来看，教学过程是师生间交往互动，互为依托的过程；从认识论来看，教学过程是教师引导学生形成新的知识、能力和素养的过程。这些过程主要表现为两种形态：以教为中心的过程和以学为中心的过程。

笔者通过对现有课程设计的研究，针对理工科院校学生学习特点和专业要求，结合严玲设计的大学英语体系中的专门用途英语课程设计双主模式，认为图中描述的教学模式更适合新工科大学英语学生的实际学习状况。

这种模式是站在学生的角度，以学习为中心的设计。不偏向于"以教为中心"或"以学为中心"的任何一端。教学模式详尽地展示了一个任务导向的教学流程，旨在通过明确的任务分配与互动，促进学生的学习与成长。流程从"前任务"阶段开始，教师在此阶段发挥主导作用，布置并引导学生进入学习准备状态，同时确保课程内容的连贯性，以及与其他课程（如英语类通用课程及线上自修课程）的交集与共享。

进入"任务环"阶段，学生成为主体，他们不仅需要执行具体任务，还涉及计划的制订与报告的撰写。此阶段鼓励学生间的合作与分享，通过前期资料研读、新建任务分工协作、实践场所调研等活动，深化对任务的理解与执行。同时，与校外导师的深度交流及小组内的深入研讨，进一步拓宽了学生的视野与思路。"后任务"阶段聚焦于任务成果的评估与提升。通过个人自评、小组互评、任课教师及校外导师的点评，形成多维度的反馈体系，确保学习效果的全面评估。在此基础上，学生不仅能够认识到自身的不足，还能在分享成果的过程中，相互学习，共同进步。

整个流程不仅体现了教师的主导作用与学生的主体地位，还强调了反馈测评在促进教学质量提升中的关键作用。通过这样的任务导向教学，学生能够在实践中学习，在学习中成长，最终实现知识与技能的全面提升。

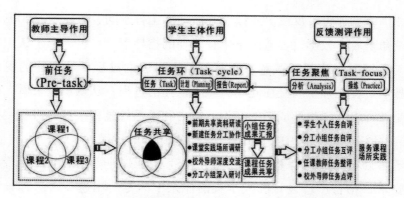

图3-3　专门用途英语课程设计的"双主"模式图

1. 在分析学习情境时，要分析包括学生的知识水平在内的其他要素，如学习动机、学习态度和认知水平等。对教师的分析是目前国内专门用途英语教学中的重要项目之一，因为限制专门用途英语发展的一个主要因素来自教师专门用途英语能力的不足，这在很大程度上制约了该课程的持续发展。对教师分析的目的主要体现在以下几个方面：一是充分发挥现有师资的能力，提升教学质量；二是尽量弥补师资的缺陷，减少负面影响力；三是寻求教学相长的途径，通过日常教学活动提升专门用途英语研究和教学水平。对学习环境的分析包括对客观存在的外部环境和人为因素的内部环境的分析。内部软环境主要涉及的是专门用途英语课程学习的主观性因素，如学校政策和管理的支持等，外部环境更多涉及硬件建设，例如教室、设备、资料库等设施的建设等。

2. 课程实施的目标差异性。在教学过程中所体现的课程实施目标和教学目标是有差别的。学生需求和社会需求是设计的起点，教学设计的最终目标也就是满足这两类需求。学科专家帮助确定学生所需要完成的任务、功能，教师对需要完成这些功能所进行的具体工作进行设计和安排，对其中的语言、技能、文化等特征进行分析，从而找到专门用途英语课程的核心目标。然而，课程目标未必能考虑到现实中的限制性因素，因此这种理想化的目标要转变成可操作的实用性目标就必须把学习情境考虑在内。如果把新大学外语课程目标看成一个由各种等级的课程构成的连续体的话，那么，其中一端是进入大学后初始阶段的通用英语EGP的课程，另一端则是专门用途英语ESP的高级目标水平。这种学习活动的连续体可以用学习情境作为尺子，在操作的过程中更具可行性，也更切合实际。

3. 超课堂层次的宏策略组织和课堂层次的建构策略的结合。所谓的"宏策略"和"微策略"是教育学者总结出的两种教学组织策略的形式。前者的原则是要在学科知识间创建联系并进行解释，反映各个部分之间在相互作用中产生的相互联系。在实际教学中主要用来指导对学科知识点的排列，建立整体的知识内容的系统性结构；后者主要为讲授特定的知识内容提供"处方"，考虑的是具体的教学方法。学生没有机会参与到宏策略的组织策略中去，这部分内容主要由教师来承担。但是在微策略层次上，学生的参与很重要，教师通过创设情境的办法引导学生自主学习，所以"宏策略"代表超课堂层次的、大纲级别的组织策略，而"建构策略"代表课堂层次的微策略。

宏策略组织的理论基础是Reigeluth的细化理论（Elaboration Theory）。其基本内容是一个目标、两个过程、四个环节。一个目标强调细化理论的全部内容和活动都是为了实现一个共同的目标：就是按照认知学习理论有效而合理地对已有的教学内容进行重构和组织。两个过程是指为达到上述目标所采用的对设计过程所进行的"概要"设计，细化登记设计。概要设计是作为设计起点的一个初始概念的名称，是指挑选和组织一些基本的概念进行设计。细化登记设计要求对之前选出的初始概念进行逐级细化。细化的方式是对概要进行深入和拓展，目的是使概要的复杂程度和精细程度不断进行逐级加深。四个环节是指为保证细化过程的一致性和系统性，必须注意"选择"（Selection）、"定序"（Sequencing）、"综合"（Synthesizing）、"总结"（Summarizing）的四个环节。"选择"将单元内容或课程教学目标中所要求讲授的各种知识点及相关概念，从学科相关的知识内容中选取出来，是概要设计的准备工作，也是细化工作开始进行的初期设计任务。"定序"将内容按一定的顺序排列和重复。"综合"将现有的材料进行分类和归纳，目的是维护知识系统中的结构性、系统性，也是确定各个知识点之间的联系的过程。"综合"践行的过程帮助学习者明确概念之间所具有的相互关联，以及各个概念在整个课程中所处的地位。内部"综合"的过程是用来解释和明确给定的量化等级之间各个概念的相互关系；外部"综合"的目的是确定已给定的细化等级内产生的主题和已经出现的其他主体之间的关系。"总结"在于维持学生学习的状态和保证已经习得知识的迁移。细化过程中所包含的总结有两种，一种称作课后总结，一般在一节课即将结束时进行，是对本节课讲授的内容进行总结；另一种称作单元总结，是阶段性地对某一教学单元进行总结，包含的是单元内强调的所有知识点和概念。对细化过程产生的总结是形成性评估结果产生的一个重要参考依据。

双主模式对学习的任务、学习策略、课堂教学以及课后教学效果的评估都进行了计划和安排，是目前为止比较全面的教学设计模式。

三、教学目标

2003年教育部针对21世纪国家经济建设和社会发展对人才培养的需要制定了以指导大学英语改革为目的的《要求》，其基本出发点是将大学英语教学的重心转向学习者，满足学生的需要。因办学定位和专业学科特点的差异，应用型工科院校的培养目标以培养学生的实际专业应用能力为主，实践性教学成为工科院校特别是应用型工科院校的重要教学环节，学生对于语言的学习不应仅仅局限于语言学及文学内容的学习，而需具有很强的目的性和功用性，更多地体现语言学习的工具性特征。英语教学的目标也从单纯的研究语言文学、提升学生个人修养转向更为实用的以英语为媒介传递信息、进行科技成果的对外交流以及提升专业知识水平等。教学目标需要由单一性向多样性发展。根据需求分析的结果，使用教学目标作为评估尺度，即是用理想状态的目标来指导教学，是找到实践过程的指南针。专门用途英语的教学目标也是课程设计者希望学生在完成这门课程后达到的理想状态的英语水平。科学合理的教学目标要具体，具备可测性和可观察性，要能够成为教师教学的指南针。虽然每位教师的教学内容和教学方式各不相同，但一致的教学目标是教学过程的方向，是最终合格完成教学任务的保证，也是教学模式实施的终极目标。教学目标也是制订教学评估标准的依据，它还具有可测性和可观察性，在完成目标过程中教师对教学过程的反思和校验能够发现教学中的差距，实现对教学的反拨作用。

（一）总体目标

1. 建立新型的师生关系

笔者自参加工作以来，参与研究并尝试了多种教学方式，在科研和教学研究中发现，高效的语言教学实践一定是倡导自主、合作、探究等多样性的学习方式，使学生形成积极的学习态度，教师要充分寻找合作学习中师生间平等交流和互动的新模式，从而培养学生的综合学习能力，优化课堂教学。学生作为课堂活动的参与者和组织者，不仅要完成教师布置的任务，还要能够主动增加语言实践的机会，通过设计对话、讨论、竞赛和模拟场景等方式成为课堂的主人，体现学生的主体地位。同时，教师和学生彼此相互学习相互促进。这种研究性的学习促使教师和学生发现问题，发挥自己的思维能力和创新能力，促进了新型师生关系的建立。科学合理的新型师生关系能够激发教学模式中的双主体动力，使其更积极参与到教学模式的运转过程中去，实现教学效率的最优化。

2. 激发学生的学习动机

通过调查发现，工科院校学生产生英语学习动机是由于他们有意识地想要了解西方文化，为实现自己未来人生发展目标做准备。这种内在动机与自身发展有很大关系。由于大学阶段的学生已经具备相对丰富的学习经验，学习动机的目的性和社会方向性也相应增强。与此同时，升学、就业、竞争等外部因素也促使其外部调节动机逐渐加强，仅针对某项考试（例如英语四、六级考试）所进行的英语学习就远远不能满足学生的要求。大多数工科院校的学生选择毕业后直接就业，他们更期待自身的水平和能力能够得到认同，认同协调动机相对其他院校学生也更强，因此，更适合通过正向的激励机制鼓励学生保持连续性学习。但是，工科大学生往往倾向于理性逻辑，忽略感性直觉，他们更喜欢学习具体的科学技术，并使其产生实际的实用价值。而英语学科属性决定这门课程需要长期积累，且难以找到目标使用场景，又不能马上体现学习效果，两者的矛盾促使以左脑更发达的理工科学生为主的学生主体与文科出身的英语老师之间出现了思维方式的差异，最终很难产生"共情式的理解"，教学效果低下。

考虑到以上两方面的因素，每个学生都必须用已有的知识去寻求解决问题的办法。这就要求教师更新教育理念，改革教学方式，变"教"的课堂为"学"的课堂，通过小组合作学习为学生提供一个安全、融洽、自由的环境，为学生积极思维创造条件。学生作为学习的主体，其独立主动性是不可替代的，学生要通过学习系统的、概括化的知识体系形成自己的知识结构，同时对已有的知识进行组织整理和升华，并对接触到的信息进行自主选择、加工和处理、并形成新的观点和技能，这个过程就是学生创新能力形成的过程。教学模式的构建要充分考虑到理工科学生的学习特点，缩短学习者语言内化的时间节点，并创造机会减轻学生学习的心理障碍，提高学习者对语言信息的接受能力，并增加其语言实践机会，让他们看到"立竿见影"的学习效果。这也是培养专门用途英语学习者的创新能力时最重要的目标之一。

3. 提高学生的合作品质

工科学生英语语言水平往往参差不齐，完全相同的学习任务未必适合每个学生。很多研究学者指出，合作学习是提升学生自信心的有效途径之一。（郭书彩，2002；唐灵芝，2014）因此，学生在合作学习中的学习活动主要是通过讨论、倾听及参与实践等多种多样的形式展开。为提高合作过程的有效性，必须重视学生语言合作技能的培养。注重对学生语言应用能力的培养，在课程实施的任务安排过程中就需强调过程性活动的设计和实践任务的安排，目的是使学生能够运用已经掌握的英语知识解决本专业领域内、目标语言情境下实际问题的过程，并从中获取信息和交流信息。重点从培养学生学会倾听、学会讨论、学会表达、学会组织、学会评价等方面提高小组合作的有效性。

4. 提高教师的科研和教学能力

脱离科学研究的大学英语教学不能够被称为大学英语教学。随着国家高等教育课程改革的推进，先进的教育技术和教育教学思想越来越多地参与到教学设计和教学过程中来。尽管工科大学更多地将教学重点放在对学生应用型技能的培养，但是教师队伍保持理论和实践的先进性是学校和学生持续发展的基本推动力。要实施科研兴校，更好地做好课题实验研究工作，必须拥有一支高素质的教师队伍，对课题组成员加强培训，提升其教科研水平。为此，教师除了要学习合作学习理论、学习陶行知的教育思想、学习教学设计原理、树立以学生为中心的思想，还要围绕各项科学研究搜集资料，积极参加各项教学基本功比赛，以提高学生的理论水平。

因此，工科院校的专门用途英语的教学目标应该是围绕专业交流的实际需要，针对一定的语言问题，帮助学生根据各自专业方向的听、说、读、写、译所必需的基本技能，具备足够的能力真正实现以英语为工具，利用获取到的信息进行职业任务相关的专业交流的目标。建立在课程目标和基础上，以学生和教师为双主体，以发现问题为主要线索、以培养学生独立解决问题、创新精神和实践能力为主要目的，以提倡自主、合作、探究为主要学习方式的新型教学模式力求实现三个转变：一是师生关系的转变，教师由课堂走向课外，由前台走向后台，学生由被动走向主动，由消极走向积极；二是教学评价的转变，课堂评价以学定教，学生评价以参与的数量与质量为标准，评价多元化；三是自主管理的转变，学生小组学习实现自我管理，形成良好的学习习惯，变"要我学"为"我要学"。专门用途英语课程是在学生完成大学阶段的通用英语课程之后，作为后续课来开设的课程，大部分学生已经掌握并修读了一些专业课程，对于自己的专业知识有了一定的了解。在经过专业的外语课程训练后，能够听懂英文著述的专业授课和讲座，能够读懂、深刻领会，并翻译专业领域的外文文献，能够进行专业写作，实现学术交流、讨论以及用英语解决专业领域的交际问题。专门用途英语的教学主要目的并不是为了传授给学生专业知识，而是使学生具备一定的语言工作能力，如Wilkins（1976）指出的经过专门用途英语课程培养的学生是可以在自己未来即将从事的专业领域内占据语言优势的学生，他们更能够准确、有效地完成交际任务。

（二）具体标准

为了实现将大学英语教学的重心转向学习者，满足学生的需求，有针对性地培养学生的英语实践能力，体现外语教学的工具型特征。专门用途英语课程的教学目标从学生需求和社会需求出发，教学设计的最终目标也需要满足这两类需求。学科专家帮助确定学生所需要完成的任务，语言教师对需要完成这些任务所进行的具体工作进行设计和安排，分析其中的语言、技能、文化等相关特征，从而找到专门用途英语所针对的核心目标。

Dan·Douglas在《专门用途英语评估》一书中提出专门用途英语语言能力的测试相对于通用英语语言能力测试来说更能够反映出受试者的语言交际能力。这对教学目标的设计具有一定的参考作用。因为目标语的语言情境能够更加清晰地在专门用途英语语言测试中表现出来。他提供了对专门用途英语语言能力测试的综合的全面的测试方法。从表3-1可以看出，专门用途英语语言能力的构成不仅包括目前我们教学过程中包括的语法知识、语篇知识、功能知识和社会语言学知识在内的语言知识，还包括与交际互动密切相关的涉及评价、目标背景、计划、控制执行相关的策略知识，尤其是以语篇域为主要内容的背景知识。在现有的师资能力和学生水平条件下完全实现这种程度的专门用途英语语言能力几乎是不可能的。但是，Douglas提出的语言能力构成表可以给我们提供一个参考，帮助我们以此为导向，确定一个适合本土实际情况的语言能力评估体系。

表3-1　Dan Douglas 专门用途英语语言能力的构成表

语言知识	A语法知识	词汇知识 语法和句法知识 语音知识
	B语篇知识	衔接知识 修辞和会话组织知识
	C功能在知识	观念化功能知识 启发探索功能知识 想象功能知识
	D社会语言学知识	方言，变体知识 语域知识 地道表达法知识 文化参考知识
策略知识	A评价	评价交际情景或考试人物，参与到恰当的论域中 评价反应的正确性和恰当的论域中 评价反映的正确性和恰当性
	B目标背景	决定如何对交际情景做出反应
	C计划	决定达到设定的目标需要哪些语言知识和背景知识（内容知识）
	D控制执行	补充或组织恰当的语言知识执行计划
背景知识	语篇域	

　　《大学英语课程教学要求》中的第一层次、第二层次和第三层次对学生的听力理解能力、口语表达能力、阅读理解能力、书面表达能力、翻译能力、推荐词汇量等都有具体的要求。适合工科院校的专门用途英语的教学目标旨在围绕专业交流任务的实际需要，帮助和培养学生掌握与各自专业领域或方向相关的听、说、读、写、译所必需的基本技能，从而真正实现具备以英语为工具来获取信息进行专业内交流的能力。这就要求教学过程中注重学生实际语言应用能力的培养，在课程实施的任务安排和设计的过程中注重过程性活动和实践任务的设计，使学生能够利用已经掌握的英语语言知识对专业领域内的实际问题进行交流和探讨。

　　第一层次——一般要求：

　　1. 听力理解能力：能听懂英语授课，能听懂日常英语谈话和一般性题材的讲座，能听懂语速较慢（每分钟130～150词）的英语广播和电视节目，能掌握其中心大意，抓住要点。能运用基本的听力技巧。

　　2. 口语表达能力：能在学习过程中用英语交流，并能就某一主题用英语进行讨论，能就日常话题用英语进行交谈，能经准备后就所熟悉的话题作简短发言，表达比较清楚，语音、语调基本正确。能在交谈中使用基本的会话策略。

　　3. 阅读理解能力：能基本读懂一般性题材的英文文章，阅读速度达到每分钟70词。在快速阅读篇幅较长、难度略低的材料时，阅读速度达到每分钟100词。能就阅读材料进行略读和寻读。能借助词典阅读本专业的英语教材和题材熟悉的英文报刊文章，掌握文章中心大意，理解主要事实和有关细节。能读懂工作、生活中常见的应用文体的材料。能在阅读中使用有效的阅读方法。

　　4. 书面表达能力：能用英语完成一般性写作任务，并描述个人经历、观感、情感和发生的事件等，能写常见的应用文，能在半小时内就一般性话题或提纲写出不少于120词的短文，内容基本完整，中心思想明确，用词恰当，语义连贯。能掌握基本的写作技能。

　　5. 翻译能力：能借助词典对题材熟悉的文章进行英汉互译，英译汉速为每小时约300个英语单词，汉译英速为每小时约250个汉字。译文基本准确，无重大的理解和语言表述错误。

6. 推荐词汇量：掌握的词汇量应达到约4795个单词和700个词组（包含中学应掌握的词汇），其中约2000个单词为积极词汇，即要求学生能够在认知的基础上在口头和书面表达两个方面熟练运用的词汇。

第二层次——较高要求：

1. 听力理解能力：能听懂英语谈话和讲座，能基本听懂题材熟悉、篇幅较长的英语广播和电视节目，语速为每分钟150～180词，能掌握其中心大意，抓住要点和相关细节。能基本听懂用英语讲授的专业课程。

2. 口语表达能力：能用英语就一般性话题进行比较流利的会话，能基本表达个人意见、情感、观点等，能基本陈述事实、理由和描述实践，表达清楚，语音、语调基本正确。

3. 阅读理解能力：能基本读懂英语国家大众性报刊上一般性体裁的文章，阅读速度为每分钟70–90词。在快速阅读篇幅较长、难度适中的材料时，阅读速度达到每分钟120词。能阅读所学专业的综述性文献，并能正确理解其中心大意，抓住主要事实和有关细节。

4. 书面表达能力：能用英语就一般性的主题表达个人观点，能写所学专业论文的英文摘要，能写所学专业的英语小论文，能描述各种图表，能在半小时内写出不少于160词的短文，内容完整。观点明确，条理清楚，语句通顺。

5. 翻译能力：能摘译所学专业的英语文献资料，能借助词典翻译英语国家大中型报刊上题材熟悉的文章，英译汉速为每小时约350个英语单词，汉译英速为每小时约300个汉字。译文通顺达意，内容理解和语言表达错误较少。能使用适当的翻译技巧。

6. 推荐词汇量：掌握的词汇量应达到约6395个单词和1200个词组（包括中学和一般要求应该掌握的词汇），其中约2200个单词（包括一般要求应该掌握的积极词汇）为积极词汇。

第三层次——更高要求：

1. 听力理解能力：能基本听懂英语国家的广播电视节目，掌握其中心大意，抓住要点。能听懂英语国家人士正常语速的谈话。能听懂用英语讲授的专业课程和英语讲座。

2．口语表达能力：能较为流利、准确地就一般或专业性话题用英语进行对话或讨论，能用简练的语言概括篇幅较长、有一定语言难度的文本或讲话，能在国际会议和专业交流中宣读论文并参加讨论。

3．阅读理解能力：能读懂一定难度的文章，理解其主旨大意及细节，能阅读国外英语报刊上的文章，能比较顺畅地阅读所学专业的英语文献和资料。

4．书面表达能力：能用英语撰写所学专业的尖端的报告和论文，能比较自如地以书面形式表达个人的观点，能在半小时内写出不少于200词的说明文或议论文，思想表达清楚，内容丰富，文章结构清晰，逻辑性强。

5．翻译能力：能借助词典翻译所学专业的文献资料和英语国家报刊中有一定难度的文章，能翻译介绍中国国情或文化的文章。英译汉速为每小时约400个英语单词，汉译英速为每小时约350个汉字。译文内容准确，基本无错译、漏译，文字造顺达意语言表达错误较少。

6．推荐词汇量：掌握的词汇量应达到约7675个单词和1870个词组（包括中学、一般要求和较高要求应该掌握的词汇，但不包括专业词汇），其中约2360个单词为积极词汇（包括一般要求和较高要求应该掌握的积极词汇）。

从上述第二层次的较高要求和第三层次的更高要求来看，高等学校的大学英语教学在完成第一层次的一般要求之后，必须根据实际情况，对听力、口语、阅读、写作、翻译以及词汇量的具体内容进行适当的调整。根据工科类院校的实际情况，大学英语教学在完成通用英语的基本要求之后，所进行的围绕学生所学专业进行的专门用途英语的改革，是实现大学英语教学目标的一个保证。只有定义清楚大学英语教学中培养的英语能力是什么，才能在教学中制订切实可行的教学计划，设置科学合理的课程体系达成教学目标。[①]

笔者认为，以Bachman和Plmer的语言能力模型为基础建立的道格拉

---

① 王淑花、李海英等. 大学英语教学模式改革与发展研究[M]. 北京：知识产权出版社，2018：20.

斯专门用途英语语言能力标准，普通工科院校教学实践起来较难实现，但是可以将其作为外语环境下探讨英语能力构成要素的参考因素之一。因为它能够反映学习者的认知能力在语言能力发展中的地位和作用，尤其是如果能够将其与《大学英语课程教学要求》相结合，将对语言学习者或使用者在各种情景下的语言活动中的语言表现提供评估的依据。尽管对不同能力的学习者来说，语言能力的表现形式具有一定的层级性，但是随着学习者知识和体验的积累，他们能够从基于材料内容的表述慢慢获得更多的自由，将自己的思想和观点逐渐明确清晰地表述出来。

四、课程设置

工科院校的开设课程往往与工程设计类专业相关，如果英语教学真正把目标瞄准在"社会的发展和经济建设的需要"方向，仅仅关注学生的听、说、读、写、译技能是远远不够的。高校英语教学的目的是培养学生成为能够迅速适应工作的毕业生。因此，学生具备一定英语基础后的职业英语培训具有深远意义。而且，由于工科类大学生源、学生专业及毕业去向与其他类研究型大学的巨大差别，仅仅沿袭或模仿其他高校的ESP课程安排和设置也不符合实际情况。工科类大学专门用途英语教学并不是越多越好、越全越好，而是要做到具有系统性、完整性、针对性，按照"实用为主，管用为目的"的指导思想，做到恰到好处。为了实现培养人才水平与企业用工要求一致，出于对大学英语课程体系设计的考虑，专门用途英语课程高校英语教学的目的是，培养学生使其成为具有能够迅速适应工作准备的毕业生。因此，学生具备一定英语基础后的职业英语培训具有深远意义。这就要求课程设置包括：合理的课程结构和课程内容。合理的课程结构指各门课程之间的结构合理，包括开设的课程合理、课程开设的先后顺序合理、各课程之间衔接有序，能使学生通过课程的学习与训练，获得某一专业所具备的知识与能力。

（一）课程体系

笔者结合该校学生的学习特征，转向研究ESP开设的需求分析上来，通过对部门、院校及地域特征的了解，开始建设一个使ESP课程教学安排更加科学合理、教学过程更为高效的ESP教学体系。总的来说，专门用途英语课程可以划分为"宽泛型"和"专门型"。前者适用于一般的学习者，如"学术英语课程"或"商务英语课程"；而"专门型"课程所针对的学习者学习目的更加明确，如"护士英语"或"土建英语"，"土建英语"还可以进一步细化为"道桥英语"和"土木英语"等。

划分专门用途英语课程时考虑到的两个理论问题是：一是语言的适度性问题，比如"土建英语"是否能够涵盖土木工程工作中所需要的所有英语？"学术英语"或"职业英语"的概念是否太过宽泛？是否各个相关专业或学科的学生都能从中受益？Hyland（2008）认为，学术英语有一整套核心词汇，而不考虑学科之间语言的差异性是不妥的。"学术英语"的概念可能无法涵盖各个学科语言的复杂性。而且，针对应用型本科院校的英语学习者来说，与其说学生需要研究"学术性"的英语，不如说"技术性"的英语更加贴合学生需求的实际。二是关于技能的概念。学习者在一门ESP课程里所掌握的技能是否能够在不同类型的工作中得以应用？比如，在专门用途英语课堂上所学到的技能是否适用于未来所从事的学科领域？

专门用途英语课程虽然能够适应特定人群的具体学习目标，但同时也有局限性。专门性的课程所学内容比较有限，学习者的需求差异使部分学习者受益的同时，可能也使某些学习者无法获得所需要的知识，而且专门型课程对学科背景和专业经验要求较高，这也给教师和教材编撰者提出了新的挑战。因此，课程设置需要根据学习者的具体情况和学习需求来设置课程，既不过于"宽泛"又不能过于"专门"。这一点的把握会通过不同的课程类型反映出来。

高中英语教育水平的提高也提高了学生英语入学水平，但是这一点在工科院校学生英语成绩表现出来的特点是，学生程度差异较大，还是有相当多的学生面临英语基础较差、英语语言能力不高等问题。这就导致学生对大学中所学英语的需求不断细化，如将英语学习目标与所学专业相结合，理想的ESP课程必然要分阶段，分层次。递进式的ESP课程可以表现为四个不同阶段（详见图3-3）

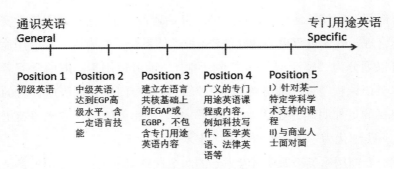

图3-3 递进式ESP课程体系

第一阶段主要开设高级EGP课程，包括如中级口语、高级写作等语言提高类课程。第二阶段的重点是通用学术英语课程或普及型的工科英语课程（EGAP/ EGSP），如学术听力、学术阅读或工程英语等。这两个阶段课程的内容有一些相似，其不同点在于教学定位和课程目标的差异。前者是以提高语言能力为目标的通用类课程，属于第一阶段；后者是为了辅助专业文献阅读或专业项目设计，属于ESP课程，是第二阶段。也就是说，相比第一阶段，第二阶段的课程目标在明确性和具体性方面有很大加强，在特定的时间内对特定专项的专业技能和语言技能同时进行训练。同时，两个课程的教学材料可能类似，但采用的教学方法不一定相同，如果就文字材料进行语言学方面的研究就属于第一阶段的通用类课程，如果将语言文字材料置于真实的语境下，就属于第二阶段的内容。第三个阶段是广义上的ESP课程，课程对某一方面的英语能力的训练更具体，学生具有不同的专业背景或不同职业背景。虽然学生个体的需求和背景可能差异较大，但是课程需要培养的是他们所需技能的共核，例如如何书写调查报告，或者如何对特定项目进行设计和论述。在这一阶段的课程材料具体性和针对性不强，不受特定专业限制，是不同专业背景的学生都能接受和理解的广泛性材料。由于学生专业背景的相关性和教学内容具有相对的通用性，所以，此阶段的ESP课程属于广义的ESP课程。第四阶段的课程是真正的具有专门目的的ESAP（专门用途学术英语）及EOP（行业英语），即ESP教学。在这个阶段，课程设计按照学生的个体需求和未来学习以及就业的特定需求设计，教学语料使用特定学科真实的专业语料，这就要求教学方式灵活，因材施教，按照学习者的个性需求专门定制。

在实际教学中，不同高校特点不同，要根据自身实际情况在四个模块中按照需要进行拼加增减，普通工科院校选择前三个模块构成自己的ESP课程体系往往更符合自己学生的状况。学生可以按模块挑选适合个体情况的课程，从而发挥开放性优势。同时，由于不同阶段是逐级递进的，学生可根据学校的相关规定，结合自己的英语水平，按照由左至右的顺序，选择对应模块中所含的课程，完成大学英语要求的学分。例如，在第一学期完成EGP的修读，通过大学英语四级考试后，相当于达到中高级通用英语能力（模块一），才有资格学习EGAP/EGSP（模块二），之后再学习广义的ESP，第三阶段的模块三，最终在具备一定的专业知识后，学生根据所学专业需求，进行狭义的ESP课程（多数选修，模块四）学习，如工程英语等。

由图可见，ESP课程是开放而且循序渐进的。每当有一个具体的SP，就有一个与之相对的E，或者说某一地区，某个高校开设的适合某一阶段的ESP课程，在其他地区、不同高校、另一时间段就可能不符合学生的需求。这说明ESP课程体系具有开放性、灵活性、动态性，涵盖从基础英语到专门用途英语的一系列课程，课程目标也从针对多数学生的普遍需求到针对少数学生的需求而变化。学校要结合本校的实际情况，例如经济发展现状、产业结构特点、学生就业需求及教学条件等诸多因素，整合各类资源，才能够构建一个适合本校学生的立体化ESP课程体系。

该工科高校大学生由于社会需求对人才的不同要求，学习者学习外语的个人需求的不同，其教学模式和学习模式也有所差异。高校大学英语教学的模式可以归纳为"通用英语+专业英语+听、说、读、写、译"五项技能中的某一项或几项，是英语学习者五项技能中比较具体的专门项目。这种教学模式总的来说是适应学习者需求的，但是，课程目标实现过程的差异也会带来技能水平的差异。该工科院校的专门用途课程体系根据自身专业需求的不同设置了不同性质的模块来反映不同学习内容。改革前的大学通用英语的内容与专门用途英语的内容基本是独立的，并且除了个别的几个学院，例如，国际教育学院全部专业；能动学院的新能源专业、电气与自动化专业；土木学院的土木与桥梁建造专业；建设学院的城乡规划专业、建筑学专业等，大部分学院的大部分专业都是不开设专门用途英语课程的。

改革后针对2018版新的人才培养方案，对于专门用途英语课程体系也进行了新的调整和安排。第一阶段的通用英语阶段教学任务在2个学期内完成，共计128学时；第二阶段以专门用途英语教学+专门技能为主，用2个学期来完成，共计64学时。模块化教学既解决了正常教学与企业用人需求的矛盾和就业市场需求的变化，又充分发挥和挖掘了学生的学习兴趣，满足了人才市场需要。但是，仅仅64学时的安排对于面临就业的学生是远远不够的，必须借助现代信息技术的辅助功能对现有课程安排进行补充。

（二）课程内容

该工科院校根据《大学英语课程教学要求》，结合人才市场对人才规格的要求以及每个专业的学科特点，就教学内容、教学目标及学时安排如下。

大一128学时：日常词汇、日常场景会话、语法强化。通过2个学期的EGP强化训练，学习者能流畅地使用日常用语。

大二（上）32学时：专门用途英语文章强化专门用途英语词汇。学习者能熟练使用英语处理工作中的日常事务，并理解涉外活动中的专业知识相关的专业术语和表达式。

大二（下）32学时：学习者基本能够使用专业术语查阅资料和进行学术交流，实现真实语境或模拟真实语境下的英语语言涉外交流。

在课程设计之前对课程性质进行定位，对300名学生做了问卷调查，发现作为专业必修课、基础必修课、公共必修课、专业选修课和任何课程均可的学生认可人数分别为117人、45人、23人、56人和59人，分别占有限问卷百分比的39%、15%、7.7%、18.7%和19.6%。从调查结果可以看出，无论是作为必修课还是选修课，都有一定的学生持支持态度，就300名学生进行的问卷调查结果对一所有1.6万学生的工科普通院校而言，数据具有一定的代表意义，开设专门课程的可能性很大，但对必修课和选修课的开设原则略有差异。

1. 专业必修课

为了适应学生未来的就业要求，应从大二年级开始开设专门用途英语课程。作为必修课要遵循的原则是：学生专业方面的要求要遵循相近领域开课的原则，对于英文材料的选取要能够让学生理解并解释得比较清楚；课程开设前对学习者进行分析和水平测试，以确定学习者是否能够参与这一阶段的课程学习。课程开设的范围应逐步推进，而不是盲目地大范围铺开。开设课程的出发点是根据学生的专业情况，为学生提供与专业能力培养方向相一致的英语交际技能，例如讨论策略、口头陈述、论文写作和报告写作等。借鉴已有的ESP课程体系，该工科院校生源地的英语水平并不高，实施全面英语课程在学生群体中不具备完全可能性，现阶段专门用途英语的主要内容仍然要以与职业相关的ESP来进行。但是在完成大学基础英语阶段的学习后，除基础薄弱的学生仍然可以选取通用英语类课程学习外，基础相对较好的学生都进入专门用途英语的课程中学习，为更好地将学科知识和外语语言知识相融合做好工作。

2．专业选修课

选择部分专业课循序渐进地开展专门用途英语教学。工科院校很多专业涉及大量的专业词汇，所以在选择开设专业选修的ESP时，应先考虑开设专业基础类课程，这些课程是学习其他专业课程的基础，课程内容也相对简明。大学一年级第一学期可以尝试使用少量专业词汇，逐渐渗透第二语言，这时外语教学的比例可以在10%～20%。在一些专业选修课中安排专门用途英语教学主要安排在大三、大四开设。这些专业的学生对本专业的学科知识在这一阶段已经有了基本了解，对怎样学习这一学科也有了一定的认识，对专业知识的理解以及应用方面都有了显著的提高。而且，高年级的学习者中一部分同学已经通过了大学英语四级考试，与大一年级的情况相比较，学习能力有了明显提高。在完成了大二阶段的普通专门用途英语的学习后，英语水平较高的学生仍然有愿望继续加强专门用途英语方面的学习。

专业选修课按照大的专业群来设置，主要是考虑帮助学生今后就业或转岗学习。教学内容结合专业学习的具体情况主要以任务型的具体工作情况为主。比如，模拟汽车专业的加油站泵油或泵水服务情境交际；土木或水利施工计划谈判；工程类标书的撰写等等。

3．培训课

该院校以专门用途英语为特色安排培训的主要原因是担心大学英语教

师教学时数减少后，学生教学效果受到影响。开设《专门用途英语》公共培训课，以在校学生为主要对象的培训到企业培训，以满足其他学生对不同专业专门用途英语的爱好和需求。除专门用途英语课程外，该校还开设了类似四、六级培训课、英语语法基础课、雅思托福强化课等等。其中专门用途英语课时安排为每周2学时，共开课15周，选课对象为全校感兴趣的在校学生。培训课第一节课会安排水平测试以确定学生的英语水平，公布测试结果后，由学生自主决定是否继续进行课程学习。其主要目标是帮助学生熟悉生活与职场中可能面临的不同语境，熟悉工程活动及工程项目相关的英语知识。这种培训课的特色是：模拟实际的工作情境，熟悉工作环境中最常用的情境对话和词汇，在演练过程中达到商务交流所需要的听、说和理解能力。

（三）教学管理

由于选择专门用途英语的学习者在学习过程中付出的努力相对较大，作为必修课，学生所获得的学分应高于通用英语的课程，选修课程的安排可以在学分上作适当调整，给予一定学分，培训是基于学生兴趣和主动学习的动机来选择的，所以原则上不安排学分授予。

在课时分配方面。必修课的课程难度和选课的课程难度没有本质上的差别，授课时数不作为衡量工作量的主要指标，但是必修课的课程性质决定其教学时数一般以班级的实际教学日历为参考，每周开设2学时。选修课相应的授课时数也根据实际情况进行安排。就语言使用所占比例来看，根据不同的课程性质或学习者水平的不同，专门用途英语教学课堂讲授过程中英文所占的比例可以适当进行调整，英汉结合的授课方式更适合实情，一般来讲英文教学所占的比例设定在20%～60%之间。

在教师配备方面，工科院校对于专门用途英语与大学通用英语的改革刚刚开始，为了避免可能产生的问题，应采取双师型的教师团队模式，即专业课教师和英语语言教师合作完成课程，尤其是必修课程的教学进程。

以土木工程专业为例：

针对工程类部分学科专门用途英语教学的课程设置借鉴了国外相应课程的课程安排办法。《土木工程英语》为专业必修课，总课时为48节，安排八个专题的内容，每个专题设计4学时的语言讲授内容，2学时的实践环节。教师不会严格地选取一本教材讲述，而是围绕专题展开，教学材料范围广，课堂信息容量大。学习者要具备较强的阅读能力和自主学习能力，同时也需要学习者做大量的课前预习工作和课后复习工作。同类办法的专门用途英语课程实践在海外反应很好，学习者认为这种方式能够从实处指导实践。

该工科学院的《土木工程英语》借鉴了海外的教学思想，针对学校的实际情况按照既定的教学模式实施教学。课前向学习者提供所要讲授专题的相关资料以便学习者课前预习；课中教师与学生面授课程内容，解决预习中出现的问题；课后教师发给学习者相关中文阅读材料，或指定一些与本学科相关的网站、报刊进行复习，并布置相应的讨论或实践任务。统计结果表明，有86.%的学生感觉在有限的课时内学到了很多知识，教学效果很好。

国内ESP课程设计经过30年发展，无论从理论上还是教学实践方面都取得了很大的成绩，但仍有很大的发展空间。在ESP课程设计方面，无论从语言本体的角度出发还是从某一学科教学的角度出发，都集中在探讨如何能够更好地培养出ESP的专门人才。国内外学者关于ESP课程设计的界定和研究原则、具体的ESP课程设计模式等问题一直是研究的热点。

通过对新型大学英语ESP课程体系建设的研究整合，提出建设新兴大学英语课程体系的总体原则：动态化管理，多模块课程，重视培养应用能力，合理利用现代技术。首先，变静态管理为动态化管理，打破了原有的统一进度，为优秀学生提供了更多的机会。动态化管理是大学英语教学改革的前提，没有这一点，专门用途类课程的建设就失去了意义和必要性，分级分类分层次教学也无从谈起。其次，变单一课程为多模块体系，单一的通用英语不能满足学生的个性化需求和社会对人才的需求。因此把单一的通用英语课程变身为以"基础类英语课程"+"提高类英语课程"+"专门用途英语课程"为例的多模块课程是国家大学英语教学改革的重点之一，后者可同时在网上选修。这既体现了教学理念的转变，改进了创新教学模式，也增大了学生听、说、读、写、译在形成性评估和终结性评估中的比例。合理利用多种多样的科技手段辅助教学是新时期课程体系发展和完善的便利条件，如何在有限的条件下合理安排各个班级的网络学习时间，促进学生的有效学习是未来面临的需要协调和沟通的问题。新的课程体系坚持以学生为中心，以学生需求和利益为导向，充分尊重了学生的个人选择和个性化发展。同时也通过课程建设去促进教师发展和教师团队建设，逐渐形成以教促研、以研促教、互动分享、共同进步的新局面和新格局。

同时，构建新型的大学英语课程体系的同时，应借用课程领导模式，建立并完善新型课程管理体系，提高管理者素质，促进"管理者"向"领导集体"转变；提高参与者素质，激发教师教学改革的自觉性；建设良好高效的沟通机制，如网络管理平台等。这种新型课程体系所带来的新的管理体系和管理模式能够为大学英语教学改革有所助益。

第四章　工科大学专门用途英语教学模式构建

　　教育部2007年开始实施修订版的《大学英语课程教学要求》，提出了以计算机网络技术为支撑，建立基于计算机和课堂的教学模式的系统性方案。《教学要求》将培养学生的英语综合应用能力作为首要目标。为了实现这个目标，提倡并要求各高校采用计算机和课堂相结合的教学模式，改进以教师讲授为主的单一教学模式。而这个基于计算机和课堂的英语教学模式就是一个创新的大学英语教学模式，为后续的大学英语信息化发展提供基础。

　　在专门用途英语的本体研究基础上，笔者认为，根据教学模式的构成要素对教学模式进行程序性的构建是解决当前工科大学专门用途英语教学问题的有效途径之一。教学模式所包含的各要素的活动逻辑是教学活动所遵循的基本结构，也是教师在教学工作中完成教学内容所遵照的教学范式。教学模式的构建包含诸多构成要素。工科大学专门用途英语课程的教学模式是在大学通用英语教学模式的基础上，在教学设计理论和工程教育政策指导下的符合应用型人才培养目标和现实需求的实践教学模式。这种教学模式是在专门用途英语教学实践过程中不断进行验证和发展的涵盖教学、学习、反馈、管理的完整结构

　　针对工科大学英语的独有特征，本章以专门用途英语教学模式的实践操作的部分内容，其中包括教学结构；教学模式的操作策略；教学模式的实施程序和管理模式；以及教学模式的评价体系等。"多元互助，双向四步"的教学模式在第三章理论结构的基础上借鉴新型大学英语教学模式后确定的一个相对稳定的专门用途英语的教学结构范式，利用语域分析、体裁分析、互动交际及情境任务等实践策略对教学模式进行理论和实践的构建。在实施过程中强调以建构主义理论、多元智能理论和职业教育的理念为基础，以人为本的价值取向，关注学生的多元互助、多维能力和专业素

质的发展，努力将语言教育的本质回归到学生本体。

一、教学结构

根据工科院校专门用途英语教学的教学理念和教学目标，在了解普通工科院校学生特点及学校基本教学情况后，笔者认为，工科院校的专门用途英语教学存在三个不同的平面和层面。这在教学结构的不同方面反映了专门用途英语教学规律，并且，这三个平面、三个层面都是围绕"三个中心"展开的，即由教学中心、教学参与要素和教学平台构成的立体式教学结构。

（一）三个中心

大学英语教育是对学习者的英语语言能力进行的培养和训练，包括普通词汇、英语语法、阅读和写作能力、翻译以及听说能力等。训练内容和目标围绕"通用"展开；而专门用途英语教育围绕"专门用途"进行，在专业知识学习的过程中起到的是桥梁和工具的作用。所以，在专门用途英语课程进行的过程中要对大学英语各项技能进行精练，同时围绕三个中心展开。（详见图4-1）

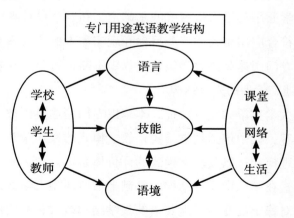

图4-1　专门用途英语教学结构图

1. 以语言为中心

专门用途英语所关心的焦点除了与人们如何使用英语语言外，还要探讨如何高效率地学习语言。了解语言的特点和使用语言的过程有助于学习者更好地学好语言。此阶段充分考虑"人"在语言学习过程中的因素，强调教学过程中调动学习者积极性对语言学习的重要性，将学习者的学习目的和实际应用结合起来，有助于更好地实现教学目标。这就使专门用途英语从单纯的、孤立的语言教学形式转向将语言与教学内容相结合的融合教学形式。这种内容和理念上的融合将学生未来可能从事的专业工作与语言学习相结合，从学习者的需求出发，以语言交际能力的培养为主要关注点，最终实现教学目标。以语言为中心的教学原则帮助学生在掌握语言的前提下，掌握英语的基本用法，明确英语在不同的专业领域中的结构和表达方式以及相关语言特征，有助于学生运用这些语言技巧理解文本及篇章的意义，最终准确地表达自己的思想，说明事理。

2. 以技能为中心

国外的专门用途英语课程多数以技能训练为主，从以往的分项技能训练的方式转变成整体语言学习的方式，即使用综合技能和分项技能并举的训练方式。专门用途英语应用能力主要表现出两种内涵，一种是指日常生活交际（如问路、指路、旅游和购物）的英语应用能力（survival English），另一种是行业或专业内从事学习和工作的英语应用能力（professional English）。大学生应该掌握的英语应用能力应该属于后一种。过去的大学英语教学大纲或课程要求都只是笼统地强调提高大学生的应用能力，但没有区分这两种不同的应用能力，导致大学英语界普遍把应用能力理解为第一种能力，没有提出与专业和行业需求一致的较高的语言要求。结果导致学生的英语四级、六级考试分数可能很高，却无法胜任专业学习和毕业后的工作要求。

3. 以语境为中心

语境是专门用途英语一直强调的意义发生的实际环境。论文中提到的创设情境具体来讲，就是将语境内涵通过设计语言活动表现出来。语境概念包含几个不同的范畴：

言内语境。上下文语境又称为言内语境，是指语篇中以文字形式存在的语境，包括词形语境、句子语境、段落语境和语篇语境四大类别。专门用途英语教学的重点一般为专业词汇、重点句型及翻译方法方面的教学，其教学难点主要是学习者对语篇的整体理解、专业词汇和句型的输出和运用。在教学过程中要突出重点和难点就必须在词汇、句子、段落和语篇方面予以重视和强调。

言外语境。情景语境属于言外语境，是语篇存在的背景或情境，对理解语篇起着至关重要的作用。专门用途英语就广义来讲包括医学英语、工程英语、旅游英语、金融英语等方面的教学，语篇具有很强的专业性，学生在研究专门用途英语语篇时经常感到枯燥乏味。把情境语境引入专门用途英语语篇教学中可以在很大程度上改善课堂情况和授课效果。例如，通过多媒体视频、图片、音频等引入课堂主题，之后介绍课文相关背景就会使学生产生浓厚的学习兴趣，当学生沉浸在专门用途英语课堂时，学生在阅读过程中更易于在脑海中形成图示，理解语篇就变得更加容易了。

文化语境。语言交际本身就是一种跨文化交际，因此脱离语境的语言是不存在的。文化语境经常会超越语言本身，体现语言背后的深层次意义。文化语境与语言交际的社会文化背景密切相关，是包含文化习俗和社会规范在内的一种更广泛的范畴。专门用途英语语篇虽然属于专业英语的范畴，但是语篇中仍然传递着重要的文化信息，学生如果不注重对文化背景知识的理解和认识，有可能导致日后口语或书面方面的交际困难，而专门用途英语语篇学习的目的就是为了交际。例如在针对不同国家民族文化环境下的工程建筑谈判和商务会谈时，强调其本民族的文化和内涵是成功实施语言任务的必要准备。所以，教师在讲授时应该对篇章背后的文化信息进行相应的介绍，通过组织课堂活动的方式，让学生了解相关的文化背景，加深对语篇的理解，培养语言学习的文化意识。

认知语境。Lyons（1977）用知识来定义语境，认为人在阅读过程中会不可避免地运用自身的认知结构即知识，来理解语篇的内容。认知语境包括关于日常词汇的知识的掌握、关于词汇缩写的相关知识的掌握和关于专业词汇的知识的掌握。通常专门用途英语语篇难以理解的主要原因就在于其中出现的专业词汇、词汇缩写和生僻词汇，如果读者不了解这些词，没有相关知识的储备，就很难读懂专门用途英语语篇。因此，教师在教学时应该注重创设认知语境，培养学生知识内化的能力。例如通过辩词、翻译、连线和填空等多种方式来提高学生的专业词汇量；通过专门的词汇教学活动如专业词汇知识竞赛等提高学生的积极性，以促进学生专门用途英语语篇学习。

语言、技能和语境虽然也是通用大学英语课程教学中的重要内容，但是专门用途英语课程，尤其是工科大学的专门用途英语课程的特殊性质决定在教学中对学生的语言、技能和语境的训练要更多体现语言教学的工具性特征。因此，通用大学英语课程具有与其他社科类课程的一个共性就是更加注重其人文性，相比较来说，专门用途英语课程就更加注重语言的工具性价值了。

（二）三个主体

1. **以学校为主体**

学校是专门用途英语学习发生的主阵地。学校为学生提供从硬件到软件的一系列的支持。学生在课堂内外与教师和其他学习者进行互动式的学习，在合适的时机对自己习得的知识进行检验和测试，通过完成一系列的任务提升自己的专门用途英语水平，根据自己的兴趣和条件为今后的发展确定方向。学校还为专门用途英语学习者提供各种实践机会。在社会实践中，学生将课堂知识应用于日常的生活之中，不仅深化了对知识的理解，而且增强了学生学习的动力，实现了"学以致用"。学校组织的实习实践是多种多样的。可以组织学生同留学生结成学习对子，在实习中互相帮助、共同解决专业和语言问题；还可以鼓励学生研究国外期刊登载的专业论文，了解自身专业发展的近况，或者根据国内核心期刊上发表文章的内容撰写读书心得等。学校从培养学生的角度出发，与相关企业进行商谈和合作，了解本校学生专业发展方向，发现问题、解决问题，通过校企联合的形式为专业学生找到就业的突破口，鼓励学生将学到的知识应用于实践中，形成学习、实践的良性循环。

学校不仅是学习的主阵地，还在学生的学习中起到媒介的作用。作为学习的大舞台，学生可以在这个舞台上施展自己的才华，寻找利于自身学习和发展的信息和机会。这些经过学校筛选的学习和锻炼机会没有风险，得来方便，学生不必浪费时间就可以找到适合自己的机会。另外，校内组织和举办的各类讲座和报告会的内容涵盖各个学科的专业知识。学生在聆听专业报告时，会习得一些专业英语词汇和用法，也能从宏观上校验自己的专门用途语言能力，自发自觉地改善自己的学习方法，调整学习进度和方向。我们需要思考的是学校组织的实习实践要实现的目的是什么。

2. 以教师为主体

教学是由教师的"教"的内容和学生的"学"的内容共同构成的教育活动。在教学过程中，教师按照教学计划，设计教学步骤引导学生积极主动地掌握系统的科学文化知识和技能，同时发展学生的智力、锻炼体力、陶冶品德，养成全面发展的个性。教师在教育教学中的作用无可替代。目前，素质教育改革的大背景改变了教师在课堂的地位。教师不再是唯一的主体，课堂上的教师成了主导，学生成了主体，从"学会"变成"会学"。教师和学生地位上的变化能大力培养学生的创新能力、全面提高学生素质。但是教师仍然是教学活动的主体之一，只是发挥作用的方式和方法不同于传统教学中的教师。

首先，在工科专门用途英语的学习中，学生大部分是在校高年级学生，他们的自主学习能力很强，自身专业发展的需要也推动学生们主动深入地参与到专门用途英语教学活动中。这就要求教师适当调整自己的教学角色和教学策略。可以转变观念，突出学生的主体地位，以学生的主动性为主，学生间的合作学习活动为主线，让学生积极参与到教学活动中去。同时树立"以学生为本"的教育教学理念，将课堂的主动权交给学生，充分发挥学生在课堂上的主体地位。

其次，教师的"导"要体现在以下几个方面：第一，课前的"导"。课前关注学生的学习状况，培养学生的自主学习能力是至关重要的。教师可以将学生组织成兴趣小组作为英语教学的基本单位进行课前的预习活动，并进行课堂上的小组活动及课后的总结活动。建立有序、合理的小组，发挥教师的引导作用是保证教学活动顺利进行的重要因素。第二，课堂上的"导"，教师根据课文内容和重点，根据学生的实际情况，给学生编制出整套有利于教和学的学习方案，将具备科学性、导向性、启发性和趣味性的任务在课前布置给学生，引导学生进行课前准备。课堂上运用启发式问题来引导学生探究问题。大部分同学有问题时，教师再给予适当点拨以引导学生积极思考。在专门用途英语教学中，学生已经掌握一定的专业知识，他们需要的是将专业知识和英语知识有效地衔接起来。因此，教师在教学中要引导学生总结专业英语的特点，并对此进行实践应用。第三，课后的"导"，课后教师对学生进行的辅导往往需要学生课下进行大量的实践练习。之后，教师还要对学生的学习方法和学习策略进行了解，提出建议和改进措施，帮助学生将课堂上的知识转化成能力。

再次，教师是学生学习的支持者和合作者。以专门用途英语为特色的英语教学的主要特点就是与实践的紧密结合。在实践活动中出现的问题有别于课堂上传授的知识和经验，在这种情况下，教师作为学生的合作者，应与学生一起寻找问题的解决办法。同时，给学生空间，充分信任、肯定学生的能力，鼓励他们通过讨论和发现规律找到解决问题的方法和思路，从而让学生逐步积累经验，学会探究的方法，提高探究的能力。

最后，专门用途英语教师还要在教学过程中用新的教学理念对教学行为进行评价和反思，对不足之处进行分析，提出整改方案，使自己的教学更适应学生学习的需要，努力提升教学实践的理论层次来指导专门用途英语的教学实践，使自己成为研究型、学者型的教师，不断适应发生的新变化。这一部分思考的问题是教师所扮演的组织者、引导者作用和支持者、合作者要如何体现。

3. 以学生为主体

在新的教育形势下，角色发生变化的不仅仅是教师，学生的角色和学生的学习方式也发生着变化。建构主义理论认为，学生的学习是一个自我建构、自我生成的过程。学生不再是简单、被动地接受信息，而是主动地选择、加工和处理，从而获得知识。工科普通院校的专门用途英语学习者为了未来工作的需要，更要具备较强的自主学习能力，更应该尽快从接受知识向探究知识转变。

学生是学习的主体，学习是通过学习系统的、概括化的知识体系形成能力的过程。这个过程主要以书本知识的形式表现出来。专门用途英语学生因为有明确的学习目的，在这个学习过程中往往能够对自己的学习有主观的能动性计划。但是，学习不仅仅是一种自身的行为，更是一种经历和体验。学生要积极完成由被动学习向主动学习的转变，在学习兴趣的引导下主动地去探究知识，丰富自己的认知。

学生在课堂上不仅仅是学习者，更是活动的参与者和组织者。学生在课堂上完成教师布置的任务的同时，还要主动地进行语言实践，通过自编对话、短剧、小组讨论和小组竞赛等方式让自己成为课堂的主人，真正参与到课堂教学中去，这样能使枯燥的学习内容通过各种各样的形式表现出来，并且与教师教学进行互动，让学生正向学习发展产生意义。那么，我们要思考的问题是促进这种互动的发生的内在诱因和外在动因是什么。

（三）三个平台

1. 以课堂为平台

专门用途英语课程教学在本质上仍然是一种应用于实践的英语教学，因此它的教学重点也始终围绕学习在实践中的应用。任何课程的开展都离不开课堂教学，课堂是专门用途英语学习最初的发生点，学生对于专门用途英语的学习也始终通过课堂来贯穿。所以，课堂仍然是学习的主渠道，是学生成人、成才的主阵地。在课堂上，学生跟随老师的讲解深入浅出地了解和掌握理论知识，通过消化和吸收旧知识，逐步理解新知识，使自己的知识结构进行完善，使学习循序渐进，慢慢开展。课堂教学是其他任何场所，任何教学方法都无法取代的。学生课下学习过程中的情感变化和课上的体验不仅对学习过程和结果有重要的启发、激励、维持和调控的作用，而且与学习态度的形成、信仰的确立和个性的完善都息息相关。课堂上师生之间的互动和同学之间的合作都会激发学习者学习的动力，提高学习兴趣，强化学习动机。

然而，传统的专门用途英语课堂受到各种因素的影响，教师习惯于讲解教材中的词汇、用法，着重于对现有内容的理解和翻译，在考试时也重点考查学生对课本知识的掌握情况，因此学生往往缺乏活学活用的能力，很难在未来的工作中真正解决实际问题。而且，在教学过程中，师生之间的互动往往被忽略，传统的常规的语法翻译法不能有效地组织学生参与到课堂教学中来，导致学生学习积极性不高。学生反映课堂内容枯燥，没有趣味性，很难记住课堂上所学的知识点，更难将枯燥的理论性知识应用于实践。所以，课堂教学如果以应用为目的，就应该关注课堂教学的延伸，如果仅仅局限于课堂教学，除了课堂就无处应用的话，那么教学过程就失去了意义。因此，专门用途英语的教学不仅要有课堂教学，而且要与课外实践相结合，这样才可能使学生找到学习的动力，体验到学习和成功的愉悦，从而产生继续学习的欲望。

课堂教学是教学的最典型、最基本的形式，是学生获取新信息、提高专业技能和形成独有的思想观念的主要渠道。但是，课堂的教学时间是有一定限制的，教学条件和因素也是相对固定的，只有克服这些缺点，才能够以最少的时间获得学生最大的进步和发展。所以，提高课堂教学的效率是解决这个问题的一个有效途径。"有效教学"主要指在一定的教学投入内（时间、精力、努力），通过教师对教学内容和教学活动的设计，帮助学生在最短的时间内获得的最大的进步和发展的教学。这种教学强调带来最好的教学效果，把学生的进步和发展作为尺度和指标来衡量课堂教学有效性。教学是否有效，关注的是学生的学习效果，是教师利用自己的经验和能力帮助学生在特定的教学情景中构建知识、培养探究能力和思辨能力的过程、学会运用知识解决实际问题的过程。评价专门用途英语的教学是否有效主要取决于学生的感受以及学生是否习得了专门用途英语的学习和思维方法，是否能够具备一定的能力去探索未来可能接触到的知识。

（1）课堂与教材

教材是实现教学目标和实施日常教学的重要资源。在专门用途英语教学中，专门用途英语教材为教师和学生的教与学提供了最基本的线索。教师拿到一本专门用途英语教材，需对教材的内容和总体思路进行系统了解，在授课计划中对讲授内容进行具体的设计。专门用途英语教材既有英语教材的特点，又有专业知识，因此在教材的编写过程中，知识点的设计是逐级递进、螺旋上升的。教师在课堂上对教学内容和教学活动的设计也要围绕教材中本质的、核心的内容展开。同时，课堂教学中实践应用环节的设计也是教学安排的重点。教材中往往对关键知识点有相应的总结和归纳，教师需要设计实践性的问题或任务引导学生发现问题、分析问题和解决问题。在对教材的理解中，专门用途英语教师可以给予学生一定的空间去主动尝试，在动手实践、自主探索和交流合作中培养学生的观察、想象、推理和迁移等能力。围绕教材展开的课堂内容要从学生的实际情况出发，找到符合学生认知规律的切入点，使教学与学生现有的知识基础、生活经验和思维水平相对接。

（2）课堂与课堂环境

根据现代心理学的研究，儿童在无拘无束的活动中思维更加活跃、想象力更加丰富，记忆力也更好。相反，如果在一个呆滞的、约束力较强的环境中就会思维凝滞、反应迟钝、缺乏创造力。轻松和谐的课堂氛围更容易激发学生学习的热情，这种愉快的情感体验能帮助学生产生活跃的思维。课堂教学如果在相对轻松自由的环境下进行必然会更好地推动学生的学习。专门用途英语教学课堂更是如此，学生面对自己不熟悉的专业相关的语言材料，在输入和输出的过程中往往会遭遇困难，很容易产生语言学习的焦虑情绪，减轻焦虑感的一个有效策略就是激发学生之间以及教师与学生之间的互动。相互积极地支持和配合，这种促进性互动是合作学习的基本要素之一。课堂上师生间的交流和互动能够有效地加强主体性的功能，使学生通过动手、思考和表达的方式把抽象的知识转化成可以感知的内容。

（3）课堂与多媒体

合理地使用多媒体资源是提高课堂教学有效性的客观和内在要求。但必须合理使用多媒体才能够规避其可能出现的负面影响，发挥其对课堂教学的支持作用。教师可以利用多媒体对专门用途英语中较为难懂的知识点进行强化训练，使学生对知识点有更清晰的了解。但是，多媒体只是课堂的辅助设施，不能够全面替代传统课堂。所以专门用途英语教师要从教学实际情况出发，对多媒体设备的使用进行科学合理的安排和整合，在重视运用现代信息技术的同时，因地制宜，从学生的实际情况出发，为学生的学习服务。

2. 以网络为平台

网络平台也被称为"网络型教学支持平台"，这类载体有广义和狭义之分。广义的网络教学平台既包括支持网络教学的硬件设施、支持性设备等，又将支持网络教学的相关软件、系统和网络本身纳入体系。也就是说，广义的网络教学平台由硬件和软件两个部分构成。狭义的网络教学平台是建立在互联网基础之上，以一定的软件系统为主的为网络教学提供全面支持服务的系统。在大学英语教学中我们熟知的网络平台有新视野大学英语、新交互大学英语等多个英语教学网络平台。而在ESP教学领域中，功能完备、实用性较强的网络支持体系暂时还未出现。建立这样一个网络平台无疑面临诸多困难，专门用途英语涉及范围广、专业性强，无法像大学通用英语一样共享一个通用的标准，从而造成了专门用途英语教学标准不统一。而且，专门用途英语教师数量有限，由于大学英语专项专门用途英语的教学对很多教师来说还处于摸索阶段，所以还没有形成成熟的教学理论和教学模式。同时，建设网络教学平台需要投入大量人力、物力，官方网络教学平台的支持不仅能够促进教学，而且可以改变教师的教学方法和学生的学习方式。例如西南石油大学外国语学院开发研究的钻井与油气开发专业网络平台，不仅开发了学生自主学习和互助交流等方面的强大的功能，构建了一个自主学习的网络环境，同时还在资源并不丰富的有限条件下，对教学实践进行了良好的补充。该专门用途英语网络教学平台具有以下特点：第一，它是专门用途英语教学资源的有机集成。它将相关专业的论文语料库、教学视频、电子教案、课件与授课计划等学习和授课资源集成为一体。第二，它是辅助教学资料的集成。将该专业的网页链接、专业词汇翻译软件、相关学科的基本概念以及原理的网址链接进行接入，便于学生查阅及引用。第三，它是学生学习交流与互助的平台。平台设计的BBS区域可供学生进行提问互助，教师也可参与进行问答引导等。第四，它涉及了网络平台的权限管理和考核评估。所有参与教学的教师和学生都有一个独立的用户账号，平台针对不同的操作需求对用户权限进行了差异性的设计。教师可以不定期地对学生学习成果进行抽查，进行网络调查与使用统计和监测，评阅学生的作业并提交至数据库，学生则可以登录平台查看自己的得分情况。这种专门用途的网络平台在短期内很难通过某学校独立建成，那么是否能够考虑利用已有的网络平台或其他技术手段，将专门用途英语的教学目的考虑在内，合理地设计教学模式呢？笔者在研究中利用的大学英语使用的超星平台和与之配套的手机学习通APP相结合的方式。这种间接的网络资源的支持也能将传统的"接受式学习"变为"探究式学习"，将"封闭式教育"变为"开放式教育"。在这种系统中，学生不是单纯地接受知识，而是在运用网络优势的前提下，在教师的指导和支持下，在教学过程中创设一种类似实际工作或科学研究的情境和途径，用科学研究的方法进行学习。这种探索式的学习能力在专门用途英语教学中尤为重要。这种学习需要的不仅仅是熟练掌握专业知识，更重要的是在学习中培养实践能力和解决问题的能力。网络教学平台能够提供给学生一个最佳的模拟实践场所。

专门用途英语网络教学平台支持包含四项内容：超星网络课堂、学习通教学资源库、学习通实践应用和基于超星平台的考试系统。

网络课堂将传统课堂延伸到课下，帮助学生面对资源库的海量信息，实现自主学习。教师通过网络课堂为学生的学习制订计划，引导学生完成学习任务。教学内容及材料可以包括课程介绍、教学大纲、教学安排、教师信息、发布课程日志等，也可以针对学生相关的教学材料、答疑讨论、课程作业、课程问卷、课堂笔记等进行布置，还可以利用教学邮箱、课程管理、课程列表、教学播客、日程安排、申请开课等相关资源及程序完成教师和学生的交互。学生在教师的指导下，进行自主学习。

教学资源库是储存教学资源的地方。其中包括多种可以用于教学工作中的素材，如文本材料、多媒体视频材料、图片材料、Flash、视频音频材料等。教师可以根据类别、专业、院系分门别类地储存相关的资源，以方便使用。平台管理员和教师根据课程和专业发展的变化，可以整理、制作和借用教学资源填补其中，以保证资源的时效性和精确性。学生也可以上传分享自己独有的资源，形成自我完善的资源库，且资源库检索方式多样化。

实践应用模块是专门用途英语所特有的助推实践的一个重要组成部分。专门用途英语的教学目的就是习得后的实际应用。在实践应用的模块中，教师和学生根据近期所学内容，定义不同的交际场景和应用场景，学生在场景中进行模拟训练。这个模块的练习可以是口语的，也可以是书面语的，同时也可以进行听、说、读、写、译的训练。强调情景的真实性、突出实用性。

考试系统作为检验学生学习成果的重要组成部分，与传统的课堂考试方式不同。传统的课堂考试虽然有自己的优点，但是往往费时费力，而超星平台的考试项目是逐渐优化的。针对学生学习的不同阶段，设计多层次、具有差别考点的考试，学生通过机考的方式完成答卷。学生在考试系统内浏览过的学习资料，起始时间都有记录，教师通过抽取学生的学习记录就可以知道学生在考试时间内的行为动向，从而有效地掌握学生的学习情况，这在某种程度上有效地监控了学生的学习，弥补了网络学习过程中缺乏监督的缺陷。同时，网络平台中的智能阅卷系统可以与手动阅卷相结合，从而对试卷的难易程度进行掌控。考试之后，系统也可以自动对客观题进行评分并且对整体试卷进行分析，让教师更全面地了解学生需要强化的学习内容。另外，考试的形式不仅是题库，还可以进行音频、视频的播放，在文件的各个格式之间相互转化。

3. 以生活为平台

学生学习是一个立体化的过程，专门用途英语的学习不仅仅局限于这门课程的学习，还包括在日常生活中对相关专业知识和能力的认知和掌握。以工具性为目的的英语学习是为了获得更好的专业发展。这与教学内容有关，也与学生日常学习行为有关。专门用途英语的教学内容包含专门的词汇、语法、句法特点，但并不仅限于此。学生要了解本专业的最新发展动态，将专业知识和英语知识相结合，关注阅读文章的时效性，注重对文章主旨的理解，并养成总结归纳的习惯，合理细化学习目的，将学习的长期规划与短期目标相结合，形成目的与行动相结合的良性循环，层层推进，循序渐进。

立体式学习空间的建立将各方面的积极因素调动起来，使生活平面中的学习者由被动接受知识变为主动探求知识，并积极开拓学习的新形式。学习者养成依靠自己的努力，自觉、自动、积极地获取知识，在教师的引导下自主确定学习目标，在学习中体验成功、感受积累，形成自我识别能力，了解自身认知水平，形成个性的学习特点和学习风格等，找到最适合自己的个性化的学习方式和学习策略。学生之间、师生之间主动交流合作，从不同的角度认识所学的知识，锻炼语言技能，丰富自己的认知结构，促进感情间的交流。

二、教学流程

在对专门用途英语教学结构进行研究的基础上按照教学结构的重点和教学涉及的不同层面，根据教学内容采取不同的操作策略。笔者认为构建专门用途英语教学模式首先应该以教学设计作为逻辑起点，形成教学设计的基本理念，然后以此为指导，确定相应的步骤和策略进而形成适合工科院校专门用途英语的教学模式。

教学设计及教学理念直接影响教学模式设计。教学理念是设计教学模式的前提和关键，把新的设计理念转化为新的教学模式是生成新型教学模式的两大支点。混合式教学模式试图能够实现"教的更少，学的更多"，教师负责学科大图景，包括典型对象、典型问题、典型思维方式、典型分析方法以及与其他学科的关系等，然后选择相应的概念和例子来阐释和解读这个大图景。在这个过程中，学生通过自学以及做作业的形式完成技能型任务（例如口语任务及写作任务）。就具体操作来说，课程内容的完成是"在老师引导下"的自学学会的。在指导教师给出引导后，加上合适的学习材料和作业的选择、作业的反馈，以及完成讨论及评价等相关任务，学生可以通过线上线下混合式教学模式更好地完成教学任务。教学模式的设计作为一个实践应用性问题，也是理论研究的问题。对于教学模式设计的流程也就是在一定的抽象、简化、假设的条件下，对教学流程的实现步骤进行表现的过程。

专门用途英语教学模式设计和构建的理论假设是：第一，大学英语的教学模式与专门用途英语课程教学模式是对立统一的关系，两者虽然在教学内容方面有差别，但预期实现的教学目标是基本一致的；第二，专门用途英语课程教学可以利用现代信息技术，通过线上线下混合翻转的形式提高教学效果；第三，普通工科院校在校学生作为成人学习者可以通过自我引导，自我驱动，在教师的指导下完成自己的学习目标，满足自己的学习需求，并且在进行自己计划学习时，会呈现更好的学习效果。基于上述理解，教学实施程序如下。

（一）"多元互助、三段四步"模式的内涵

应用型工科毕业生的职业走向决定应用型工科院校"金课"结构形式及呈现形态应该具有明显的职业应用特征，即是理论和实践相结合的课程形态。课程的实施应该是任务在前、情境学习的工作系统化课程新形势。对于教学模式的设计也要体现先行后思、思行合一的课程形态。

1. 教学设计。

教学设计主要是关于学习环境的设计、学习活动的设计和学生协作学习的设计。

第一，学习环境的设计。对于工科院校的学生来说，专门用途英语的授课时间和毕业后对学生能力的要求不成正比，更多地利用课下网络环境下的学生自主学习时间是弥补这一差距的一个可行的办法。学习环境是学生进行自由探索和自主学习的环境。在这个环境中，学生能够利用各种工具和信息资源来实现自己的学习目标。在新型的专门用途英语教学模式中，学生的学习不仅发生在传统教室中，也发生在线上的学习平台，和学生的随行移动设备中。预先上传的文字资料、音像资料、多媒体课件以及互联网信息能够对传统课堂的面授内容形成补充。面授课堂成为教师安排教学计划和评价学习成果的课堂，大部分讲授性的内容通过教学平台学习及移动学习完成。例如在《工程英语》在线课中，多媒体技术提供的大量试听内容及实例给学生有效的、直接的信息传递。学生能够在了解所学内容的前提下领悟所学内容的主题情感基调和基本内涵。在线课内容涵盖与工程专业相关的资讯及声像材料，并带有与学习内容相关的任务练习，学生更多地暴露在目的语的语言环境下，能够主动或被动地接触目的语中与专业学习相关的内容。学习环境的设计既包括线上学习环境的设计，也包括线下环境的设计。笔者认为，线上环境的设计可以靠在线课程的内容实现。指导教师通过线上课程的讲解及分析给学生呈现学习内容的大图景，学生通过自学或讨论的方式完成每一个章节的学习任务。从学生学习的工作量上看，相比较线下的课程内容，学生接触到了更多的信息，并且这些带有互联网信息特质的信息源又有可能带领他们进入更大领域的扩展空间中去，从而开始更进一步的信息加工。

第二，学习活动的设计。根据专门用途英语的教学结构，这门课程的学习应该以语言为中心、以技能为中心、以语境为中心。究其实质，这三个中心都以学生为中心展开的，即学生的学习过程是学生对知识的主动探索、主动发现和对意义的主动构建的过程。以学生需求为出发点，对教学活动的设计体现了知识的外化，也实现了学生学习的自我反馈。"角色扮演"和"模拟活动"是最经常出现在学生课上及课下的教学活动。"角色扮演"是交际法教学的一种典型活动，在专门用途英语教学中进行"角色扮演"，一方面，学生可以充分发挥其主动性和首创精神，将自己理解中的职场角色表现出来，并解决实际任务中出现的问题。另一方面，学生将所学过的功能概念、表达方式等在不同情境中使用，将所学知识外化，在输出中提高了不同情境下的口语输出能力。"模拟活动"更多地实现了学生的"自我反馈"。多数模拟活动的设计都要求参加者根据自己的角色，在完成任务前和完成任务的过程中自己寻找材料，自己决定取舍，自己提供相关信息，最后集体配合完成任务。学生根据自身行动的反馈信息形成对客观事物的认识，并提出解决实际问题的方案。实现自我反馈的训练有助于提升学生的自主学习能力，教师在这个过程中负责激活学生内在的知识系统，并提供给学生一个可以进行探究的环境。

第三，协作学习的设计。工科院校英语课堂班级人数较多，且很多时候很难实现小班授课，在这种情况下，专门用途英语教学模式鼓励进行小组讨论的学习形式。小组讨论作为交际法教学中的一种典型活动，除了帮助学生获得语言应用技能外，还有助于培养学生的逻辑思维能力和辩论技巧。在小组协同讨论的过程中，学生在教师引导下建立起学习群体，共同探讨案例、合同和进行数据分析，并就此进行协商和辩论。通过这样的协作学习，教师和学生的智慧得到共享。尤其在网络课程资源和移动学习资源极大丰富的教学环境下，协作学习让学生成为信息加工的主体，培养学生自主化学习、个性化学习、多元化学习，教师也发挥了主导作用，参与到协同讨论中来，对学生的学习过程进行指导，提出适当的问题引起大家共同的思考和探究，建立一个主动观察、主动思考、积极参与、注重交流、相互启发的协作学习环境，在不断发展的肯定思维中实现自我构建。

2. 基本做法

基于提高专门用途英语课程质量而进行的专门用途英语教学模式，实际上要将线上与线下教学结合起来。以线上在线课堂和线下传统课堂为组成要素，通过线上线下混合的形式完成教学任务。通过长期的准备和研究，形成了适合工科院校实际情况的"多元互助、三段四步"的教学模式，为提高课堂教学效率、促进学生发展创造条件。

所谓"多元互助"是指在课前、课中、课后三段过程中，多元主体根据多元内容进行有效互助，从而实现教学目标，提升教学质量，促进师生发展。所谓"三段四步"，即根据课前、课中、课后三段，分别设计不同的任务以完成学生学习的输入、输出，调动学生的积极性，完成教学任务。

针对该工科院校的实际情况，从大一阶段开始的英语课程的多元互助从多维度展开，其中包括：

（1）大学英语系列微课资源的建设。吴岩（2019）强调：实施一流课程"双万计划"，有机融入思想政治教育元素，加强课程思政建设。在大一新生初入学阶段的课程内容中加入社会主义核心价值观的微课内容，帮助学生树立高尚品德，也培养学生正确的社会主义人生价值观。在课程相关内容中进行热爱祖国、助人为乐、敬业爱岗、吃苦耐劳、坚持不懈、文明礼貌和和谐友善等内容的宣传，从情感的维度对学生进行影响和教育。

（2）课外自主学习资源的建设。大学英语课程相关的课外自主学习资源主要以校本特色资源为主，既包括西方文化、学习策略、演讲欣赏、电影配音模仿、四六级真题等与英语人文性内容及测试性内容相关的资源；也包括通用工程英语及各个专业的行业英语相关的阅读、听力、图像资料建设。

（3）在线学习路径建设。在线学习路径起始于超星泛雅平台的在线课建设。学生通过观看在线课视频的形式完成在线课内容的学习，并针对学习内容进行小组讨论及任务设计，在线上完成作业及测验，进行师生线上答疑并收集相关问题，针对问题布置见面课检查的作业。同时，在课程中逐渐增加工程类专门用途英语课程相关内容，实现由通用英语到专门用途英语的有机结合。通过学生对资源的利用不断产生反馈数据，给予学生英语学习的进度和效果等相关信息，对学生的学习情况进行评价，在课前、课中、课后三个不同的阶段对学生实行实时监督。

（二）"多元互助、三段四步"模式的实施

既然模式是根据一定的理论基础表征活动和过程而构建的一种模型或形式。①那么模式就是一个介于理论和实践之间的中介，充当理论和实践的桥梁。这种中介作用一方面将实践经验抽象概括成理论的结构，另一方面可以根据一定的理论提出假设，从而确定相应的活动条件和操作程序，并对实践进行指导。

1. 多元互助的实施

"多元互助"是学校"新工科"建设理念下的载体，是在教学模式实施过程中利用多种教学元素，互相参与并互相依托。这种"互助"关系不仅仅表现为相关元素间的相互作用的关系，也体现为相互间互相依托，互相扶助的共生关系。

本研究中的"多元"具有三层含义：一是互助主体的多元化，包括生生互助、师生互助、师师互助、生校互助、校校互助等；二是互助内容的多元化，包括不同个体、不同小组、不同班级、不同年级、不同学科、不同课程的教学内容等；三是评价的多元化，包括自评、师评、他评等等。多元互助是指在课前、课中、课后三段过程中，多元主体根据多元内容进行有效互助，从而实现教学目标，提升教学质量，促进师生发展。通过生生互助、师生互助，深化课堂教学改革，打造高效课堂；通过生校互助，开发并实施与专门用途英语研究相关的线上或线下的活动；通过师师互助，加强资源的共享，充分发挥专门用途英语教师和专业课教师的合力；通过校校互助，拓宽人才培养的渠道，充分利用有效资源，从而促进学生多维发展，提升学校办学水平。在互助的过程中强调自主学习、合作探究

---

① 钟志贤. 大学教学模式革新：教学设计视域[M]. 北京：教育科学出版社，2008：89-90.

的过程。具体表现为校内外各项专门用途英语相关要素的多元性交互，例如校内讲授内容与校内工程训练中心的互助；校内讲授内容与校外实习工厂的互助；学校、教师、学生与实习基地的互助等。

"多元互助"的理念从空间上对"三段四步"实施影响，鼓励学生树立终身学习的意识，养成终身学习的习惯。使学习走出课堂和学生的日常生活紧密联系在一起，与"三段四步"学习路线穿插进行，紧密交织在一起。这种多元的交互方式主要以下几种方式体现：一是利用网络进行专门用途英语的自主学习；二是教师设计交互环境；三是丰富学生的课外实践活动；四是强调学生之间的互助合作。

"多元互助"的第一条路线是利用网络进行专门用途英语的自主学习。目前针对专门用途英语的学习平台还非常有限，这就需要教师和学生共同努力，收集相关的英语学习资料，自创专门用途英语的学习平台。由于专门用途英语的学习对很多学生来说是初次接触，他们在选取学习材料时比较茫然，面对互联网这个信息的海洋时往往很难把握标准，这就需要教师与学生共同行动起来。教师对学生自主学习的可参考性网站进行筛选，引导学生找到有价值的资源。另外，在指导学生自主学习时，教师还应对阶段性的教学目标进行分析，确定学生有能力通过网络自主学习达到相应的水平或获得相应的能力。有了学习目标作为指导，学生学习的方向性进一步增强，他们会逐步形成网上学习的习惯，养成良好的网络学习习惯，同时强化网络学习的技能。

测试是在教学过程中检验教学效果的手段，也是发现问题、进一步调整教学计划的依据。由于在网络自主学习中学生具有较高的学习可控制权，而且不同时期不同阶段的学生可能针对某项技能的学习有侧重点，需要在适当的时刻作为节点，给予学生适度的测试以发现问题或检验学习效果。这对增加学生的自我效能感、满足个性化学习需求具有积极作用，而且能够提高学生的自我评价、自我监控和自我调节的能力。自主学习的学习成果可以通过多种途径进行检查和汇报。教师可以组织全班同学以小组为单位进行总结汇报并开展讨论。总结性发言有助于教师反思存在的不足，并提出改进意见。教师也可以和学生一起分析、总结学习中的每一个细节，对需要改进的地方提出改进意见。专门用途英语的学习是终身的，教师精心设计网络学习的教学方式，可以使每个学生都尽快养成良好的网络学习习惯，掌握终身学习的技能。

"多元互助"的第二条路线是教师设计交互环境。学生通过网络自主学习，合理利用教师给学生提供的交流学习经验的平台。类似于留言板的平台可以帮助学生将问题发布在平台上，得到教师的关注和帮助。在线留言的方式可以让学生放下顾虑，表达自己心里的疑惑，提高师生间的沟通效率。这个交流平台可以记录学生学习状况，并进行网上交流。学生与教师可以一起讨论，取长补短。教师也可以对于平台上存在的共性问题进行及时的纠正，并对一些好的学习经验和学习心得进行鼓励。这种"交互环境"还涉及学生之间的分组合作。教师根据授课内容的安排设计需要学生共同合作才能完成的任务。这种方式有利于培养学生的合作精神以及在合作的过程中发现问题、解决问题的能力。"交互环境"还包括教师对学生的监督和评价工作。教师利用平台实时掌握学生对知识的理解程度、综合运用能力及自主学习情况。为学生建立电子档案，记录学习的在线评估情况。通过观察学生的个人学习资料，包括网络学习时间、专题研究报告、学期的考试成绩等对学生进行阶段性的评估和考核，并根据学生反馈的学习结果不断提高和完善学生学习效果评价机制。

"多元互助"的第三条路线是丰富学生的课外实践活动。这与横向路线的实践活动相互呼应。专门用途英语的课程本身就跟社会实践紧密联系在一起；通过课外实践活动更有助于专门用途英语的学习。专门用途英语的课外实践活动的关键在于"学以致用"，因此要努力给学生寻找实践的机会。在课外活动中理解和消化知识能够加深学生对知识的理解，培养学生的创新能力和探索精神。

"多元互助"的第四条路线是学生之间的互助合作。这里所指的"互助合作"是高年级和低年级的互相沟通。在专门用途英语学习中，高年级的学生有很多学习经验，可以通过互助合作传递给低年级的学生，使学生的学习处于一个有经验可循，有所反馈的状态中。

专门用途英语学习是一个复杂的过程，其中涉及很多因素。教师在学生学习过程中虽然无法起到决定性的作用，但引导作用是不容忽视的。教师要尽可能找到影响学习者学习效果的因素，通过教学设计，使教学效果最优化，既高度尊重学生、全面依靠学生，又充分调动其主动性和积极性，使学生能够更好地学习。教学模式强调创设情境、活化教材、拓宽广度、加大密度，同时对所学知识点进行深入浅出的研究和探讨，化解了难点。在多媒体信息技术辅助下，学生的认识从感性认识上升到理性认识，由形象思维转化为抽象思维。学生在横向教学任务和纵向活动中，通过讨论、创作、编辑、展示等活动将知觉形象和表象转化为概念，从而能够在获取英语知识的同时锻炼技能。

　　2. "三段四步"的实施

　　"三段四步"是学校根据工科大学学生学习和工作的实际情况明确提出的，以打造高效课堂教学为目的的教学步骤。该模式以课堂教学改革为起点，坚持以人为本，以从实处培养学生的综合素质为主要目的，促进学生进行积极学习、主动学习、高效学习的教学改革。它来自课堂教学实践，对课堂教学实践起着主导的作用。

　　（1）"三段"：课前预习，课中自主学习与合作探究结合，课后巩固。

　　课前：学生利用上课的前一天，根据学习目标，并在教师的引导下自主预习。通过完成预习部分布置的任务，检测学生预习效果。找出预习过程中发现的难点和疑问，以备课上交流。

　　课中：按照"四步"的要求，通过自主学习讨论解决能独立解决的问题，并进行展示交流。对于不能独立解决的问题可以通过"师友互助"解决，师友不能解决的问题组内解决，组内解决不了的问题拿到小组间讨论解决。小组通过讨论交流展示和合作探究自行解决问题，通过当堂检测，实现共同提高的目的。最后由教师收集反馈全班共同存在的问题及课堂提升部分进行点拨，以更好地引导学生进行巩固拓展。

　　课后：利用课后时间，复习当天所学知识，并自主解决课后检测部分。对当天所学知识进行反思，发现存在的问题，可以通过"多元互助"的形式和办法进行解决，如有疑问，找师父找学友或及时找老师帮助解决。

表4-1 "三段四步"实施内容

三段	四步
课前	第一步 线上在线课自主学习讲义内容（2学时）
课中	第二步 线下讲授+讨论（2学时）
课后	第三步 小论文写作（1学时） 第四步 实践任务（1学时）

（2）"四步"：2+2+1+1的实施步骤

"四步"的第一步，第一个"2"主要是预习环节。正如前文讲述的，教师在学生专门用途英语学习中是引导者、参与者和组织者，学生是课堂的主人。而在课堂教学的环节中，教师是启发者，学生在老师的引导和启发下一步步找到问题的答案，变被动学习为主动学习。如学习课文"Flasher Cable-stayed Suspension Bridge in Germany"时，首先要求学生快速浏览全文，找出Flasher、Cable-stayed和suspension的定义、构成和功能等文章的主要内容。学生找到答案后，要求学生按照老师给出的关键词，用自己的语言复述。如果学生在复述时对关键词的理解和应用出现问题时，教师再给予讲解。在讲解复杂的句式和句型时，应首先对文章的语域和体裁进行分析，找出同一类型的句式，理解句型的意思，找出句型句式的特点，并在文章中找出其他同类句式。通过这种方法，教师把分散在文章中的语言点句式提炼出来，将教材内容灵活化。除了文章中的语言点之外，学生对于文章传递的专业相关的知识和思想也要有所理解和掌握，这部分任务应在接下来的2个学时中完成。

"四步"的第二步，第二个"2"是课堂讲解和讨论环节。教师找到文章中的重点信息、存在的问题或者有争议的难点或观点，结合学生在第一步中所做的准备资料，形成自己的观点，在课堂上实施讨论。一般来说，课堂时间不足以完成全部内容，将结合课后练习让学生以讨论的形式完成，讨论以短视频的形式上传学习通。专门用途英语的很多练习都和翻译有关，由于翻译没有标准答案，所以可以对翻译的方式进行讨论，逐步加深对翻译理论的认知。这样，在4个学时之内，教师和学生将文章内容、主题思想、语言点、课后练习和主题讨论融合在了一起，把课堂的主动权交给学生，完成课文内容的学习。这一步骤中，学生通过独立思考自行找到解决问题的办法、同时总结问题和解决办法的规律，对解决不了的问题做好记录，在后面课堂时间结束后，通过师友互助学习和讨论寻求办法。同时，教师要预设学生的自学方式并给予一定的指导，要对学生的自学时间、自学要求进行掌控，同时也要对学生自学时可能会遇到的疑难问题做出预测，对需要个别指导的学生给予关注等。

"四步"的第三步，第一个"1"是指完成一篇小论文。通过学习课文内容和课堂讨论，学生对这一单元的相关问题进行了重新认识，从而形成了自己的观点。此时要求学生写一篇小论文将所学的知识付诸实践，对刚刚完成的单元内容的学习进行总结和反思，不仅能巩固所学的知识，而且可以在实践中发现自身的不足。教师也通过这项活动了解了学生掌握知识的情况，为下一步的教学做好准备。例如，学习完Flasher Cable-stayed Suspension Bridge in Germany这篇课文之后，学生的小论文就可以从多个角度来写。对于写作的内容可以不做具体的要求，可以是科普性的文章，可以是包含自己观点的文章，也可以从专业的角度介绍和分析桥梁建设的准备和建设过程中可能出现的问题及解决问题的方案。事实证明，这种输出的方式可以很好地梳理学生现有的专业知识结构和语言能力之间的关系，同时对专业发展和语言学习产生推动作用。这一部分强调合作探究，教师点拨。是针对前两个环节的内容而设置的。教师设计合作探究题目，学生根据教师的指导和提示进行探究性学习。对即将学习的材料进行提前预习和独立思考，对学习的内容进行班内交流和合作讨论，对不同的理解和意见进行研究和分析。与此同时，教师讲解设计的题目，与学生合作探究的结果进行印证。教师对探究方式的预测、学生讨论可能达到的深度、集体或个人的表现、讲解的内容和分析等都要进行预设和把握，才有可能帮助学生完成小论文的写作。

实施过程中可能出现的问题是教师有时很难根据学生探究的情况确定"讲"或者"不讲"。学生能通过自主学习学会的、学生之间可以通过互相帮助学会的，都不再有讲的必要。因此，合作探究中的教师指导就是将"学"和"教"有机地融的过程："学"是学生在教师有效指导下的独立的智慧成长，"教"是教师以学情为出发点而进行的有效点拨。

"四步"的第四步，另一个"1"是指与课文内容相关的实践环节。实践环节的形式多种多样。多数情况下，教师会安排制作介绍专业知识的短片，或者是与相关专业人士的交流和互动，也会有进入专业相关企业进行实习和实践。实践环节的安排在学期开课初制订授课计划时均已提前设定好了。这种实践内容的安排可以补充课文中的理论知识，提高学生参与课后学习的可能性，增加独立解决问题的机会，也有助于在解决问题的过程中形成自己的观点。这一步骤主要表现为对已学知识的巩固和拓展，以及相关信息的收集和反馈。设计与课堂内容巩固训练相关的题目就是检测学习效果的核实材料。这能为学习者的学习活动提供恰当及时的反馈和评价。设计巩固拓展相关的训练题目以及与本节课相关的具有拓展性和探究性的任务，能将学生所学的知识直接应用于现实场景，有层次、有梯度地为不同层次的学生所采用。无论是安排哪种实践项目，最终的目的都是对新知识或新技能的强化学习或训练。教师通过线上或者线下收集反馈信息，对过去的教学进行矫正或补偿性教学。学生也通过自我总结反思学习经历、梳理知识结构、总结学习方法，并对自己或其他同学进行相应评价，从而反拨教学，改善下一环的教学实践。

"三段四步"是根据学生专门用途英语的实际学习情况明确提出并着力打造的高效教学模式。坚持以人为本，切实培养学生的综合素质。这种教学模式来自课堂教学实践，也指导课堂教学实践的有效进行。在各个环节中，学生都能与教师形成一个联合互助的整体，共同将专门用途英语的各个平面和各个层面都融入课堂教学之中，从多个角度开展专门用途英语的教学和学习。教学路线鼓励学生树立终身学习的意识，养成终身学习的习惯。学习不再局限于课堂，它走出课堂，和学生的日常生活紧密联系在一起。

三、操作策略

针对专门用途英语的教学，结合工科院校的实际情况，笔者认为工科的专门用途英语教学实践适用语域分析教学、体裁分析教学、互动交际教学和情境任务教学等教学策略。

（一）语域分析策略

语域分析是针对不同的专业环境中英语的语法、词汇和结构等方面的独特的特点，由语域来决定语言环境和语言内涵。因此，围绕语域展开分析就可以帮助学生认知专门用途英语的一些规律，即语域决定语义。因此，教师在讲授语音、词汇、短语、句法、时态以及情态等语法项目时可以将这些内容与特定的语域联系起来，对特定场合下这些信息所表达的特殊意义进行研究，学习和研究语言在具体情境中的灵活使用。这种教学法要求老师在平时的课堂中渗透清楚并实施语域思想。分析某一专业领域的语篇时，从语场、语旨和语式的角度分别进行阐释，从而使学生具备语域意识，形成专业领域的语域常识。

根据廖益清在《系统功能语言学在特殊用途英语教学中的应用》一书中语用语域分析的手法分析语篇为例，将语域分析的步骤及方法展示如下：

1994 saw the completion of one of Japan's most up-to date vessels, the Kibi, by the Shi-monoseki Shipyard Machinery Works of Japan's Mitsbishi Heavy Industry. Of handy size, the Kibi measures 394 feet in length by 69 feet in breadth and its cargo space is divided into two holds, each 134 feet long. Two 30-ton swinging cranes and a 450-ton heavy-lift crane are mounted on the vessel's port side. To adjust trim during loading and unloading operations, ballast tanks are arranged on the broad sides and ballast shifting, ballasting and deballasting can be remotely controlled from a consolein the wheelhouse. Hatching coaming and the hatch platform are built stronger than those of conventional vessels so that long, heavy items can be accommodated on the hatch covers. Since delivery the Kibi has been placed in worldwide deployment in support of two of Japan's largest engineering and construction firms, Chiyoda and JGC.

"1994年，日本最新的船只之一——Kibi完工，这艘船由日本三菱造船厂机械厂制造。为方便起见，Kibi长394英尺，宽69英尺，货物舱被分成两个，每个舱134英尺长。两个30吨摆动起重机和一个450吨的重型起重机安装在船的港口侧。 为了在装卸作业中调整重量，压载舱安装在宽边侧，压舱物移动、压载和减压可以从驾驶室里的控制台上进行远程控制。舱口栏板和舱口平台比传统船只设计得更加牢固，目的是可以将较重物品容纳在舱口盖上。自交付以来，Kibi全球范围内航运使用，服务日本的两家最大的工程建筑公司，千代达汽车公司和JGC汽车公司。"

1．语场：这篇文章是对Kibi船舶的构造与特性的介绍，因此采取了"事实说明文"的文体。根据该主题，作者在语言上做了如下选择，建立语篇的主要内容。

被动语态："is divided"，"are mounted"，"are arranged"，"can be controlled"，"are built"，"can be accommodated"，"is powered"，and "has been placed"。

主位："1994"，"of handy size"，"Two 30–ton swinging cranes and a 450–ton heavy–lift crane"，"To adjust trim during loading and unloading operations"，"Hatching coaming and the hatch platform"，"The 9,433dwt ship"，"Since delivery"。

实义词："vessel"，"cargo space"，"cranes"，"ballast tanks"，"a console in the wheelhouse"，"hatch coaming"，"hatch platform" etc。

语篇当中出现七个句子，包含八个被动语态。由于文章内容以介绍船舶the Kibi为主，因此文章参与者是客观事物，不是主观的人物观点。根据Halliday的观点，各个小句的主位是其信息的中心，是全局信息传递的起点。本章中的小句主位组成可以说明the Kibi 的特性与构造是以词汇为主的，并未出现涉及主观人物的词句。实义词的项目是与船舶工业相关的专业术语，体现了较强的专业性，这对建立话题范围起了决定性的作用。

2．语旨：对于the Kibi船舶的介绍相当于在做没有确定交际对象的独白，只是向对这一主题感兴趣的人士介绍the Kibi的客观情况。叙述者和听话者之间并未发生任何实际的语言交际关系，两者之间是没有掺杂个人感情的、有距离的、平等的关系。所以陈述语气贯穿始终，语言也很正式。对于被动语态和物质表意结构的使用以及在首句的语法比喻（以时间1994年作为主位来代替以人为主体的常见句式"We saw the completion of...in

1994"）也是为了表明文章是对要说明的对象进行的客观描述，而不是对作者的感情和态度进行表达。

3．语式：整篇文章都采取正式的书面语语体。书面语的共性特征一般来说主要有三点：一是实义词使用频率高。二是名词短语和名词化现象普遍存在。例如："the completion of...the Kibi"，"loading and unloading operations"，"ballasshifting"，"the 9,433dwt ship"，"a 450-ton heavy-lift crane"等等。目的是将大量信息集中、浓缩在一个词里，使文章更加概念化、抽象化，从而更具有专业性、学术性。三是体现了非即兴性。整个语篇的构成无论是从意义还是语气上都是连贯一致的，句法结构和语篇结构清晰明了，语言简练。

语言的语域分析方法可以帮助学生充分掌握某一具体语境的语言特点，这些特点通过该语境的三个要素来体现。课堂教学对于语场、语旨、语式的关注使ESP语言教学脱离了简单乏味的语法翻译法，将教学的重点由以语句为中心转移到以语篇为中心。教师针对某一专业领域的各种语篇进行的语域分析，有助于学生领悟各个语篇所要求的语言特征和表达形式的特征，从而提高专门用途英语的学习效率和效果。

（二）体裁分析策略

有学者认为，体裁分析应属于语域分析的范畴，但笔者认为两者还是有一定区别的。语域分析是针对情景语境而言的，学生能够了解在具体的情境中应该如何运用语言，而体裁分析是更高层次的分析，是对社会文化语境下的语篇进行详细的宏观建构。语域分析重视社会文化背景知识的积累以及语篇和语境的双向预测能力。体裁分析重视宏观结构，更注重强调语言的社会意义和交际功能。也可以说前者强调的是使用语言的一个基本语言环境，而后者是在具体的环境下语言的表现形式。一篇文章的语篇、情景语和所处的文化语境三者之间的关系是体现和被体现的关系。（黄国文，2002）（详见图4-2）

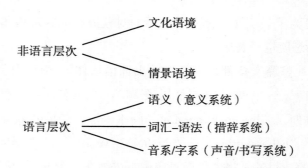

图4-2　语篇、情景语境和文化语境的关系图

　　国外学者所推崇的体裁分析多是对于某些职业和学术背景的语篇进行分析，如科技学术论文、促销广告、法律文件等。体裁分析的最终目的是掌握某一职业学术领域通用的语篇认知结构。专门用途英语题材教学的理论依据也在于此。不同专门用途英语设计和选取的语篇不仅具有特定的与领域相关的语域特征，同时也具有明显的常见的体裁特征。即便是在同一个专业学科领域内，交际目的的不同也会产生不同的题材构型。秦秀白曾经指出，把体裁分析理论应用于课堂教学的目的是使学生掌握特定体裁的语篇所共同具备的篇章结构和共享的交际目的；使学生通过学习语篇掌握语篇中抽象的图式结构，对语篇的认知进行建构，同时试图帮助学生理解或者练就撰写一篇类似体裁的语篇的能力。在课堂教学实践中，遵照Hyon（1996）的体裁教学实验研究成果组织的课堂教学步骤如下。

　　1. 体裁分析：通过实例分析某一体裁的"图式结构"，明确同类语篇的社会目的。是了解语篇的交际目的和即将产生的交际功能的同时，对题材建构过程进行分析的认知活动。这一阶段的教学围绕专业领域内的真实英语语料展开。工科院校的ESP更多属于职业英语的范畴，教学目标之一就是使学生能够运用英文解决工作过程中出现的实际问题。对于相关专业问题的原文材料的分析可以按不同材料进行，体会不同材料的语言策略是如何运用的，例如词汇、语法和篇章的连贯和衔接等特点。

　　2. 模仿分析：选出同一体裁或相似体裁的二至三篇文章，学生利用之前在教师指导中学到的样本的体裁分析办法，对同一体裁的不同语篇进行分析。

3．小组讨论：在教师讲解和指导后，将某一类或曾经积累下的体裁的"图式结构"的语篇结构打乱，让学生以小组为单位拼接复原成符合体裁惯例的语篇。

4．独立分析：独立分析更多的是激发学生的自主学习和分析的能力，筛选一些属于同一体裁的相似语篇进行分析和评述，目的是鼓励学生积极地参与到课堂活动中去，并使他们能够更好地理解某一体裁的图示和认识结构。

5．深入分析：深入分析某一体裁的语言及风格。基于之前第一阶段的语言层面的分析，学生可以深入分析所选取语篇的语言使用以及风格特点。例如科技文的词汇主要由共核词汇、半专业词汇和专业词汇共同构成，其中中性词汇较多，词汇的客观性比较强。复合词、截短词和缩略词的在语篇中的语言使用频率很高。在篇章组织的层面，主要对文章语篇的整体意义表达进行研究，从连贯和衔接的角度进行讨论。连贯和衔接指的是与语篇中意义的关联，正是因为这些关联才使得语篇称之为语篇。Halliday提出的衔接手段包括连接、省略、词汇搭配、词汇重复、指称及替代等。工科学生经常接触到的科技语篇由于体裁的特殊性，它的语篇衔接方式也有自己的特色。如词汇的复现能体现科技语言的严密性和准确性；逻辑连接手段（如列举、例证、推理、转折和总结）的使用有助于作者表达思想和进行严密的逻辑推理。

6．模仿写作：对于某一题材的结构特征和语言风格进行仿写是在分析体裁的框架下对学生输出能力进行锻炼的进一步延伸，往往对学生写作内容是否符合语域要求，文章结构是否符合体裁要求进行考察。适当题目的独立写作任务的完成及随后的教师点评都对学生ESP能力的提高有很大帮助。

体裁教学法对阅读和写作有重要的指导意义，在听力和口语教学中也能充分发挥作用。Nunan（1991）曾经将"体裁教学法"用于听力和口语教学的探索。无论是听力理解还是口语表达，其内容都涉及专业领域中的交际事件，在交际事件中的结构范式就是体裁教学需要研究的内容。

听力教学过程中，在老师体裁知识的指导下，学生能够对听力的内容进行较为准确的预测。例如，听力材料如果是学术报告，一般会遵循一个固定的模式，基本是由几个简短的演说人物按照一定序列构成的：介绍演讲人，学术生平；描述所在学术机构以及科研兴趣；划定研究范围，列举参考文献；讨论特定科研问题或有争议之处；文献回顾描述；陈述实验数据及发表完整演讲等[①]（Jordan，R.R. 1997）。学生可以根据已经掌握的有关题材知识进行积极的预测。

不同专业的口语交流有不同的语域和语体（即体裁）的要求。工科专业的学生往往会参与商务谈判、项目对话等。项目相关对话作为一种解释性的体裁有着明显的题材结构和语言策略，教师应该为学生提供有益的指导，并要求学生在课堂中进行真实模拟训练，不仅激发学习热情，还能够掌握特定的学习技巧。

语域分析和体裁分析是专门用途英语教学的核心内容，而如今的课堂教学中往往缺乏这样的教学模式，二者的应用还需要教师和学生共同努力。

（三）互动交际策略

建构主义理论强调，学习是通过人际协作活动而实现的意义建构构成。Hutchinson和Waters所提出的学习原理也强调语言学习是一个主动参与的过程。既然专门用途英语教学依然从属于语言教学的领域，首先要培养的是学生的语言运用能力，即交际能力。这种交际能力培养，主要是特定专业领域内的交际能力的培养。"交际能力"理论是Hymes（1972）在Chomsky的"语言能力"基础上发展起来的，认为语言不仅仅是说出语法上正确的句子，还包括语言知识和使用语言的能力。交际教学法注重培养学生的语言运用能力，把语言作为一种交际工具，即重视语言获得的实践性，锻炼他们在不同的场合针对不同的对象进行得体的交际。专门用途英语的教学有着特殊目的，它的教学内容更应当倾向于语言功能和语言活动[②]（童海生，2006）。因此教师要根据各个专业的领域特点，使用语言的具

---

① Jordan，R. R. English for Academic Purposes（A guide and resource book for teachers），Cambridge University Press. 1997.

② 童海生. 专门用途英语的职业功能及教学特征[J]. 青海师范大学学报（哲学社会科学版）. 2006. 5.

体场合来指导交际所需要掌握的技能。

　　在实际的教学实践中，角色扮演活动、小组讨论活动、竞赛的设计、游戏和相关案例的研究被广泛地应用到实际的专门用途英语课堂交际活动中。教学实践中的互动策略一般通过案例教学的方式进行。表现为现实任务产生的交际情境的模仿和再现。在实施过程中，教师课前准备教学所需要的真实材料，引导及指导学生对案例中出现的开放性问题进行讨论。对于讨论性的问题不设定唯一正确答案的标准，由学生自由发挥找到解决问题的方案。案例分析方法适合小组完成，它的价值在于它为学习者提供了合理讨论的行为。另外，案例分析中学生所处的交际环境对语言的需求超出了其语言现有的资源，因此学生会寻求教师的帮助，这可能比交际能力的发展显得更加重要。

　　笔者通过实践发现，案例分析是专门用途英语课堂教学的一个很好的选择，因为案例研究的语料一般都是真实的，可以融合专业知识、语言技能和学习经验。同时案例研究一般都由团队来完成，它不仅可以增加学生们的团队意识，也可以充分调动学习者的参与意识。纵观学者们的研究发现，案例教学的基本步骤为：精选案例类型、描述案例特征、开展案例分析、进行案例总结及完成案例报告的撰写。案例教学的核心是设置一个具体的案例情境，让学生在情境中充分发挥主动参与意识，创造良好的交际氛围。同时利用已经掌握的专业知识和语言技能进行分析、讨论，对案例中的多解问题进行辩论和探讨，培养真实场景下语言的实际运用能力。

（四）情境任务策略

　　任务型教学是"交际教学"的最新进展，不同情境中的任务设计就是为了让学生运用语言来完成任务，对知识进行进一步地重组与构建。这种连续不断的心理建构的过程也是一个自我体验、发现和进行创造的过程。专门用途英语有其独特的教学内容和教学任务，是要把真正属于某一专业的语言行为传授给学习者。任务型教学法将教学过程围绕任务为中心而展开，由此可以有助于调动学生的积极性，培养学生学习专门用途英语过程中解决问题和独立思考的能力。

　　Phillips（1981）曾经指出，专门用途英语课堂中教师应该针对学生的不同特征，为学生设定不同的任务，由这些任务来反映学习者学习英语所要实现的特定学习目的的结构特征。同时这些任务应该是具有整合性的，而不是一个个离散的分离的部分。就此，他提出了任务设计的基本原则。

现实性：任务难度应该和专业领域需要完成的任务难度相匹配。

意义性：设计的任务在学生看来必须是某一专业领域所需要完成的。

真实性：学生学习到的语言必须是专业领域实际运用的，因此教师应该创建真实的语境。

对错误的容忍度：内容和形式不当的错误只有当造成交际差错时才被认定是不可接受的（R.R. Jordan，1997）。

对于专门用途英语的课堂来说，真实的任务更能够帮助学生体验未来的目标情境中可能接触到的事件。Long和Norris（2002）也指出，设计和实施任务设计为主的教学应该首先对学习者当前或未来的对于学习者的需求做出分析，确定任务的难度和层次，然后确定任务的类型和具体布置策略。例如商务英语的学生会面临商务谈判，合同谈判；工程类英语的学生要参与工程项目竞标，项目进度会谈等任务。

Willis（1996）曾描述了任务教学的三个步骤。

前任务：教师创建具体点的情境导入任务内容并分配任务。

任务过程：一般要求学生组成小组执行不同或相同的任务，并做好准备以口头或笔头的形式报告任务完成情况。

后任务：进行分析与总结。这与传统的PPP的步骤正好匹配。Willis指出，任务型教学为学生提供了更多的语言使用机会（苏秋萍，2004）。同时也充分体现了"做中学"（learning by doing）的学习原理。

以建构主义学习理论指导下的工程类专门用途英语课程——《Bridge》教学为例，教学安排如下。

创设语境：运用多媒体系统播放事先准备好的有关桥梁建设方面的几个英文版录像片段，并提示学生注意录像片中所设计的桥梁建设相关内容。

提出问题并布置任务：录像片是关于什么的？能够评论其中的建筑方式和特征吗？有没有需要改进和提高的地方？如何进行改进性建造？信息化背景下的新型桥梁应具备什么功能？如何成为一个好的桥梁建造师？接

着教师要求学生课下准备相关的场景，并在下次课堂上进行演示。

搭建桥梁：教师引导学生利用网络查找自己需要的资料，也可以提供相关网站让学生去了解信息，并鼓励学生亲自去所在城市的桥梁处进行观摩。同时提出问题，激活学生原有知识经验并激发进一步学习的兴趣。

组织协作：小组针对分配的任务进行分工合作，设计出某桥梁模型。

展示成果：上台演示准备好的项目完成情况，介绍设计初衷及所设计桥梁的特性，并由其他小组成员进行提问，协作小组成员共同完成对问题的解答。

反思过程：演示结束后，进入评价阶段。首先是个人、小组自评，然后小组之间进行互评，最后由教师对教学整个过程结束后学生所需掌握的知识及整个话题讨论进行总结和评价。

这个简要的任务实施过程充分反映了任务前、任务中和任务后各个阶段的特点，同时也满足了建构主义所倡导的学习过程。所以，"情境任务教学"和"模拟仿真"（simulations）（R.R. Jordan，1997）道理相似。McDonough（1984）认为模拟具有巨大的潜力。它为学生提出了挑战，并能积极地调动学生的学习投入度。

在专门用途英语的课堂上，模拟仿真练习形式可以是多种多样的。教师可以为学生布置项目工作，让学生理解并整理项目相关的信息资源，进行任务设计并完成任务。这种活动是源于课堂转移至课外最后又回归于课堂的。将真实世界与课堂教学很好地融合在一起，也被称作"研究性学习"，是学生在教师的指导下，自主地或以互助的方式进行研究探索的过程，实现主动获得知识并应用习得的知识解决问题的学习活动。

四、效果评价

提高专门用途英语教学质量必须及时改变当前忽视效果评价的教学状况，重视开展针对这门课程的评价。为此，在教学模式进行的过程中，笔者根据多元评价体系，将语言教育的本质回归到学生本体，特别关注以人为本、真实评价和专业针对性评价，采取了"四化"评价，建立了评价体系。作为一种价值判断的过程，对于教学模式改革后的评价反映着教育的价值取向，它涉及评价的标准、内容、方法和氛围等。专门用途英语在实际的教学过程中存在诸多不可控因素，在诸多的要素中，课程的要求聚焦于它的特定的目的，因此对它的要求是有更好的评价过程和体系。总的来说就是教师、学生收集课程进程中的相关信息，并利用所收集的信息对教学效果和教学要素的表现进行判断和决策。与此同时，这些判断和决策也能帮助学生提高学习兴趣，改进学习态度、学习方法和学习策略；也帮助教师改进教学态度、教学方法和调整教学计划，最终实现提高教学质量，完善课程体系的宏观目标。

对于专门用途英语课程的评估在课程进行中或结束后进行，主要目的是考查课程是否满足了各方需求，是否达到了课程要求的目标。课程评估需要分析评估环境，确定评估模式，收集和处理信息，并据此做出评价和最后的决策。

（一）评价标准具体化

1. "以学生为本"的评价标准

学生自身的学习需要并不总是与目标情景对学生的需要相一致，或者有时目标情境的需要不足以满足学生的个体需要。以学生为本的评价标准不是根据预先确定的目标向评价人员提供信息进行评价，而是利用需求评价去确定目标。需求分析的结果作用于评价表现为个人需求和社会需求的各个指标。经过证实的需求更能够产生客观的评价标准。所以"以学生为本"的标准实际上是以个人需求和社会需求为出发点作用于目标的评价标准。在这种评价体系内的学生处于评价的最中心位置。

2. 真实性评价标准

真实性评价标准在专门用途英语课程评价中表现为检测学习者在真实的语言使用环境中的语言行为的能力。建构主义的学习受丰富的背景支持，在学习的过程中，高级知识的获得要求学习者为解决复杂的、依靠背景或领域的问题而获得高级知识。专门用途英语课程评价的目的，就是通过不同的评价方法检测学习者在真实的语言使用环境中应该具备的语言能力。因此，课程评价的执行者要了解这门课程的使用者在真实语境下需要具备的语言能力、需要掌握的专业知识、需要达到的语言水平和需要完成的语言任务。并在此基础上制订评价大纲，创造模拟的语境或引入真实的语境以帮助学生了解自己与岗位需求之间的差距，为未来的工作提供指导。真实性评价能保证课程评价的效度。适当地引入行业评价是完善整体评价机制的有效办法。

3. 专业针对性评价标准

专门用途英语课从学生的专业领域的考虑出发，极具目标性和实用性。专门用途英语的目标学习群体是可能在未来工作中从事专业技术工作，与国外事务相关联的专门技术人才。有一定的英语水平可以让这些学习者在未来工作中有更好的表现，有助于他们在工作中提高工作效率，开拓工作前景。岗位需求和职业需求分析的结果也表明，专门用途英语的人才培养方式与学生的具体工作需求紧密连接，表现出的实质内容的语料载体也与不同专业学科的学科发展方向密切关联。针对专业关联性进行评价能够更好地评价学生是否具备必要的英语知识和英语技能。这不仅仅涉及语言相关的词汇、句型、文体风格和语篇等知识内容，也与行业内在的知识体系和外部环境息息相关。

（二）评价内容扩展化

对于这门课程的评估要体现评价内容的拓展化。不仅要评价学生的基础理论及专业技能，而且要把学生的其他能力，例如学习能力、团队合作能力等内容进行评价。

对评估环境进行分析是挑选评估模式，收集评估信息的前提。一个涉及全校范围的课程评估，由教师个体对所教课程进行评估，其评估规模、手段、数据解读都会有很大的差异，所以评估环境的分析是课程评估的第一步。

课程评估的参与者主要包括外围人士和核心人士。外围人士是并未直接参与课程设计、教学、监督、管理的语言方面、专业方面或教学管理方面的专家。他们往往会对课程进行较为客观的评价。对课程的社会实用性、语言教授效果等各方面会有更加准确的判断。但他们参与评估的缺点在于，他们的想法和评价可能与现实的环境有差距。课程评估的核心人士是参与课程设计和教学的教师、学生、课程管理者等。他们掌握着最全面、最真实的信息，他们既是信息的提供者，又是信息的分析、评价者。Bachman（1981）曾经对巴西的一个ESP项目进行研究发现，该项目让教师和学生直接参与课程形成性评估，效果良好，所以他认为这种核心人士参与形成性评估的方式非常合适。Robinson（1991）认为教师通常感觉课程评估是对他们工作的检查，而且评估结果往往会显示一些要求改进的负面信息，对他们的正面努力肯定不足，因此对课程评估抱有消极心态。所以，外围人士和核心人士因为自己的立场和观点的局限，往往会对课程评估产生主观性判断。因此，多方面人士对课程进行综合性评估，全面衡量评估反馈是做出评估决策之前的必要过程。

评估的总体目标能够衡量课程的产出是否满足了课程目标的要求。课程目标是需求分析的结果，在课程开始之初所进行的需求分析，就是希望学生通过学习ESP课程实现最初设定的课程学习目标。形成性评价会对学生需求的变化进行了解，教师也可能发现更多的办法调整教学过程中产生的细微变化，及时调整课程实时状态；总结性评估虽然对本次课程的调整意义不大，但是会影响到课程将来的发展，也会对其他同类课程的开设和实施提供借鉴。

ESP课程评估要涉及课堂教学和课外支持两方面的内容。课堂教学评估通常包括：对课程设置的评价，对教师的评价，对教材的评价，对教学法的评价，对学生的评价等。这些与ESP课程的质量密切相关。课外要素的支持包括：教学设备的硬件支持，学生在课内和课外是否有接触ESP的机会和途径；教学软件支持，如教学管理是否到位，专业教师和英语教师是否合作恰当，英语教师是否有学习专业知识的便捷途径等。这些课堂外部的因素作用于课程参与者，也影响到参与者主体性的发挥和发展。

Hutchinson（2002）从"以学习为中心"的教学方法为出发点，提出对课程效果的评估需要回答两个问题：一是课程能否真正满足学生"学习"的特定需求；二是课程能否满足学生将来语言的"使用"需求。只有这两个问题的答案都是肯定的，课程才是成功的，如果是否定的，那就要找出问题出现的原因。相关问题的出现和解决就是课程评估的主体内容。

（三）评价方式过程化

将学生发展作为核心就要求课程评价贯穿于学生学习的始终，以及关注学生的学习成果，同时关注学生的学习态度、方法和经历体验。无论采取哪种评估模式，评估的核心理念或方法都有其共同之处。在此主要采取了以下两种方法：

1. 产品导向法

产品导向法（product-oriented approach）将评估的焦点导向某一特定的"产品"，即课程目标或教学目的。如果课程评估结果产出了这些目标或目的，那么该课程是成功的，反之则需要改进。产品导向法的生成根据是，每门课程都建立在清晰可界定的根据社会、学生、学科的具体要求而设定的教学目标和可测量的行为目标上。课程评估的任务就是在课程结束时评判这些目标是否达成了。在实际操作中，因为课程的目标在实际教学过程中会因诸多不确定因素的影响而发生动态实时变化，所以课程之前设计的课程目标虽然对学生、学科、教材等因素有所考虑，但最终课程目标的实现与否并不能得到切实的保障。所以学习结束后，作为衡量课程质量标尺的课程目标会是多样化、多层次的。这虽然增加了课程评估的难度，但是课程目标的变化程度可以由产品导向法的测量而表现出产出与目标之间的差距值，差距值可以对课程的实施结果给予评价和参考。

产品导向法用直观的测量来评价一门课程，测量结果能够合理地反映出课程实施后的效果，但是他的评估终点是课程结束后的结果，在课程进行时，教师和学生不会从评估中受益。如课程是否达标？为什么没有达标？什么原因导致了课程未达标？这些原因有改进的可能吗？用什么方法对其进行改进？这些问题并未得到有效回答，教师和学生也就无法从这样的评估中总结经验，吸取教训，从而提高自己的教学或学习水平。为了弥补这一缺陷，过程导向评价得到了越来越多的关注。

2. 过程导向法

过程导向法（process-oriented approach）将评估的焦点放在课程的实施过程上，评估的目的是为课程的改进、升级、提高提供积极的有依据的建议。过程导向的评估结果并不是对某一课程的实施是否成功做出合格或不合格的判断，而是对课程的实施过程进行一种提示。它更像是一种课程质量监控器，在课程的进行过程中时刻监控课程的质量。这种过程导向往往具有几个特征：（1）对课程目标价值的持续评估。它认为课程目标的价值从一开始就应该予以关注，并保持跟踪评估。一旦发现某一个目标实际上并未实现其价值的时候就应该采取措施对其进行修正，从而始终保持课程目标价值的最大化；（2）倡导无目标评价（Scriven，1972；转自杨军等，2005）。课程评估不应该受到预期目标的束缚，因为预期目标的价值并不一定很明确，或并不能够全面覆盖该课程带来的成果，所以在评估时，应该对任何可能的结果保持开放的态度，留意未曾预料到的结果，同时研究这些结果的价值和意义，这也是对教学过程的每一个环节都进行关注的态度。

（四）评价模式多元化

在评价的过程中，为了增强评价的诊断性功能，激发学生的学习热情，将学习者评价、教师评价、形成性评价和终结性评价等多种评价形式都纳入评价体系中。多元评价在专门用途英语课程中体现为过程评价与结果评价相交互，学校和企业合作评价相结合的多元评价模式。两种评价模式相互依存，互相支撑，目的是为专门用途英语课程提供更加直接有效的反馈，为课程进一步发展提供依据和实践上的保障。为评价学生在各个策略点的表现，学习者评价和课程评价并不完全独立，前者反映学习者的表现，也反映课程实施的效率；后者从宏观方面对课程的实施情况进行掌控和把握。

1. 学习者评价

对于学习者的评价主要以三种基本的评价形式存在：定位性测试形式、成就性测试形式和能力测试形式。

为了能把学习者放置在最能够满足其需求的专门用途英语课中，需要将定位测试安排在教学的初始阶段进行。其目的是了解学习者已有的知识水平和语言能力。弄清楚学习者对这门课是否有主观需求。如果有需求，那么，学习者所期待的课程形式是什么样的？所以，为了实现这个目的，定位测试以能力测试的形式来进行。如果学习者能够达到所需技能就无须学习；如果不能够达到相应指标，就要进行诊断性测试，通过测试明确学习者距离所需能力水平的差距有多大。就这点来看，该测试的形成性价值通过对构建学习者对这门课的性质和内容的意义这一过程来体现。定位测试揭示学习者欠缺什么，也表明学生对这门课程所探求的内容。

成就性测试是对学习者的阶段性学习情况与大纲要求的学习成果进行比较和测试，并对课程进行调整。其主要内容是测试学习者已经掌握的东西，或已经具备的能力。此类测试的内容可以不与讲授内容相一致，仅仅就需要的内容进行测试，而不依据讲授的内容和材料安排测试，同时测试内容更多涉及专业知识或相关的文化知识等。测试的主要目的是评价学生对学习材料和内容的理解，包括对已经掌握的知识及能力的确认和对未来需要具备的知识和技能的准备。

能力测试是对学习者是否具备按照特殊情况下的要求对问题进行合理处置的能力进行测试。主要用来评价学习者是否达到某个特定阶段完成语言任务所需要的要求。因此，能力测试是具备参考标准和等级的测试，主要表现为能力程度的差异和能力等级的区别，能力测试的九级标准如下：

9级——专家级：对语言极为精通，能做到准确、精确和流利地使用目的语。

8级——非常好：完全掌握语言，在不熟悉的语境中偶尔有小错误。

7级——好：已经掌握语言，但在一些情况下出现错误。

6级——良好：基本掌握语言，但偶尔出现的误解和不流利会影响交际。

5级——一般：掌握部分语言，但一些误解和不流利会阻碍交际。

4级——能力有限：对语言的掌握仅限于熟悉的语境，但在理解和流利方面的问题使交际产生困难。

3级——能力极为有限：语言能力低于交际标准，但在简单的语境中可以传达一般的意思，在交际中不断出现断裂。

2级——支离破碎：无法进行交际，但单一词汇信息可以传达和理解。

1级——差：无法使用语言，不能提供相关的语言评价能力的信息。

能力测试的价值在于无论采用哪种测试的方法，实现的功能都是相同的——评价和反馈。评价说明学习者已经知道了多少，它也为师生提供了一个积极的反馈，就是学生还有什么欠缺，即未来需要增加的输入和方法。从发展的角度来看，反馈是测试的重要意义所在，也是讨论评价学习者进步的过程。

2. 课程评价

专门用途英语的课程评价主要包含以下四个主要方面：评价的内容；评价的方式；参与评价的人员；评价的时间或间隔等。

评价的内容：在以学习和学习者为中心的方法中，专门用途英语学习目标的设定是围绕语言学习者的语用需求展开的。这就使课程评价的内容围绕两个方面进行，一个是语言学习者的需求，另一个是语言使用者的需求。针对这两个问题的反馈可能是肯定的或者是否定的。如果得到的答案是肯定的，那么课程的实施就是成功的，正如研究的工科类院校所开展的专门用途英语课程所进行的评价结果表现得一样。如果是否定的，那就要思考并回答接下来的问题：两个方面中哪个方面的需求没有得到满足？课程设计的过程中未满足的需求是否有预测？未来的教学过程中如何避免产生同类问题？采取哪些办法可以解决已经出现的问题？如果课程设计已经将相关需求包含在内，那么未能使其实现的原因是什么？是管理的问题还是评价体系的问题？

评价的方式：对专门用途英语课程评价与其他课程评价的方式并无不同，通常包括以下一种或多种：测试结果、问卷、讨论、访谈及非正式手段（如聊天等）。该工科院校对课程进行的评价主要采用了学生问卷和访谈的形式，对行业内专家、教学管理人员和任课教师进行了课前和课后的访谈，对学生进行了课前和课后的问卷调查。

参与评价的人员：行业内专家、专门用途英语教师和课程学习者等。主要对评价结果中的各种具有代表性的交叉观点进行分析和研究。关注人们对价值的看法，从而对过程或结果给出真实有效的反馈。

评价的时间与间隔：由于时间有限，评价的频率往往是有限制的。根据课程及教学的具体情况而定。对于实施阶段的本校课程的评价时段为：课程的第一周；课程进行过程中的半学期；课程结束；以及课程结束后的一段时间，即学习者在目标语境中的实际应用期间。

3. 形成性评价和终结性评价

专门用途英语对于学生的评价是通过以期末考试为形式的终结性评价考试和平时成绩的形成性评价相结合的方式进行，教师通过了解学生学习的效果来判断学生是否已经掌握教学内容，是否可以完成将来需要完成的任务，需求分析进行得是否恰当。与此同时，学生也对自己的学习情况有一定程度的了解，明确自身学习产生的效果与目标知识和技能是否有差距。但是由于目标情境需要及学习需要是不断变化的。因此，专门用途英语课程评价是一个动态的过程。所以应该在实际操作过程中采取终结性评价与形成性评价结合的评价方式。

对于过程进行评价安排在学期中进行，通过学生的出勤表现、课堂参与情况、自主学习任务完成情况、小组活动开展情况、学习动机和学习兴趣及作业提交情况等指标对学生的表现进行评价。过程性评价与结果评价的权重比例各占一半。教师根据所教专业学生的具体情况可以小幅度调整。根据测试的不同，采用的测试类型有：潜能测试（aptitude test）主要对学生的综合英语水平及能力进行测试；成绩测试（achievement test）主要对学生阶段性的学习内容进行测试；诊断性测试（diagnostic test）主要对学生学习过程中产生的问题进行归因等。具体的测试包括平时测验、期中考试和期末考试。综上所述，形成性评价包括学生自评和互评、考勤、作业、课堂表现、线上自主学习任务完成情况、期中考试或平时测验；终结性评价就是以期末考试的形式进行。

评价的过程中应努力将评价内容与课程相关内容和标准进行匹配，并将其与多种多样的评估工具相结合，努力广泛涵盖所有重要的学习目标和过程。开放式任务的设计有助于学生自主分析、综合、批判性地思考。专门用途英语形成性评价作为评价体系的重要部分，能够反映出"多元互助、三段四步"的教学模式有助于培养学生的英语综合应用能力，增强自主学习能力和合作能力，最终提高综合文化素养。学生在这种规律性的教学模式下通过管理自己的学习行为，根据自身的学习特点和客观情况确定学习目标，制订私人化学习计划，选择恰当学习方法，对自己的学习过程进行监控并完成对学习结果的评价。

评价是对现有状态的基本考量，也是对未来课程发展探索的标尺和温度计。面对大学公共英语改革的总体趋势，对现阶段大学英语课程体系和未来ESP课程体系进行评估的研究和探索为包括工科大学在内的大学英语教学改革和转型提供了参考。

第五章 工科大学专门用途英语教学模式
典型案例——以《工程英语》为例

专门用途英语教学的目的是"培养围绕学业、学科研究和创新创业进行交流的语言能力"。前文以专门用途英语课程的本体和教学模式为研究基础，本章内容以《工程英语》课程为例，对教学模式的实施过程进行了研究设计。首先对《工程英语》课程进行分析，对教学对象、教学内容和教学环境进行了分析；然后在建构主义理念下对该课程的网络资源和教学活动进行了教学设计；在教学模式实施过程中对"多元互助，双向四步"的2+2+1+1的教学模式的内涵及涉及的每一个步骤进行了具体的解释，并描述了针对具体章节内容的具体操作；在本章的最后对课程的评价体系进行了构建，以期对教学模式下的专门用途英语课程的教学进行反思。

一、《工程英语》教学分析

针对该工科大学工程类专业学生的实际情况，为了更好地完成构建符合工程类人才培养要求的专门用途英语课实践，在提高课堂效率、激发学生兴趣，满足学习者需求的要求下，对即将进入《工程英语》学习的学生进行了分析，主要涉及教学对象分析、教学内容分析和教学环境分析。

（一）教学对象分析

1. 关于需求的分析

专门用途英语教学的目的是"培养围绕学业、学科研究和创新创业进行交流的语言能力"。①这种语言能力的形成依靠教学过程的优化和学习

---

① 蔡基刚. 再论我国大学英语教学发展方向：通用英语和学术英语[J]. 浙江大学学报：人文社会科学版，2015，45（4）：83–93.

者的共同努力来完成。《工程英语》课程的学习者学习目标明确。作为网络时代的学生，他们很有主见，自主性比较好。Howe和Straouss（2001）认为，新一代的学生"非常迷恋新科技，对小组活动有一定需求，特别喜欢课外活动而且专注自己的成绩。"① 当前大学英语学习群体有以下普遍特性：具有广阔专业覆盖面，擅长使用各类信息应用技术，但对通用英语使用能力较低，同时对专业英语的需求却很大，尤其是理工科的学生。一方面，学生渴望更多使用外语交流媒介和信息表达，迫切需要具备足够的能力进行专业交流；另一方面，在当前目标环境普遍高要求的背景下，学生意识到自身的英语能力远不能适应大环境。

作为理工科院校，理工科学生——大学英语最大学习群体之一，调查者必须对其英语学习需求有深度了解。笔者以该院校2015级的316名学生（来自土木工程、新能源、机械工程、环境工程、电子信息工程专业）为样板，展开了ESP的需求情况调查。经过两个学期大学通用英语的学习，他们都了解了大学英语的教学模式及专业课程的设置。研究学者共发出了316份问卷，回收有效问卷296份，有效回收率为93.67%。问卷设置三个部分：第一部分旨在调查该校工科学生学习ESP课程的需求（详见表5-1）；第二部分旨在了解该校工科学生对ESP五项基本技能，即听、说、读、写、译的需要程度（详见表5-2）；第三部分旨在分析工科学生读与写技能的学习任务，此项基于相关学者已进行的调查和对ESP读与写技能需求增大的预判（详见表5-3）

表5-1　工科学生的ESP需求调查（总人数316人，可多选）

ESP的需求内容	土木工程专业（62人）	新能源专业（50人）	机械制造专业（58人）	环境工程专业（60人）	电子信息工程专业（66人）
用英语阅读本专业的文献和文章	48	42	46	46	58
	77.40%	84%	79.30%	76.70%	87.90%

---

① Hawes，T. & S. Thomas. Theme choice in EAP and media language [J]. Journal of English for Academic Purposes，2012，11（3）：175-183.

ESP的需求内容	土木工程专业（62人）	新能源专业（50人）	机械制造专业（58人）	环境工程专业（60人）	电子信息工程专业（66人）
用英语听懂国外学者专家的讲座或讲课	32	22	26	28	26
	51.60%	44%	44.80%	30%	33.20%
用英语书写文献综述、摘要、报告或论文	38	34	42	28	48
	61.30%	58%	72.40%	46.70%	61.50%
出国留学或作为交流生出国学习	16	14	22	10	34
	25.80%	28%	37.90%	16.70%	43.60%
为自己将来所从事的专业工作服务	42	26	38	38	40
	67.70%	52%	65.50%	63.30%	51.50%

表5-2 ESP学生五项技能需求程度调查

英语技能	经常	偶尔	不需要
阅读	208	74	14
	70.30%	25%	4.70%
听力	46	134	116
	15.50%	45.30%	39.20%
口语	98	114	84
	33.10%	38.50%	28.40%
写作	218	58	20
	73.60%	19.60%	6.80%
翻译	156	94	46
	52.70%	31.80%	15.50%

表5-3 工科本科生对ESP读写技能的任务需求

ESP技能	阅读					写作				
任务类型	摘要	论文	专业报道	学术著作	专业文献	摘要	论文	文献综述	报告	会议笔记
选择人数	154	230	196	130	178	202	158	174	94	82
百分之百	52%	77.70%	66.20%	43.90%	60.10%	68.20%	87.10%	58.80%	31.80%	27.70%

　　从5-1表的结果可以看出，大部分工科学生在"可以用英语阅读本专业的文献和文章"方面有最大的英语需求，百分比最低达到76.7%，最高达到87.9%；其次第二大需求是在"用英语写文献综述、摘要、报告或论文"

方面，除环境工程专业百分比46.7%，其他专业百分比都较高，最高百分比达到72.4%；此外，由5-1表可知，在职场英语方面工科学生的需求同样较高。在《大学英语教学指南》中设定了大学英语教学的三大主要内容，分别是大学通用英语、专门用途英语和英语跨文化交际，这就要求将ESP课程纳入大学英语的课程体系之中。

表5-2传递的信息是，在对语言能力的需求上，专业不同的学生侧重点也不尽相同。例如，工科学生更希望增强ESP阅读和写作的技能，之后才是翻译。这一结果产生的原因可能随着课业的进行，工科学生在应对学科学习和就业大背景的情况下，越来越注重提升阅读专业文献、写作专业论文的能力，因此读和写的能力便更为重要。同时，各类英语考试的必考题型——翻译也是公共英语学生学习英语的一大难点。提高学生各类英语技能，特别是听、说、读、写、译的能力离不开教师的教学设置、教学大纲、教材选择与教学活动。其中教师更应注重灵活教学，做到因材施教。

由5-3表可以看到，工科学生对"论文"和"专业报道"两种专门用途英语素材的需求最大，表明他们希望获得更多论文写作相关的内容和论文研究成果，而"专业报道"则表明他们时刻关注学术发展最新动态。相对而言，对"摘要""学术著作"两种专门用途英语素材需求的学生数量相对较少，可能表明他们语言水平尚未达到阅读专业著作的程度。

2. 关于自主学习的分析

多媒体网络教学环境对学生的自主学习能力要求较高，而利用多媒体获得信息的能力也是影响学生能否成功自主学习的重要因素之一。学生要想在学习过程中占据主导作用，就要对他们的自主学习能力有所了解。善于自主学习和不善于自主学习的学生在自我调节三大阶段表现不同，即计划学习阶段、行为表现阶段和自我反思阶段。（详见表5-4）

表5-4　学生自主学习类型表

自我调节阶段	自主学习者的类型	
	不善于自主学习的学习者	善于自主学习的学习者
计划阶段	不具体的远期目标 表现性目标定向 低自我效能感 缺乏学习兴趣	具体的、分层次的学习目标 学习目标定向 高自我效能 内在的学习兴趣
行为表现阶段	非集中性计划 自我阻碍性策略 结果自我监控	聚焦在行为表现上 自我指导/表现 过程自我监控
自我反思阶段	回避自我评价 能力归因 消极的自我反应 非适应性的自我反应	寻求自我评价 策略/实践归因 积极的自我反应 适应性的自我反应

目前对于学生自主学习的教学管理尚不完善，尽管课堂学习内容充分、练习答案详细，但是教师却难以了解学生是否能够利用多媒体资源自主完成相关的练习，尤其是在课下。同时，现有的监控体系并不完善，教师也无法完全得知学生在利用多媒体进行自主学习时是否能够高效率完成学习任务。

Little认为学习者的自主学习是一种心理反应。这种心理反应下的自主学习应包括五个方面：定下明确的目标；确定学习内容；找到合适自己的学习方法；对时间、地点和进度有掌控力；并能对阶段性成果进行评价。[①]因此，在ESP课程开始前，对以上几个方面进行分析和了解，对培养学生的自主学习能力具有实际意义。

因此，在多媒体网络环境下，网络资源的使用尤为重要。教师在对学生学习需求得到充分掌握后，能否使学生进行充分的自主学习和自我提升成为评价教学过程的重要因素。这就要求ESP课程在授课过程中明确"教"的主导作用，"学"的主体地位。结合双效机制，培养学生高效的ESP自主学习能力。

---

① Little ，D. Learner Autonomy：Definitions，Issues and Problems[M]. Dublin：Authentik，1991：7.

（二）教学内容分析

ESP教学在教学内容、教学方式、教学评估、师资等方面都与通用英语教学有明显的差异性，这构成了该课程研究对象和内容的特殊性。ESP的教学目标是"培养专业型英语人才"。目前大学英语教学情况是学生课上课下做四、六级的模拟题，即便是过了四级后，英文文献也读不了，而四、六级不能通过的同学英语开展自己毕业后的研究或工作更加难上加难。Bhatia提出的专业人士的"专业技术"（professional expertise）论述定性了ESP教学内容的框架。"专业技术"包括三个方面：学科知识、行业惯例与程序、话语产出和接受能力。所以，专业人士尤其是高校教师的能力与行为不应只停留在语言层面，还需进行业务知识的拓展以及思考如何通过语言来达到具体目标任务。专门用途英语教学的内容除了有关的学科知识和内在逻辑以及专业人士处理日常事务的认知和行为策略外，还涉及有方法、有策略、有技巧地表达出语言的内在逻辑等能力。在话语产出与接收的过程中综合体现了学科知识、行业管理与程序和语言之间的互动，因此，培养学生话语产出与接收能力可以作为教师ESP教学内容的重点。

专门用途英语的教学重点在于培养学习者的专业外语能力，而教学效果的考查重点则体现在对专业技术相关方面的掌握程度。从理论上来说，专门用途英语测试会根据学习者对目标任务的完成程度和达到的效果来设计测试的内容和方法。Douglas指出，目标情境用来确定专门用途英语测试的内容和方法，同时测试的内容和方法是目标情境的真实反映，使应考者的语言能力与测试项目实现同步互动，[①]从而推断应考者在特定环境下对语言使用能力的高低。只有能帮助学生学会思考和掌握学科的内在逻辑和研究方法，形成系统的知识，才是真正的学科知识，而不仅仅是教给学生基本的概念和表面知识。这就对教学内容的选择提出了更高的要求。

工科大学学生专门用途英语的学习内容应该是把学科知识与语言学习知识结合，帮助学生系统地厘清知识的内在逻辑和结构，能够用语言来表述这

---

① Douglas，D. Assessing Language for Specific Purposes[J]. Cambridge：Cambridge University Press，2000.

种知识的内在逻辑，从而形成复合的语言知识，并进行实践。例如，利用报刊材料来提高学生的各项语言技能并提高媒介素养[①]，同时作为教学素材也能很好地构建语篇意识、提高学术写作水平。所以，材料的选择并就内容进行训练可以帮助学生了解学习材料内部隐含的逻辑性思维、批判性思维、创新性思维、比较性思维等，强化和提升大学生的语言运用能力。

《工程英语》的教学内容更加强调工程类专业的特色内容。首先，根据学生所学专业从国内外主流英文报刊中选取合适的专业阅读文本，作为课堂教学的补充材料是混合式教学内容方面的一项重要作用。例如，美国的《科学》杂志、《经济学人》等报刊涵盖最前沿的科技文章，分析和学习基于报刊阅读的学科动态有助于学生了解本学科领域内的专业前沿，拓宽学生的专业视野。参照Monika Bennarek关于新闻报刊价值的三个论述：一是从报道实践本身来考察新闻"新"的特点，如新闻中所涉及的任务以及他们对人们生活带来的影响；二是参照新闻工作者对事件所持有的观点，新闻的价值被视为某种认知，这种认知可以使新闻工作者的某种态度或是所参照的某种准则或规范；三是剖析新闻形成过程中所涉及的材料，包括输出材料（如实际的新闻报道等）和输入材料（如新闻稿、其他相关网站、文本、图片、视频等）。因此，将这三个不同的维度应用到针对ESP的价值衡量中去，就可以看到，参照第一维度，专业性的学术报道和材料可以让学生对本专业的领军人物和成就有所了解。参照第二维度，某些例如评析或者质疑某一报道中的某项内容或观点的相关任务可以设计到教学内容中。要求学生从不同侧面对已有的内容或作者的观点进行佐证。参照第三维度，学生可以根据信息源搜索相关报道的其他材料，对于主题内容进行进一步的挖掘。

除学科专业知识的进一步延伸和拓宽之外，专业材料中涉及的语言作用，如，定义、阐释、举例说明、描述、对照等，可以对学习者的词汇解读能力、语法分析能力、体裁分析能力进行训练。学生可以通过大量的文献阅读和学科中某些学术表达方法了解篇章结构的安排，修辞手法的选用等。

---

① 钟兰凤. 评价理论、英语报刊教学与媒介素养教育[J]. 山东外语教学，2007（2）：28–32.

（三）教学环境分析

建构主义的学习环境体现的原则是：情景、建构、合作和交流。在混合式教学的大环境下，所有的学习环境都建立在技术的基础上。其中信息资源要素主要是来自以学生教材为纲领的学习内容及相关的辅助性资源。在《计算机网络与外语课程的整合》一书中，陈坚林总结网络环境下学生的知识来源如下，由此可见学生学习环境的构成是多样化的，可以个性化选择的（详见图5-1）

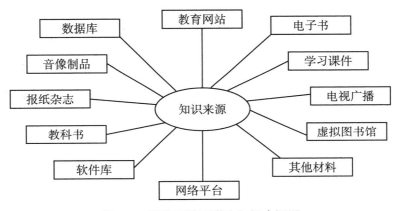

图5-1 网络环境下学生知识来源图

以文中提到过的某二本工科类院校为例，学校推行ESP课程改革之前，该校的多媒体网络资源的建设已经取得了很大的发展，主要集中在大学通用英语的语言实验室建设、通用英语的教学平台建设，以及教育网站及app的应用等方面。对于互联网及多媒体的开发和利用主要体现在通用英语的学科建设方面。《工程英语》课程主要采取传统的语法翻译法，课堂授课的方式。教学内容与未来实际工作需要相脱节，教师由本专业的专业课教师来承担，语言教学能力薄弱。教师备课困难，学生接受程度很差。就知识来源方面来说仅限于教科书。建构性的学习环境包括的四个基本要素中，信息资源是短缺项。学生很难接触到与所学知识内容相关的具体情境中出现的实际的或模拟的问题及相关案例，也就很难获得相关的知识和能力。就认知工具来说，现代学习环境中扮演重要角色的计算机和多媒体技术的优势仅仅体现在授课过程中的PPT展示上，其他用途基本未涉及。就自主学习策略方面，学生对教学内容兴趣缺失，缺乏主动探索、主动发现的学习动机。没有与学习内容相仿的模拟或真实情境应用所学，自身行动反馈较差，遇到问题时，鲜有提出解决问题的切实可行的方案。教学过程中仍然没有脱离传统的教师主体讲授的模式，教师对课堂以及其他教学相关要素具有绝对的控制和管理权限，学生的主体性得不到体现。

推行大学英语ESP课程建设以后的改革取得了极大的发展。学校和外国语学院从硬件和软件的等诸多方面对多媒体网络资源进行了大量的投资和升级，在课程设置实践中秉持着可持续发展的理念。根据该校的《工程英语》课程进展的设置情况，学生可通过以下途径获取学习资源。

正在建设中的《工程英语》网络课程。例如，网络教学平台。学生在网上自主进行《工程英语》的学习通过登录相关网站。学生通过学校公布的链接，然后进入网页Online Classroom学习该课程，根据事先任务设定和学习进度安排，学生可自主开始学习。有与教师课堂授课同步的单元，学生可在网络课程中找到，同时进行预习单词、阅读课文、分析与讲解课文、知识点记忆和加深、听说训练和一系列相关习题练习等。更重要的是，互联网可为教师和学生提供互动平台，可以实现在线批改作业、解决问题，或者面对面网络授课；互联网可为学生间提供互动平台，小组学习、讨论等活动来加深理解；互联网也可为学生提供大量的学习资源，学生可进行相应阶段测验、获得习题答案、同时可以下载教师及网络教师的讲义和课件等。网络课程是学生进行自主学习的重要资源，是结束课堂学习之后，课堂内容的必要补充。

学习平台的搭建。目前大量平台教学质量较低，而多元化的混合式学习平台可以弥补这些不足。学生的学习进度和特点不完全相同，因此必须实现灵活的同步和异步学习。自建的在线平台、微信、微博等互动性较强的在线辅助教学手段，是混合式教学应用于在线课程方略和研究的一次具有实现价值的探索，也是对能否提高学生自主学习能力和分辨能力的一次有效尝试。通过自建平台与其他教学辅助硬件和软件搭配，可以改善已有学习教育管理系统的不足，也可帮助学生学习"按需选择"的自主学习方式。

专为大学英语教学中不同专业学习《工程英语》与文化传授的缺乏而

设计出的自主学习系列课件将帮助学生选择所感兴趣的文章与方向，同时提高专业素养与文化素养，这样不同专业的学生可以完成必须共同学习的内容，同时也能各取所需，这对已有教学网络平台对不同专业差异方面进行了补充。

电视广播网站。例如CNN，Bloomberg，BBC，VOA等，既可以提供实时的新闻使学生了解世界经济贸易、科学文化方面的新动态，也为学生提供了重要的学习内容。尤其在听说方面，这些广播网站资源中科学板块类信息往往涉及世界科技领域内的最先发展动态的描述。这对《工程英语》课程现有的内容带来了十分必要的补充。真实语料的引入，往往能够激发学生对于某一专题的特殊兴趣，自主对该专题进行研究和学习。通过网站或者APP对相关内容进行收看或者收听是提高学生英语听说能力的好办法。

数据库。数据库的建设主要是对习题集的建设。目前该学校的《工程英语》试题库资源建设仍然持续在进行，该试题库按照学生不同的英语水平，同时为了满足不同英语水平学生的具体学习和考试需求分别设置《工程英语》初级、中级和高级试题子库，每一个级别的子库配有相应的习题和专项练习。以这种方式，学生大一入学同时进行英语水平测试与《工程英语》初级学习测试，到大学二、三年级，学生英语水平有了一定提高，可从初级题库换到高级题库。而数据库内容与结构也会更加全面、科学、合理、完备，能够根据教学内容的安排，循序渐进地对学生的学习内容进行检测，学生也能自主找到详细的试题解释答案。因此，作为多媒体网络教学中重要的学习途径，该数据库为学生学习《工程英语》提供了更为广阔和完善的平台。

二、《工程英语》教学实施

网络环境（尤其是网络教学平台和教育教学资源库）为《工程英语》类ESP课程提供了有效的支持，将教师的教学行为由课堂扩展到了课外。网络环境下的混合式《工程英语》的建设主要包括学习环境设计、课堂教学、在线教学和发展性教学评价四个主要环节。

建构主义学习理论的"教育技术研究方法"认为，教学环境是教与学并重的综合环境，包括硬件环境（实体环境）和软环境（网络环境）。实体环境包括课堂教学环境、实践教学环境、校园网建设以及公共计算机机房、学生寝室及图书馆环境等校园环境。网络环境包含网络教学平台，即网络教学环境、学习环境和管理环境三大部分。通过校园网及网络教学平台互联整合各个部分，使学习环境成为一个有机的知识建构整体，并与环境内的各个要素相互作用。

（一）建构性学习环境的设计

1. 网络课资源的设计与开发

　　网络教学平台具有教学内容发布与管理、课堂教学、在线教学交互、在线教学评价、基于项目的协作学习、发展性教学评价和教学管理等功能的平台，是支持《工程英语》混合式教学展开的重要保障。该工科院校利用超星网络平台和学习通相结合的办法，进行混合式教学实践。在学校的教学交互、教学评价和教学管理方面都保证了教学进程的正常进行和教学质量的逐渐提升，也拓展了学生沟通与交流的深度与广度。网络时代的教学和学习风格以张扬个性为特色，注重满足学生多元与个性化的需求。大部分网络教学平台通常是全模块化的标准使用，而模块化的构建给授课教师和选课学生以更多的灵活调度和重组的空间，对课程实现个性化定制。

　　在诸多的国内外网络教学平台中，学校选择了以操作灵活为特点的超星泛雅平台。超星泛雅包括课程建设、课程学习、社区学习、课程管理学习等方面内容。教师可以利用平台进行课程循环建设，包括课程建设、课程基本信息维护、互动活动组织、学习效果评价评测和课程组织与管理等。超星泛雅平台支持多种教学模式：纯网络教学、混合模式教学、网络辅助教学等。学生可以利用链接进入课程网站，进行课程学习、做作业、测试、学习话题讨论等学习活动，也可以自主学习应用教学资料、学习进度、并在社区分享交流心得体会，更能打破时间及空间的限制。传统教学利用网络进行拓展，学生可更好学习知识，提升个人素养及自主学习能力。在《工程英语》课程的不同阶段所需要的功能有所不同。超星泛雅平台针对该课程的编辑部分分别设置作业模块、考试模块、通知模块、管理模块、统计模块等。将课上任务与课下任务统一配置，对学生学习时间进行监管，学习效果实施实时监测，学生作业和学习情况进行反馈。

实施教学并达到教学目标的基础是具有目标明确、结构合理的课程内容。《工程英语》任课教师通过超星泛雅平台的教育教学资源库，找到了大量的教学资源，以平台精品网络课程为参考，教师可自行设计课程内容，同时也可选择适当的教学材料和参阅内容到自己的教学当中。例如，在教育教学资源库中搜索"工程英语"会出现相关学术期刊论文169篇；大众期刊论文128篇；电子书37部；图书数目169本；1997年到2017年关于工程英语的学术研究趋势；以及海量的报纸文章、硕士论文、会议论文、外文图书等等。网络课程开发教师针对学习对象的需求和能力水平，选择相关的教学材料配合教材内容进行课程建设。面向学习对象的学习方式设计和开发网络课程，面向学习对象的E-learning资源因其可重用、易获取、易更新、易管理、适应不同学习者的需要以及支持跨平台使用等特性，能够解决资源共享的问题。①教师可基于超星泛雅平台进行备课，并能从中得到组合过的优秀教学内容。

优秀、多样的课程资源是在网络环境下开展混合式教学的重要基础，没有优秀课程资源的教学就像是"高速公路"（高校校园网）上行驶的没装"货物"（资源）的"列车"（网络教学平台）。课程内容是为了达到教学目标而用于课堂上教师的教学和学生的学习的教育资源，课程资源视为辅助课程内容达到教学目标而用于学生学习的扩展资源。除文本类资源外，课程内容一般是由呈现讲解型的内容和教学交互性的内容组成的有一定逻辑组织结构的网络课程。因此，课程资源是由一个个视频、音频、动画、图形图像，结合文本资源共同组成的复合型的多媒体教学微课件，既可以是内容呈现和讲解型的教育资源，也可以是用于教学评价的试题、试卷等资源，同时也可以适用于扩展学习内容范围的文献目录索引。

为了促进学生知识的良好建构，资源内容的设计开发由原来的"以教为主"转向"学教并重"，所以《工程英语》课程整理的资源主要包含两大类别：素材和课件类资源，及支持自主探究、协作交流性的相关资源。

---

① 徐斌艳、吴刚、高文. 建构主义教育研究[M]. 教育科学出版社，2008. 6.

2. 教学活动的选择与设计

教学活动的设计和选择是为教学的开展而进行的问题解决、交流讨论、智能答疑、作业评判等活动。主要目的在于为学生创建具体的学习情境,助力教学实践的展开。在活动安排上将传统的教学活动与线上活动有机结合在一起,除了用幻灯片对课堂重点进行讲授之外,还要根据教学内容差异性安排教学活动。

以《工程英语》Unit 2 Bidding Documents 为例。标书(bidding documents)是由发标单位编制或委托设计单位编制的文件,主要是向投标人提供该单位对工程的技术指标、质量要求和工期时长的要求等。标书的问题特征就是逻辑性强,前后呼应,用语精练简短。因为它是投标商投标的依据,所以,招标者对标书的内容要进行严格的审核才能投入使用,否则将会被判定无效,按废标处理。国际投标书和招标书按照国际惯例都会被分为中英文两个版本,且以英文版本为准,那么,学生是否能将英文版本的标书看得清楚明白,熟悉标书的特征,并争取努力完成标书的撰写就是非常有意义的课堂活动。

因此,针对此项内容,教学就围绕师生共同的多种项目相关案例进行实操。内容包含:

案例分析,集中讨论方法。

课堂讨论与在线讨论,主要采取同步和异步两种互动方式来完成。同步"消息"实时沟通;异步沟通用电子邮件来完成。由于时间限制无法在课堂完成的讨论,延续到网络教学平台的"讨论"板块开辟讨论空间,继续讨论。

在线测试,根据在线题库进行在线自测。完成与标书相关的各项英语语言任务。

在线作业,设计"文献综述""问卷调查""研究设计"等在线作业,根据参数对作业提交的最后期限,是否可以重复提交进行参数设置。教师可以对学生作业在线打分或写评语。优秀作业可以共享,实现"同伴互学"。

基于PBL项目的小组协作学习及研究成果课堂口头汇报。

调查教学满意度,通过电子问卷收集教学反馈信息,对教学情况进行反馈，实施调整。

基于项目的范例展示、讨论及交流研究而展开。

（二）"多元互助、三段四步"教学模式的实施

《工程英语》课程内容往往比较枯燥，仅围绕篇章内容进行讲解不能吸引学生参与到课程内容中来。教学模式中的参与式学习策略主要包含头脑风暴、专业术语猜词、场景角色扮演、案例分析、合作学习等。要强调学生的线上学习，加强师生的线上互动。学生任务设计主要围绕自主学习及自主或小组解决问题展开，鼓励讨论式学习。

教学任务：以外语教学与研究出版社出版的《大学专业英语》第五单元Power Souce为例，展示一个单元的设计内容。

教学目的：第一，了解电力及发电系统的基本构成。第二，了解该单元的关键词和短语搭配的用法，包括名词转化为动词的现象，并使用这些单词和短语。第三，学习阅读理解的策略。

教学流程：

1. 课前准备阶段："三段四步"的第一个步骤，第一个"2"的实施。

这一阶段，教师借助语域分析教学的核心理念，将文章相关背景材料提供给学生，包括电力系统的发展历史、电力及电力工程的相关术语、电力系统对人类生活和工作所产生的巨大影响等方面的背景资料，激活先前知识对学生信息负载的减轻很重要。课前布置学生对所学内容进行预习和自主学习的内容与2个学时在线课程内容共同布置给学生，并在下节课课堂实践环节对学习内容进行分析和讲解。主要目的是：①从语场的角度对即将学习到的文本主题进行基本的了解，明确文章的文体，语言选择的特征；②明确文章语体，找到学习材料中体现的语言交际关系；③从语式的角度找到文章中的概念性、句法结构和语篇结构特征。教师通过引入《大学英语教学指南》中的课程指导，对《工程英语》课程目标所解读能够让学生了解专门用途英语课程和跨文化课程的重要性。就课堂内容进行多角度、多样化的学习，为进一步讨论进行准备。

针对Unit 5 Power Source 单元的内容，学生课前阶段的学习内容主要依托在线课完成。内容包括①Part I Reading and Comprehension 的Electric

Power System，以及篇后的Excercises I True or False、Exercises II Answer the questions. ②Part II Reading and Practice Passage I Linear Power Supplies，以及Passage II Fuel and Power for the Development of India.③准备讨论内容：Today and tomorrow of Power Source.

与此同时，作为学习材料的补充，基于该本科院校学生情况及课程开展情况，以材料与环境工程专业学生为《工程英语》教学对象，选取China Daily中的专业性报道为素材进行简要信息分析。作为工科院校学生必修的《工程英语》课程，课程内容中，阅读是最重要的板块内容。专门用途英语教学中"在授课和教学都不用英语但学生必须用英语读懂文献的大学，很有必要开设学术英语（EAP）的阅读理解课程。"[①]阅读是学生要强化的主要技能。选取专业内容相关的文本对学生的能力培养很重要，因为学生"不熟悉学术术语和所在专业领域内的概念性问题"。借鉴Spector-Cohen 等在设计学术英语阅读课程教学时所用的四维法（four-pronged approach）所包含的四个层面的阅读教学任务：语言形式、阅读策略、学术体裁和标准任务。当前工科院校学生大学英能力较弱，学生不可能成为完全独立的ESP阅读者，因此加强学生对ESP认知能力的培养才能够进行持续性的ESP学习。在这种思维模式下，"语言形式"强调语言的"认知"而不是"产出"，语言层是一种附加工具，帮助学生了解句子层面，解构语篇。"阅读策略"将学习需求和个人自身学习关联起来，以此激发学生的学习动机。在Spector-Cohen看来，学习的关键是找到具有代表性的专业语篇，让学生熟悉所学领域的词汇和语篇类型。"标准任务"是既可以解释文本内涵又能够反映真实生活的学术任务，这种任务与阅读素材直接相关，从而帮助学习者将课堂学习的体验作为跳板，将其用于未来的学术任务。他认为，将课堂学习的阅读体验与未来的工作任务联系在一起是很好的教学常识。

根据Spector-Cohen 为大学生设计的阅读课程教学大纲时提出的阶段性教学步骤，以及由此产生的文本分析框架。（详见表5-5）

---

① Spector-Cohen, E. M. Kirschner, C. Wexler. Designing EAPreading courses at the university level [J]. English for Specific Purposes，2001（20）：367-386.

表5-5　Spector-Cohen的文本分析框架

Analyze Representative Texts to Identify			
Linguistic Forms e.g. vocabulary, Greek and Latin roots and prefixes, parts of speech and sentence structure	Reading Comprehension Strategies e.g. pre-reading, note-taking / summarizing guessing words from context, assessing background knowledge and "fix-up" strategies	Typical Academic Genres/ Rhetorical Forms e.g. empirical research, case study, textbook, problem-solution, refutation, book review	Criterion Tasks e.g. relating content of text to the "real world", comparing claims of different thematically-linked texts

　　《工程英语》课程为学生选取了相应的文本材料。主要内容为基于China Daily 的新闻报道，和部分基于Science杂志的专业性报道。前者内容相对简单，后者适合英语程度较好的学生。参照Spector-Cohen etal.模式中的文本要素，对比分析选定的报道（详见图5-2）

文本分析要素			基于Science英文报刊报道的文本分析			
	词汇	希腊、拉丁语词根前缀	词性		句子结构	
语言形式	heat-reactive polymer material; self-folding material; stimuli; crosslinked poly chemical	poly- polymer re- reconfigurable	heat-reactive：（heat n.） They were heated：（heat v.） elastic n. elasticity n.		This paper offered a possible route to …; The paper demonstrate a way to …	
	课前阅读	记笔记/总结	根据词境猜词		评价背景知识和"修补"策略	
阅读理解策略	通读全文 查找材料相关术语	专业词汇 学术句型	reusable（…could be used for everything）		材料科学、折叠材料的发展史等、国内外专家的观点	
	实证研究	案例分析	教材	解决问题	反驳	书评
学术体裁或修辞形式	实验数据30-millimeter; 70℃ 130℃	If it works…; If the temperature is raised above…	根据文章查找相关素材，如 The first generation … Later generations …	after months of fine-turning the mixture of …; the new material is a "Step forward" in …; Not only did the material …but it could also …	对"研发该种新材料"的质疑	谈谈感受
标准任务	将文本内容与"现实世界"想联系		比较不同主题文本观点			
	联系所在学院的学科发展和所处实验室或社团，找到文中契合点		风格、语言、内容等方面与之前文本的比较			

图5-2　四维要素框架下的文本分析

由此可见，China Daily主要关注的是专业领域内的相关事件，工科学生可以通过阅读此类素材获取常用的学术词汇为学习目的。而Science更关注专业学科本身的动态和介绍。首先，从学术体裁的层面来看，Science的报道更典型，文本中为材料与环境工程的学生提供相关的专业术语和学术余篇框架（主要指"句子结构"层面）；其次，国内报刊的英文报道，无论从内容层面还是语言层面相对于国外报刊的难度较低。对于普通工科院校来说，China Daily 难度的报刊材料与Science难度的报刊材料应按照合理的配比应用于ESP的线下课堂教学。

2. 课中任务交互设计阶段："三段四步"的第二个步骤，第二个"2"的实施。

教师主要借助体裁分析教学的核心理念，对学生通过在线课程对所学内容及课前布置任务的词汇、语法、语篇等进行讲解和讨论。检查班级学生分组任务实施的情况，对汇报内容进行讲评和讨论。主要目的是：对所学内容进行进一步的研究，鼓励学生自主学习和合作式学习，并利用交互环境借鉴同类篇章，对同类文章的词汇、语法、语篇的共同特点进行学习和讨论。

课堂教学多渠道展开教学内容是《工程英语》教学的一大特色。教师在进行课堂教学的拓展性阅读时，注重结合学生的需求和兴趣点。具体的操作过程中，学生分组成员的学习水平高低穿插分布，互相合作完成任务。在交互阶段分配给学生的活动是相同的。

对Unit 5 Power Source 单元在线课布置内容，在2个学时中对在线课内容出现的问题进行讲解，同时对学生的口语话题Today and tomorrow of Power Source进行检查和评价。

所涉及的内容讲解和讨论内容评价以多种形式展开。

词汇层面的教学任务以查词竞赛、连线、猜词的方式展开。

句子层面，在专业性较强的新闻文本中提炼实用性、逻辑性较强的科技英语句子，并进行仿写。

语篇层面，挖掘语篇的非常规语言现象。语言的特殊使用在传统教材中已经少能见到，但是在新闻语篇中具有时效性。强化型认识可以帮助学生强化语言意识，建构语篇意识。

补充内容的语言知识习得层面，注重将知识或信息运用到非生活化或与专业相关的场景中。以下来自China Daily语篇为例，这是一篇来自China Daily新闻报道，共计787个字符。

Laser-generated surface structures create extremely water-repellent metals

Newswise — Scientists at the University of Rochester have used lasers to transform metals into extremely water repellent, or super-hydrophobic, materials without the need for temporary coatings. Super-hydrophobic materials are desirable for a number of applications such as rust prevention, anti-icing, or even in sanitation uses. However, as Rochester's Chunlei Guo explains, most current hydrophobic materials rely on chemical coatings.

In a paper published today in Journal of Applied Physics, Guo and his colleague at the University's Institute of Optics, Anatoliy Vorobyev, describe a powerful and precise laser-patterning technique that creates an intricate pattern of micro- and nanoscale structures to give the metals their new properties. This work builds on earlier research by the team in which they used a similar laser-patterning technique that turned metals black.

Guo states that using this technique they can create multifunctional surfaces that are not only super-hydrophobic but also highly-absorbent optically. Guo adds that one of the big advantages of his team's process is that "the structures created by our laser on the metals are intrinsically part of the material surface." That means they won't rub off. And it is these patterns that make the metals repel water.

"The material is so strongly water-repellent, the water actually gets bounced off. Then it lands on the surface again, gets bounced off again, and then it will just roll off from the surface," said Guo, professor of optics at the University of Rochester. That whole process takes less than a second. The materials Guo has created are much more slippery than Teflon—a common hydrophobic material that often coats nonstick frying pans.

Unlike Guo's laser-treated metals, the Teflon kitchen tools are not super-hydrophobic. The difference is that to make water to roll-off a Teflon coated material, you need to tilt the surface to nearly a 70-degree angle before the water begins to slide off. You can make water roll off Guo's metals by tilting them less than five degrees.

As the water bounces off the super-hydrophobic surfaces, it also collects dust particles and takes them along for the ride. To test this self-cleaning property, Guo and his team took ordinary dust from a vacuum cleaner and dumped it onto the treated surface. Roughly half of the dust particles were removed with just three drops of water. It took only a dozen drops to leave the surface spotless. Better yet, it remains completely dry.

Guo is excited by potential applications of super-hydrophobic materials in developing countries. It is this potential that has piqued the interest of the Bill and Melinda Gates Foundation, which has supported the work.

"In these regions, collecting rain water is vital and using super-hydrophobic materials could increase the efficiency without the need to use large funnels with high-pitched angles to prevent water from sticking to the surface, " says Guo.

"A second application could be creating latrines that are cleaner and healthier to use." Latrines are a challenge to keep clean in places with little water. By incorporating super-hydrophobic materials, a latrine could remain clean without the need for water flushing.

But challenges still remain to be addressed before these applications can become a reality, Guo states. It currently takes an hour to pattern a 1 inch by 1 inch metal sample, and scaling up this process would be necessary before it can be deployed in developing countries. The researchers are also looking into ways of applying the technique to other, non-metal materials. Guo and Vorobyev use extremely powerful, but ultra-short, laser pulses to change the surface of the metals.

A femtosecond laser pulse lasts on the order of a quadrillionth of a second but reaches a peak power equivalent to that of the entire power grid of North America during its short burst. Guo is keen to stress that this same technique can give rise to multifunctional metals. Metals are naturally excellent reflectors of light. That's why they appear to have a shiny luster. Turning them black can therefore make them very efficient at absorbing light. The combination of light-absorbing properties with making metals water repellent could lead to more efficient solar absorbers – solar absorbers that don't rust and do not need much cleaning.

Guo's team had previously blasted materials with the lasers and turned them hydrophilic, meaning they attract water. In fact, the materials were so hydrophilic that putting them in contact with a drop of water made water run "uphill." Guo's team is now planning on focusing on increasing the speed of patterning the surfaces with the laser, as well as studying how to expand this technique to other materials such as semiconductors or dielectrics, opening up the possibility of water repellent electronics. Funding was provided by the Bill & Melinda Gates Foundation and the United States Air Force Office of Scientific Research. The article, "Multifunctional surfaces produced by femtosecond laser pulses," will be published in the Journal of Applied Physics on January 20, 2015.

①词汇练习范例

laser n.	激光	multifunctional adj.	多功能的
transform v.	改变	property n.	属性
water repellent adj.	超级防水的	highly-obsorbent adj.	高度吸收的
super-hydrophobic adj.	超疏水的	bounce off v.	弹走
rust prevention n.	防锈	roll-off v.	碾轧
anti-icing adj.	防冰的	coat n./v.	图层/涂抹
sanitation n.	卫生	nonstick adj.	不沾的
laser-patterning technique n.	激光图案技术	dust particle n.	灰尘粒子
intricate adj.	复杂的	funnel n.	漏斗
nanoscale structure n.	纳米结构	high-pitched angle n.	高角度
quadrillionth n.	十亿分之一	semi-conductor n.	半导体
dielectric n.	电介质	femtosecond laser pulse n.	飞秒激光脉冲

②科技英语常见句型分析

被动语态：科技文章注重科学性、逻辑性，强调客观准确，因此，第三人称叙述被动语态较多。此外，主要信息前置以作强调也是常见的句子模式。

例句：Roughly half of the dust particles were removed with just three drops of water.

译文：大约一半的尘埃颗粒可以用三滴水除去。

非谓语动词：科技英语行文简洁，信息量大，结构紧凑。

例句：In these regions, collecting rain water is vital and using super-hydrophobic materials could increase the efficiency without the need to use large funnels with high-pitched angles to prevent water from sticking to the surface, …

译文：在这些地区，收集雨水是至关重要的，使用超疏水材料可以提高效率，而不需要使用高角度的大型漏斗来防止水分黏附在地表。

名词化结构：

例句：The combination of light-absorbing properties with making metals water repellent could lead to more efficient solar absorbers—solar absorbers that don't rust and do not need much cleaning.

译文：吸光性能与使金属防水的组合可导致更高效的太阳能吸收器不会生锈并且不需要太多的清洁。

复合句：

定语从句：Anatoliy Vorobye, describe a powerful and precise laser-patterning technique that creates and intricate pattern of micro- and nanoscale structures to give the metals their new properties.

译文：Anatoliy Vorobye描述了一种功能强大而精确的激光团技术，它创建了一个复杂的微观的纳米结构模式和新的属性。

宾语从句+定语从句：Guo states that using this technique they can create multifunctional surfaces that are not only super-hydrophobic but also highly-absorbent optically.

译文：郭说，使用这种技术，他们可以创造多功能的表面，不仅超疏水，而且具有高吸水性。

表语从句：Guo adds that one of the big advantages of his team's process is that "the structures created by our laser on the metals are intrinsically part of the material surface."

译文：郭补充说明，他的团队产品的一大优势就是"我们的激光在金属上产生的结构本质上是材料表面的一部分。"

状语从句：In fact, the materials were so hydrophilic that putting them in contact with a drop of water made water run "uphill."

译文：事实上，这些材料是非常亲水的，所以将它们与一滴水接触会使水流"上坡"。

强调句型：It is this potential that has piqued the interest of the Bill and Melinda Gates Foundation, which has supported the work.

译文：正是这种潜力激发了支持这项工作的比尔和梅琳达·盖茨基金会的兴趣。

在这个步骤中，学生是中心，是教学活动的主体，教师主要是设计课程、布置任务和组织协调等，通过讨论和探究的方式使学生参与课堂教学。

3. 课后实践阶段："1"学时文章写作评改

"三段四步"的第三步骤，第一个"1"的文章写作部分内容布置从工具性下手，将文章当作仿写范文。模仿文中行文句式，以及对疏水性材料的描述，对另一种材料进行仿写式描述。学生通过互联网学习平台将完成的写作内容上传，教师批改给出意见，对学生的文章进行评阅，虽然教师课下的工作量加大了，但是这一部分以输出为特征的写作练习能帮助学生对学习到的词汇和语式特征进行又一次的复习和强化，并关注语篇特征形成自己的作品。学生每个章节完成的文章最后都收录在作品集中，为最后的终结性评价提供材料。

需要特别强调的是，写作练习是学生语言学习的主动输出的内容，学生独立完成初稿后，并不清楚自己怎样修改自己的作文，也无法对别人的作文提出建设性的修改建议。因此，课下的师生互助就尤为重要。教师在见面课对具体要求进行示范后，会让学生大致清楚应该采取哪些有效的办法对文章进行修改。尤其是专业性较强的写作内容的评改过程更加复杂。一般来说，对于写作内容的评改包括以下几个步骤。

（1）学生自我修改，即学生根据学习过程中出现的错误进行自我检查、辨析和订正。主要关注单词拼写、标点符号的选用，以及段落和文章的层次结构等。

（2）同伴互助修改，即学生之间或小组成员之间对彼此的作文提出修改建议。互助修改的根本宗旨是让学习者通过必要的交流完成写作任务，充分发挥他们在学习中的主体作用。这是学生作品第一次见到读者，也是自我修改工作的延续。学生互助修改既要检查并指出同伴作文中出现的问题，也要肯定文章中出现的经典句子。这个过程既是行为互动，也是思维互动，可以促进学生间知识和情感的交流。

（3）小组互助评改，即小组内和小组间对作文进行的评改。教师首先要公布本次评改的侧重点后才开始进行。小组作为一个团队，共同对本组及他组成员作品进行评议。内容主要包括：作文的主题句、作文的逻辑顺序、习作中的优缺点。最后汇总小组意见，给出分数，所有打分完成后将分数提交电子平台。学生互评是在平等的基础上进行的，学习通软件的语音输入功能免除了学生的语言书写困难，锻炼了语言表述能力，同时消除学生交流时出现的焦虑情绪，在减轻教师评阅工作量的同时，提高了学生的写作能力。

（4）教师总结，即教师根据学生互评结果进行讲评和总结。专门用途英语的写作特点与通用型材料写作特点不同。同一主题下完成的学生作文经常会出现共性的问题，这些问题也会在学生互评结果中有所表现。教师总结的目的是引导学生对问题的成因做进一步深入的认识，提出避免问题产生的有效办法，同时对学生写作进行积极的反馈。

写作模式中的多元互助最大程度提高了学生写作及评阅的效率。对写作中出现的问题进行了积极的反馈。学生自主批改、生生互助及师生互助的批改在超星泛雅平台及学习通的技术支持下变得更加简洁和高效，在实现互动的同时，让学生从读者的角度审视文章，加深对写作差错的认识。

出现差错的学生从改正过程中了解自己的问题避免再犯，违反错误的同学也从错误认识中防患于未然。

4. 课后实践阶段："1"学时实践

"三段四步"的第四步骤，第二个"1"的实践内容往往通过设计模拟任务来完成。建构主义认为知识的意义建构是以丰富的学习情境为载体的。学习情境既可以通过教师精心的构建获得，也可以直接来源于现实世界，学生可以在实际的环境或模拟的环境中去实现知识的意义建构。所以最后一个学时的实践内容是学生利用自己已有的知识结构中的经验与理解、同化和构建新的学习情境，完成新知识的构建。针对上一篇文章所设计的模拟任务包括：

（1）模拟任务1

针对材料内容准备超疏水性金属材料推介。小组成员模拟推介会不同角色，对产品特性进行讨论、问询、和回答。学生通过学习通短视频形式以小组为单位上传视频，成绩计入平时成绩。

（2）模拟任务2

分小组查找相似材料，总结材料特质，与文章内材料特质形成比较，组织模拟竞标谈判会。学生在课中的见面课中展示任务，师评和生评相结合打分，计入考核成绩。

以上任务由学生课上或课下通过自主学习的方式展开，汇报内容以PPT或短视频的方式上传线上讨论平台，实现教学模式的环形结构。

专门用途英语学习层面的上层目标应该是侧重应用、分析、评价和创造能力，这类目标的实现使学生终身受益，虽然教学注重与培养学生基本的语言技能，但是正在进行地向专业英语能力以及复合型能力的过渡能够保证学生对课程学习兴趣的持续性和发展性。同时通过对学生学习情况的总结和教师教学的反思。从而扬长避短，发现问题。以上教学模式相关要素互相发生作用和变化，为了实现各个要素的优化、各种交互关系的剖析以及具体的课堂教学设计，《工程英语》"多元互助，三段四步"教学模式中各个要素所发挥的作用如下所示：

教师和学生在教学系统中都处于主体地位，都是该组织的核心，并且二者与课堂教学和在线学习平台同时进行直接的联系和交互。学校、教学管理者和教学平台参与其中产生相应的互动效应，使教学主题与之发生直接或间接的关系。在这个系统下，学生对信息的传递和加工、重组和分解的过程以及教师为保证教学顺利有效进行而进行的调整和改变的过程并不会脱离"三段四步"的范围。技术和管理的支持、教学资源的有效应用、师生间的人际交往都促使主体间以及主体与其他客体要素间发生信息的交换和互动，使学习的过程有节奏、分步骤地统一进行着。这种对教学主体的有效地激发和调控有助于教学的顺畅进行，也有利于学习者和教师的自身发展。

三、《工程英语》教学评价体系

（一）评价模式

将多元智能理论应用于教学实践是"多元互助"教学模式的一个特点。新《大学英语课程教学要求》的颁布，标志着新一轮大学英语教学改革的开始。在强调对教学手段和教学活动进行改革和转变的同时，也把科学的教学评估摆在了重要位置，倡导将教学从测试教学向评估教学转变。信息化环境下的"多元互助，双向四步"教学模式强调个性化的学习方法、先进的学习手段以及科学的多元化的评价办法。主要是对学生的自主学习能力、合作学习的能力和真实情境下解决问题的能力进行评价。对于《工程英语》的教学评价采取了多元化的评价模式。主要包括以下三个部分。

《工程英语》采用了三种常用的形成性评估方式。

学生档案袋。用来收集学生某一阶段里所有的学习成果，主要包括：学习计划、阶段性学习报告和总结、完成的作业等，是学生学习情况的比较全面的记录。档案袋由学生本人制作和管理，教师不定期对档案袋进行抽查。

教师观察记录。进入课程观察之前教师准备观察记录表，记录学生的分组表现。教师通过课堂观察、任务验收等方式对参与课堂学习的学生学习情况进行判断和评估。内容包括教师与学生的面谈、学生在课堂及小组活动中的表现、学生参与课堂活动的情况、课后自主学习任务的表现等。
（详见表5-7）

表5-7 课堂观察记录表

序号	姓名	表现记录	成绩记录
1	王同学	积极参与小组活动，组织能力较强，汇报流畅度较好，条理清楚，但要注意与其他同学的合作关系	A–
2	李同学	积极参与小组活动，有较强的合作精神，但要提高处理问题时的应变能力。发音不够准确，需要加强语音训练	B+

问卷调查在期末进行，主要内容是了解形成性评估对学生在学习过程中是否可以在学习策略、学习效果等方面起到积极的作用等。

《工程英语》课程的考核评价将终结性评价和形成性评价相结合，鼓励学生积极参与平时的任务，努力提高实际的语言应用能力的同时，在学期末对学生进行终结性考核。《工程英语》的考核比例为学生在线学习、作业展示占总评成绩的30%，团队协作、参与课堂讨论占总评的30%，期末笔试占总评的40%。学习效果通过对学生"课前在线自学+课堂线上表现+课后线下线上活动+期末测试"进行全过程评价，督促学生在教学的各个环节积极主动地学习，实时开展教学反思。主要目的是利用多元评价体系的激励机制调动学生的积极性，利用多元化的评价内容发展学生的个性，同时利用自评、互评产生的作用构建更为多样化的评价主体。

以多元智能理论支持建立的多元评价使师生互相理解和信任，并在这个前提下形成了与课程相呼应的多元化评价体系，使评价信息来源更丰富、评价的结果更具真实性，也更进一步促进学生合作能力的发展。

（二）评价工具与方法

多元化评价方法主要体现以学生为中心的教学理念，其中包括：

1. 学生自评法

学生自评包括自我评价和自我学习监控两项内容。学生自评的目的是独立发现自己学习中的问题并寻找改进措施，其中包含对自己学习过程、学习态度、学习手段、努力程度、学习优缺点、学习成果的评价等。教师在学生自评的过程中需要根据评价目的制订一个自我评价表，指导学生进行自我评价；通过学生的自我评价结果和过程，对学生的学习状况进行了解。学生自评采用自评表和自我学习监控表两种工具。电子自评表评价效率很高，操作省事方便。教师在授课结束后发送给学生，让学生对自己的学习情况进行自评。（学生自评表请见附录2）

自我学习监控是对学生的学习过程进行监控，监控的过程起始于新单元开始学习前，教师让学生从自己的实际情况出发，提前制订理想目标和预期任务，在学习过程中根据这些任务和目标监控自己的学习进度。尽管使用学习监控表完成预期目标和任务是学生的任务，但是教师的参与可以为学生的自我监控过程提供监督和指导，体现了教师主导的作用。

2. 同学互评法

同学互评的方式主要是通过同学间的合作和沟通来实现。在同学互评中，不同学生的沟通能力与合作态度存在差异，同学间的信任程度也不相同，因此进行同学互评要客观。初始阶段的互评形式是几名同学同时评价一名学生，将评价的重点放在被评价者的优点和改进意见上。经过几次熟悉和了解后再进行相互评价。（电子互评表请见附录3）

3. 作品集评价法

作品集评价法在国外一直是对学生设计类作品进行评价的一个很主要的办法，是形成性评价的一种表现形式。作品集评价往往以完成一系列有序、系统的工作、学习日记、研究报告、测试等为基础，对学生一段时间内的学习情况进行评价。《工程英语》的学生作品集内容在2+2+1+1的步骤中主要在后面两个1的步骤中产生。第一个1中是学生学完一个章节之后写出的文章或按照老师要求仿写出的文章；第二个1中是课外实践环节中所涉及的模拟任务的文本材料，例如对推介会角色扮演的脚本或竞标谈判会小组讨论的相关材料等。同时，作品集也可以包含与章节内容相关的参考性阅读或视听型材料。

对于作品集的评价采取三次评价的办法。学期初确定作品集内容、作品形式、确定评价标准和时间计划；学期中间，学生按照计划完成学习任务，教师对学生进行指导或以面谈的形式进行；学期结束教师将电子评价表发给学生，让学生进行自评、互评，教师对作品集进行终评。

4. 专门调查法

专门调查法主要是为了调查学生的学习行为、学习活动、学习兴趣等，是对相关学习内容进行了解的数据收集办法。专门调查法针对性较强，往往通过调查问卷、访谈或座谈的方式进行。调查问卷是向学生提出一系列的问题或情境，学生给出答案，教师获取信息。访谈和座谈安排在学期中和学期末与期中教学检查和期末学期总结结合进行。三种方法的主要目的是一样的，都是通过与学生的面对面交谈来获取信息，进行评价。例如，问题的设计可能包括：

Which activity did you participate in this week? 这周你参加了什么活动？

In which activity would you like to learn to do better? 你希望在哪些活动中做得更好？

Which one did you enjoy? Why? 你喜欢哪一个？为什么？

Which one did you dislike? Why? 你不喜欢哪一个？为什么？

（三）评价结果

1. 针对语言知识和应用能力的考试

《工程英语》的学科考核以期末闭卷考试的形式进行。平时成绩包括学生平时出勤情况、单词掌握情况以及"三段四步"教学模式中的后面两步的一篇论文和一个任务的实践完成情况。这种评价内容包括了语言知识、语言技能、学习态度、学习策略和学习习惯等多个方面。虽然学生期末成绩以试卷成绩和平时成绩的分数形式体现，但总评成绩总体来说能够客观反映学生该学期的学习情况。期末考试学生成绩集中分布在75～85分之间，基本呈正态分布。

在针对应用能力进行的考核中，主要以对话、翻译、竞赛等形式设计任务，对学生的听、说、读、写、译等英语语言技能进行考核，将量化的分数计入学生成绩册，根据时间和次数酌情给分，最后将各项应用能力分值综合，按百分比参与总评。学生的学习和评价过程是结合在一起的，这种以评价为驱动的教学模式也是一个促进学生学习的因素。

2. 结合专业特色和目标岗位的考核

根据学生专业对英语的各项能力要求的不同所进行的针对岗位群所需

英语技能进行的考核受到学生的欢迎。一般采用教师与专业人员合作的方式，让学生在为专门用途英语教学检测而设的试题库中随机抽取一份英文材料，并依照模拟的模式进行考核，将学生的"学、用、考"相结合。但是在实践过程中，这种考察办法往往缺乏足够的企业支持，虽然学生在实训过程中得到了企业的认可，但是很难走常规化考核的道路。学生在没有外部协助的情况下，通过自主学习或团队合作解决实际岗位中真正出现的问题，是最理想的专门用途英语考察办法。有过类似经历的同类院校的同年级学生，在工作后的英语应用能力水平也表现出优势。

3. 结合英语等级证书和职业英语技能证书的考核

高校教育培养目标明确指出，学生的实际运用语言的能力是高校英语教学活动的重点。因此，适应人才市场需求、能够遵循就业导向教学标准也在评价过程中得到了体现。英语应用能力考试等级证能够在某种程度上能说明学生自身英语水平的高低。学生如能在完成课程前取得执业英语技能证书就说明该生具有一定的专业性和说服力，同类的例如剑桥商务英语等级考试（BEC），金融专业英语证书考试（FELT）等，也可以在终结性考核结束后得到加分，或给予免修政策。

（四）评价改进机制

目前为止，对《工程英语》的教学效果评价虽然将课程学习系统（如教学PPT课件、教师电子教案、教学大纲等），课程拓展系统（如课程相关的音频、视频、图片、网站等资料库）、教学交互系统（如课程论坛、在线测试等）等基于校园网站建设的三个部分纳入到整体评价体系中。但是三大系统的各个模块之间是独立运行的，相互间缺乏足够的支撑。相比课程学习系统和课程拓展系统，教学交互系统的设计与建设相较于传统的评价方式还是有很大优势，但优势并不明显。因此专门用途英语的多元评价体系的进一步构建还应关注以下方面：

1. 搭建基于课堂活动的师生交流平台

人本主义理论认为，教学中的师生关系是主体与主体的关系，主体性的强化是提高课程效率和效果的关键。因此，师生间就学习情况的交流应该是评价—反馈—再评价—再反馈的过程，通过交互性的评价与反馈对学习情况进行监督和管理。师生交流平台的交互性和即时性能够贯穿于每一个教学环节，将网络学习系统和相应的拓展系统的每一个模块有机地联系起来。学生的自主学习情况和测试情况都能够得到更好的反馈。课程内容的准备过程和课堂讨论过程也得到了延伸。

2. 建立学生学习活动的动态评价系统

动态监控的评价系统主要是基于电子档案评价理论而进行构建的，目的是对学生的学习情况和过程进行掌握。答案可以是传统纸质方式的作品集，也可以是电子档案作品集。无论是哪种记录形式，作品集的形式都是过程性评价的主要内容。电子清单形式的考查项目，例如超星手机端设置的电子清单，就可以掌握学生学习的实时状况，对学生交流的活跃程度、提问的活跃程度、进步程度和课堂和课下的综合表现等进行更有效率的反馈。

3. 设定基于真实情况的评价标准

基于互联网和校园网的在线自助学习系统的建立为学生提供了大量的语言实践机会，同时也拓宽了评价者的范围。在这个体系内，学生们可以通过浏览网页检索与课程相关的问题，在恰当的场景下选择恰当语言和专业相关的语言进行各个方面的实践。借助互联网的优势，在线讨论或回答关于词汇、句子或是语篇的语言性问题所得到的评价可以成为学生自评的一个参考指标。同时，学生将答题网页提供给自己的教师进行评价也给教师对学生的评价提供了参考，有助于确定各种评价所占的比例。将常规课程评价与在线实时评价相结合能够增加评价的参数，更客观地对学生的学习进行考量。

四、《工程英语》教学特色

建构主义教学观体现的基本原则是情景、建构、合作和交流。《工程英语》作为专门用途英语类课程的代表，在传统课堂与现代化信息技术的互相作用下将具有实用性价值的教学内容在特定的"多元互助、三段四步"的教学模式框架下传授给学生。教师把话语产出和接收能力作为教学内容的组织原则，把开放式教学环境与课堂教学环境相结合，满足了专门用途英语学习者的社会需求和个人需求，这种教学模式具有如下特点。

（一）自主学习与面授学习相结合

大学英语教学的重点在于对掌握英语语言共核及听、说、读、写、译等基本技能的训练。《工程英语》的学习对象为参与了一年通用英语学习的高年级学生。在通用英语课程的学习阶段已经利用了大学英语教材配套的网络学习系统辅助其他教学多媒体课件、实体资源、英语学习网站等课程资源，具备了语言基本技能及实际的自主学习操作能力。接下来开始的2+2+1+1立体化学习模式能够很快地将学生引入专门用途英语的学习中。在这个体系内，教师利用前2个学时的课堂教学实践，对专门用途英语现阶段的学习内容进行讲授并布置学生课上和课下的任务，学生在网络化的学习环境下完成自主学习、自测和自评。在后2个学时布置的讨论内容或文字性内容基本在课下的网络环境下完成，且教师可以在课下随时对学生进行考查和监督，为学生提出建议。这种"课下学习，课上展示"的教学模式，保证了学生各个阶段学习任务的完成，并能够通过互动提高完成任务的质量，便于教师组织学习活动、提供帮助和指导，也方便使其发挥组织指导者、意义建构的帮助者和促进者的角色。《大学英语课程要求》所指出的"学生每学习16～20学时，教师应给予至少1学时的辅导"得到了实现。辅导的课堂面授是检验和监督学生自主学习的关键。

（二）以内容为依托教学法与情境教学法相结合

在CBI指导下的《工程英语》教学不再将学科知识和语言知识分离开来，而是将两者结合在一起，这无疑增加了语言学习的目的性和趣味性，也更好地体现了大学英语语言教学的工具型原则。针对《工程英语》的教学定位，以及学生的专业需求，从学生的语言能力和学习兴趣选择适当的学习材料，并且通过文献资料、音视频材料的补充，采取灵活的手段将ESP相关的特色词汇、典型语句表达方法融入学生学习过程中去，使学生的可理解性语言输入程度得到大幅度的提升。

在课堂的交互性方面，与情境相结合的教学内容摆脱了传统内容所依托的教学内容的死板，将ESP教学置于动态的情境任务中去，这种任务驱动型的教学能更好地将建构主义的语境创设理论应用于实践。真实的语篇和真实的学习任务也更好地将语言技能的培养、语言学习策略的养成、交际策略的训练发展开来。因此，将内容与真实情境相结合，在信息技术环境下的多媒体技术手段的支持下使学习变得更加真实、学习效果更加显著。这对更好地开展基于任务或项目的情景学习，培养学生的学习思维能力和语言交际能力意义重大。

（三）网络交互式学习与网络探究式学习相结合

网络交互和网络探究原本是两个独立的学习和互动过程，前者是两者或两者以上主体间的互动，后者往往是一个个体独立进行的探索和研究。"多元互助、三段四步"的教学模式将二者紧密地联系在一起。多元化的互动关系以网络化教学平台搭建的教学模块为代表，学生与教师之间、学生与学生之间可以就问题设置讨论问题，分别查阅资料进行研究，也可以针对某一专题独立提出讨论性意见，进行深层次的探讨。这有效地弥补了传统课堂教学由于时间限制所带来的问题。与此同时，教学平台提供了一个信息互动的载体，独立存在的虚拟社区也结合授课内容将设计的话题与学生的学习内容相关联。这种"异步交互"的模式不受时间和地点的限制，并且能深化学生对所学单元内容的理解，还能在互动活动中使学生的独立逻辑思维能力和写作能力得到提高。因此我们需要针对《工程英语》教学的特点，开展与课堂面授相结合的任务驱动型的情景式教学（task-driven context-based instruction）同时鼓励学生开展基于项目的网络探究式学习（project-based webquest）。

结　　语

　　创新人才培养模式是为了适应国家和社会发展的需要，实现深化教育体制改革的深层次目标。高等院校创新人才培养模式的关键，就是找到符合本校校情的培养模式和教学方法。在大学英语教学实践中，不会只有唯一的一种教学模式或一种学习方法用以指导教学实践。这种多元化而非一元化的教学模式适用于不同的创新人才教育目标。工科大学的大学英语基于其特有的人才培养目标，对大学通用英语到专门用途英语的改革势在必行。如何按照《要求》的建议，将教学模式构成诸要素进行合理安排和利用，如何在现代教育技术的辅助下，提升专门用途英语教学效果，是未来一段时期内专门用途英语教师和研究学者需要共同面临的问题。目前的专门用途英语课程和教学研究不断取得新的成果，可是改革过程中也会出现问题或特殊情况，期待更深层次的研究和探索。本章将形成关于大学英语教学模式改革的主要结论，并在此基础上提出专门用途英语框架下的大学英语教学模式改革的未来发展方向。

一、研究结论

本研究的主要结论归纳如下：

（一）方向探寻：普通工科院校大学英语教学模式改革的基本趋向

　　本研究认为，随着大学英语教学改革与创新研究的不断深入，无论是重点大学的大学英语课程还是普通高校的大学英语课程，都处于发展的改革时期。以教师为主体的研究视角是从问题出发，对实际情况进行反思，探寻解决问题的路径。就大学英语教学模式改革来说，曾经出现过的分级教学模式、模块教学模式、研究性教学模式和网络教学模式都是针对特定的教学目标和教学群体所进行的改革和创新研究。对于工科大学来说，大学英语教学模式的改革要呈现以下几个基本趋向。

第一，改变教学理念：以学生为主体，以需求为导向，以应用为驱动，突出实效，重视实际问题的解决。表现为承认学生之间的差异性，相信学生的潜在能力，充分发挥学生的主体作用，营造和谐的学习氛围。

第二，完善教学目标设计：从传授英语语言知识转向鼓励学生进行自主知识建构，注重培养学生的语言实际应用能力，将语言技能的掌握作为学习语言的主要目的，认为必要的语言基础知识的学习有助于英语学习，但是将语言学习的目标定位为激发学生自主学习和互助式学习的学习动机，在学习过程中不断提高学习效率，产生良好效果。

第三，创新教学内容的呈现方式：从以传统教材为主要教学资料转向适应网络时代的多元化教学材料的方式，将学生学习活动与师生讲授学习活动紧密结合在一起，并对教学资料的筛选和归类进行研究和探索。

第四，拓宽教学材料的载体形式：从单一的文本教材转向了多元化的多媒体组合的立体化材料组合形式。

（二）问题澄清：普通工科院校大学英语教学中存在的问题及成因

通过对以某工科院校的专门用途英语教学现状的考察，本研究发现，当前专门用途英语教学存在一系列亟待改进的问题，这些问题及原因如下（见表一）：

表一　专门用途英语存在的问题及原因

	存在的问题	原因分析
教师	教师并未充分认识到通用大学英语与专门用途英语在教学目的、教学方法、教学重点、教学材料、教学模式、教学评价方面的共同点和不同点，仅仅为完成教学任务，却忽视对实践教学效果的反思	"以人为本"教学理念的缺失，忽略教学目标差异所导致的教学实践涉及要素在教学过程中产生的差异，缺乏教学模式的系统性和完整性认识
学生	学生对专门用途英语教学成就感不足、对于教学方法和学习策略认知模糊、不清楚教学模式的核心思想和精髓，缺乏对专门用途英语教学的问题认知	没有明确的学习理念，缺乏以问题为中心的引导及从理论性知识向实践性知识的转化的途径和方法

续表

	存在的问题	原因分析
教管人员	教学管理人员对专门用途英语教学重视度不够、对总体教学水平和组织管理的认知模糊、对专业教师配置了解不充分、教学安排计划性和目的性不明确，缺乏与任课教师的沟通，未能建立完善的考核体系	缺乏对专门用途英语课程的全面认识，不了解该课程目标的真正内涵。以行政指令为导向，缺乏有效的教师培训机制和教材审定制度

（三）解决方案：基于ESP框架下的"多元互助、三段四步"的教学模式改革

针对普通工科院校大学英语教学中存在的上述问题，在对国内外专门用途英语课程设计发展和现状分析的基础上，笔者认为，基于专门用途英语框架下的大学英语改革，是解决我国当前大学英语转型过程中存在问题的有效途径。针对工科院校的实际情况及理工科学习者学习特点，结合现代信息技术的"多元互助、三段四步"教学模式的设计理念、模式与策略符合教学实践，能够为实现新时期学科融合和复合型人才培养目标提供支持。

"多元互助、三段四步"的教学模式主要内涵涉及以下几点。

1. 多元互助："新工科"建设理念下的载体，在教学模式实施过程中利用多种教学元素，互相参与并互相依托的手段。

实现互助主体的多元化、互助内容的多元化、评价的多元化等。在课前、课中、课后三段过程中，多元主体根据多元内容进行有效互助，从而实现教学目标，提升教学质量，促进师生发展。通过生生互助、师生互助，深化课堂教学改革，打造高效课堂；通过生校互助，开发并实施与专门用途英语研究相关的线上或线下的活动；通过师师互助，加强资源的共享，充分发挥专门用途英语教师和专业课教师的合力；通过校校互助，拓宽人才培养的渠道，充分利用有效资源，促进学生多维发展，提升学校办学水平。在互助的过程中强调自主学习、合作探究的过程。具体表现为校内外各项专门用途英语相关要素的多元性交互，例如校内讲授内容与校内工程训练中心的互助；校内讲授内容与校外实习工厂的互助；学校、教师、学生与实习基地的互助等。

本研究认为 "多元互助"的第一条路线是利用网络进行专门用途英语

的自主学习。教师和学生共同努力，收集相关的英语学习资料，利用已有的学习平台建立自己模块。"多元互助"的第二条路线是教师设计交互环境。学生通过网络自主学习，合理利用教师给学生提供的交流学习经验的平台。"多元互助"的第三条路线是丰富学生的课外实践活动。这与横向路线的实践活动相互呼应。"多元互助"的第四条路线是学生之间的互助合作。这里所指的"互助合作"是高年级和低年级的互相沟通。在专门用途英语学习中，高年级的学生的学习经验丰富，通过互助合作传递给低年级的学生，使学生的学习处于一个有经验可循，有所反馈的状态中。

2. 三段四步：以打造高效课堂教学为目的的工科大学生学习和实践相结合的实际训练模式。

此模式着重于课前预习、课中自主学习与合作探究的结合，以及课后的巩固与拓展，特别针对工科大学生的学习需求和时间管理进行优化。

（1）"三段"学习模式

课前预习阶段：学生在上课前一天，根据教师提供的学习目标和引导，自主进行预习。他们需要完成预习部分的检测任务，以检验预习效果，并找出预习过程中的难点和疑问，为课上的交流做准备。

课中学习阶段：按照"四步"要求，学生通过自主学习和讨论解决能独立解决的问题，并进行展示交流。对于不能独立解决的问题，他们可以通过"师友互助"或小组讨论的方式解决。小组间也会进行讨论，共同探究并解决问题。教师通过当堂检测，共同提升全班学生的学习效果。最后，教师会收集反馈，对全班共同存在的问题及课堂提升部分进行点拨，引导学生进行巩固和拓展。

课后巩固阶段：学生利用课后时间复习当天所学知识，并自主解决课后检测部分。他们会对所学知识进行反思，发现存在的问题，并通过"多元互助"的形式和办法进行解决。如有疑问，他们可以及时寻求同学或老师的帮助。

（2）"四步"课堂实施模式

第一步（2个学时）：在课堂教学环节，教师主要对选取的材料进行分析，讲授工程类文章涉及的语言点和相关语言知识。

第二步（2个学时）：在课堂讨论环节，结合小组讨论和班级讨论，学生和教师共同对文章内容、主题思想、语言点、课后练习和主题讨论进行深入地理解和探究，把课堂主动权交给学生，完成课文内容的学习。

第三步（1篇小论文）：学生需要完成1篇工程主题相关小论文，通过学习课文内容和课堂讨论，对单元的相关问题进行重新认识，并形成自己的观点。

第四步（1个环节）：安排与课文内容相关的实践环节，主要表现为对已学知识的巩固和拓展，以及对相关信息的收集和反馈。学习者的学习活动会得到恰当及时的反馈和评价。设计具有拓展性和探究性的任务，能让学生将所学知识直接应用于现实场景，满足不同层次学生的需求。

无论是哪种实践项目的安排，其最终目的都是对学生掌握新知识或新技能的强化学习或训练。教师通过线上或线下收集反馈信息，对过去的教学进行矫正或补偿性教学。学生也通过自我总结、反思学习经历、梳理知识结构、总结学习方法，对自己或其他同学进行相应评价，从而反拨教学，改善下一轮的教学实践。这一模式充分考虑了工科大学生的学习需求和时间安排，旨在通过实际训练提高他们的专业素养和实践能力。

二、未来发展方向

（一）专门用途英语资源开发

未来，专门用途英语教材将成为大学英语教材开发的新热点。目前的专门用途英语教材有些采用原版教材或改编教材，有些是网络上搜索到的原始材料，但大多是开课前临时由任课教师决定后通过学校审核确定的。因此，多数材料缺乏系统性、科学性、延续性和发展性。每个专业领域都有自己的独特的词汇、句法和语篇知识，需要专业的研究机构组织外语权威人士和专业领域专家来共同编撰科学系统的相关教材，从而保证专门用途英语教材层面的质量，除此之外，建设由课程教师和学生共同设计的系统化立体化教材资源也是未来资源开发的重点。

新闻报刊主要是培养学生接受学术和专业英语的素养，以实现"专业复合型人才"的培养目标。为此，在混合式教学实践的基础上，笔者于2018年建立了教学小团队，尝试进行在线教学资源的建设（因需要投入一定的时间，混合式教学实验班学生尚未开始使用）。基于自建网的教学资源建设可以显现以下几点内容。

（1）保证教学内容的时效性和前瞻性。自建网所选取的文章来自国内外权威的英文报刊网站，具有很强的时效性，不仅能够开阔学生在所学领域内的视野，也能提高学生的英语学习兴趣，与专业学习一起获得能力的提高。自建网模块将设计不同专业的学习内容，目的是让学生了解各自专业的新动态，累积专业英语的词汇和表达，激发他们大量阅读国外科技文章的兴趣。教师通过创建专业英语的课程，可以在线查看学生的学习记录，帮助学生积累专业词汇和语篇框架，并在模块中实现师生、生生互动。

（2）保留专门用途英语与通用英语的融合。课内引入的报刊教学通过自建网进行后期的教学管理和跟踪，将自建网专业英语自主学习内容延伸至课堂内进行互动式的讨论交流。创建不同的学习讨论模块，对接触到的信息进行练习实现能力的提升。同时与通用英语自主学习内容进行融合和呼应。一方面，教师与学生根据学习情况及需求完善自建网的专业英语内容，另一方面结合每个阶段教学内容和目标，针对专门用途英语内容涉及的人文及文化意识安排自主学习内容，对学生语言学习的人文意识进行培养，将工具性与人文性结合起来。

（二）宏观专门用途英语教学平台建设

1. 基于语料库的专门用途英语教学平台建设

专门用途英语发展的关键是建立各行各业的语料库。近年来，语料库的开发和使用已经成为专门用途英语最有影响的教学手段之一，它对于提高专门用途英语课堂教学、教材编写和评估测试具有决定性的作用（Hewings，2012）。从语料库中选取适合特定教学环境的语言材料是语料库用于专门用途英语语言教学的一个重要方面。何安平（2004）指出，语料库应用于外语教学的三个方面：提供丰富的教学资源、开辟人机互动探索型学习和培养实证性的教学科研能力。基于语料库的专门用途英语教学平台包含网络教学、科研和交流三个模块。专门用途英语课程资源的广泛交流和共享突破了时空的限制，丰富的互联网信息为教师提供了最新的专门用途英语资料。

在科研模块，教师进行宏观概括和微观分析的同时，对专门用途英语语言的特性及规律进行假设验证，从中选取教学材料，进行个性化教学，从而提高教学和科研水平。

在交流模块，学生根据自己的专业需求、学习兴趣和语言能力，按照一定的规则自由地选择学习内容，进行探索式学习。同时利用平台创设的情景，通过人机间、师生间、生生间的独立工作或互助合作进行同步和异步交互，快捷实现信息传输、共享信息发布，将自主学习和协作学习相结合，从而激发学生自主学习的主动性和创造性。

专门用途英语课程教学材料的选择是教学的关键。尽管专门用途英语教学提倡教学材料的时效性和真实性，但是把真实庞杂的语料库直接用于专门用途英语教学是不切实际的。在专门用途英语教学中，由于检索出的内容的不可预测性，教师需要在此基础上筛选合适的语言素材作为专门用途英语的教学材料，尽量满足学生对专门用途英语学习的实际需求。筛选和过滤可以更好地为学生提供典型的、说明性强的实例，以提高教学材料在教学中的可实践程度和可接受度，训练学生分析语料，发现语言规律的实践能力。期待国家教育部门建立一个网络专门用途英语资源平台，各高校上传专门用途英语资源并整合，这将使专门用途英语整体水平得到有效的提升。

2. 基于实践教学的专门用途英语语言实验平台建设

理论教学与实践教学相结合是专门用途英语课程的最显著特色，主要通过向学生提供语言资源和语言实践的机会提高学生的综合应用能力。在国内各高校的专门用途英语的探索实践中，由于专门用途英语教学对象不同，教学实践的安排也各不相同。同济大学的49个专业中有42个专业开设了专门用途英语课程，但其课程设置没有统一的要求，在有些专业专门用途英语课程被列为公共基础课，在有些专业被列为专业课，28个专业的专门用途英语教学时间仅为一个学期，且学时低于36个学时，因此如不采取多项措施加强实践教学环节，专门用途英语教学质量难以保证，专门用途英语整体教学也就趋于形式之风。

　　基于实践教学的专门用途英语语言实验平台会为专门用途英语教学提供新的资源、新的技术以及新的理念。借助人机互动的语言实验平台、信息检索和提取方式，教师可以有针对性地指导学生对计算机界面呈现出的检索行进行观察、分析和总结真实语言在不同语境下的规律和特征，从而找到专门用途英语语言的使用范式，并在学习实践中加以模仿和应用。此时的语言教学是一种以学生为中心，以实践为核心的探究式学习过程的实现。基于实践教学的语言实验平台在创建优质语言学习环境方面有独到之处。这种模式的优势主要体现在以下几个方面。

　　①二语习得理论中影响学习者主义的六种因素中，首先是"频率（frequency）"和"突显性（salience）"。基于实践教学的专门用途英语语言实验平台能够利用语料库检索工具和突显手段使关键词得到批量化的语例呈现，有利于学生集中精力进行局部的语境观察，从而发现典型的专门用途英语语言特征。

　　②认知心理学的图式理论和联通理论认为，语言认知图式构建的关键因素是具体的语境和抽象的语境。基于实践教学的专门用途英语语言实验平台有助于加强学生记忆。在一批相同的或近似的语境信息刺激下，激活认知图式或者大脑的神经网络，同时经常且反复出现的语境共同出现，提供了专门用途英语教学中语言的意义背景，使语言的应用规律得到呈现，逐渐形成知识的图示化而进入大脑记忆。

　　③基于实践教学的专门用途英语语言实验平台强调"用中学"，学生通过自我发现的探究式学习过程，把被动接受变为主动研究，自主学习的能力得到不断提升。由于不同学生的学习难点和理解力存在差异，个体自主地进行的专门用途英语语言探究将实现语言教学的个性化训练。

　　④ 学生的批判性思维能力在语言实验平台上得到了培养。尤其是观察批量语言信息并对其相同性和相似性进行组合或归类的能力。专门用途英语实践教学的大量信息和操作界面为学生提供了认知平台，有利于开发学生对语言信息进行分类、组合、归纳和总结的认知潜能。

　　基于实践教学的语言实验平台会从本质上改变目前专门用途英语教

学中以教师输入为主的传统教学方法，改善语言实践教学，推动学生主动探索语言规律。学生借助语言实验平台进行独立操作、观察与分析，获得直接语言经验，并内化为专门用途英语语言能力，将有限的课内教学延伸到无限的线上线下协作性活动中，在创设的情境中开展多种多样的实践活动，提高实际语言应用水平，在仿真的环境下学习将来在专业领域或工作中所需要的语言。

　　3. 基于校企合作的平台建设

　　校企合作是实现以课堂传授知识为主的学校教育与直接获得实践体验为主的行业培养有机结合的重要媒介之一。目前高校的校企合作模式主要在专业课程方面展开，在专门用途英语方面则非常有限。

　　建设校企合作平台，通过企业调研了解专门用途英语的实际需求，与企业一起设计课程教学内容、教学模式和评价体系等会更好地完善教学整体进程；邀请企业专家进行学术讲座有利于对前沿知识进行掌握和了解；安排学生去企业参观实习，了解企业文化更能够促进学生了解实践中专门用途英语的具体应用情况；甚至使企业参与到整个人才培养过程中去，实时地对专门用途英语教学进行指导。

　　在教师方面，专门用途英语的跨学科特性使英语学科带有多学科的特点，从而需要任课教师与企业专职人员进行多方面的沟通与合作。传统的大学行政管理的划分使各个学科之间存在明确的界限，导致专门用途英语语言教学在跨学科乃至跨域交流与管理等方面缺少保障。因此，专门用途英语教师对教学目标、教学大纲、教材选用、教学方法、教学进度安排、教学评估手段等方面与专业教师及企业专职人员或兼职教师进行交流和讨论是进行优化教学安排的极佳保障。另外，科研领域内的专门用途英语既不属于传统英语语言的研究领域，又不具备专业研究的深度，从而容易被边缘化，缺乏科研动力。校企合作有助于打破学科观念，设置合理的专门用途英语跨专业跨领域交流的保障和鼓励机制。

参考文献

【著作类】

［1］班华. 中学教育学［M］. 北京：人民教育出版社，1992

［2］巴班斯基著. 冯克难等译. 教学过程最优化问答［M］. 北京：教育科学出版社，1986. 5-6.

［3］保罗. 埃金等著，王维成等译. 课堂教学策略［M］. 北京：教育科学出版社，1990

［4］蔡基刚. 大学英语教学：回顾、反思和研究［M］. 上海：复旦大学出版社，2006.

［5］蔡基刚. 我国大学英语教学路在何方［M］. 上海：上海交通大学出版社，2012.

［6］蔡基刚. 应用语言学视角下的中国大学英语教学研究［M］. 上海：复旦大学出版社. 2012. 7

［7］陈坚林. 现代英语教学——组织与管理［M］. 上海：上海外语教育出版社，2000.

［8］陈莉萍. 专门用途英语研究［M］. 上海：复旦大学出版社，2000.

［9］陈丽萍. 基于任务型教学法的英语教学研究与改革［M］. 北京：中国原子能出版社，2018.

［10］陈晓慧主编. 设计［M］：北京：电子工业出版社，2005.

［11］程世禄，张国扬. ESP的理论与实践［M］. 南宁：广西教育出版社，1998.

［12］程晓棠. 英语教材分析与设计［M］. 北京：外语教学与研究出版社，2002.

［13］段友国，程文华. 新时期大学英语教学研究——以《新视野大

学英语》读写教程为例［M］．天津：天津大学出版社，2015．

　　［14］范东生．大众传播研究的发展过程［M］．北京：人民日报出版社，1983．

　　［15］高文．教学模式论［M］．上海：上海教育出版社，2002．320-362．

　　［16］郭岩．大学英语课堂教学研究［M］．北京：光明日报出版社，2016．12-13．

　　［17］何克抗，李文光．教育技术学［M］．北京：北京师范大学出版社，2002．

　　［18］胡隆．计算机辅助外语教学［M］．上海：上海外语教育出版社，2001．

　　［19］黄萍主编．专门用途英语的理论与应用［M］．重庆：重庆大学出版社，2007．

　　［20］加涅．教学设计原理［M］．上海：华东师范人学出版社，1999，1-140．

　　［21］教育部高等教育司．大学英语课程教学要求（试行）［M］．上海：上海外语教育出版社，2004，1-13．

　　［22］教育部高等教育司，大学英语课程教学要求［M］．上海：上海外语教育出版社，2007．1-13．

　　［23］姜晓瑜．专门用途英语的研究与实践［M］．北京：知识产权出版社，2017．

　　［24］孔繁霞．行动研究与教师专业发展——大学英语教师ESP方向［M］．南京：东南大学出版社，2013．

　　［25］黎加厚主编．教育技术教程．教育信息化时代的教与学［M］．上海：华东师范大学出版社，2002．

　　［26］李克东，谢幼如．多媒体组合教学设计［M］．北京：科学出版社，1992．

　　［27］李龙．教学过程设计［M］．呼和浩特：内蒙古人民出版社，2000．

［28］李学农等主编．多媒体教学优化设计［M］．广州：广东高等教育出版社，1996．

［29］卢桂荣．大学英语教学研究——基于ESP理论与实践［M］．北京：光明日报出版社，2013．

［30］柳海民．教育原理［M］．长春：东北师范大学出版社，2006．

［31］柳海民．现代教育理论进展［M］．长春：东北师范大学出版社，2001．

［32］柳海民．教育学［M］．长春：，中国广播电视大学出版社，2011．

［33］柳海民．当代教育理论专题［M］．长春：东北师范大学出版社，2002．

［34］柳海民．现代教育理论与实践［M］．长春：东北师范大学出版社，2009．

［35］柳海民．教育理论的诠释与建构［M］．合肥：安徽教育出版社，2009．

［36］刘春燕，英语产出能力与课程优化设计研究［M］．科学出版社，2016．

［37］刘鸿章．涉外秘书实务与英语［M］．上海：交通大学出版社，1994．

［38］刘润清．语言测试和它的方法［M］．北京：外语教学研究出版社，1991．

［39］刘润清、戴曼纯，中国高校外语教学改革现状与发展策略研究［M］．背景：外语教学与研究出版社，2003

［40］刘立，新兴大学英语课程体系建设探析［M］．北京：北京理工大学出版社，2013．

［41］李颖，高校全英语教学模式EMI的超学科研究［M］．北京：中国社会科学出版社，2014

［42］吕少平，孟桂兰．现代秘书与礼仪［M］．青岛：青岛出版社，1996．

［43］马云鹏. 与教学论［M］. 北京：中央广播电视大学出版社，2003.

［44］莫莉莉. 专门用途英语教学与研究［M］. 杭州：浙江大学出版社，2008.

［45］南国农，李运林. 电化教育学［M］. 北京：高等教育出版社，1998.

［46］南国农主编. 信息化教育概论［M］. 北京：高等教育出版社，2004.

［47］皮连生. 教学设计——心理学的理论与技术［M］. 北京：高等教育出版社，2000

［48］乔伊斯等著，荆建华等译. 教学模式［M］. 北京：中国轻工业出版社，2011.

［49］屈哨兵. 语言服务引论［M］. 商务印书局，2016（8）.

［50］饶从满，杨秀玉，邓涛. 教师专业发展［M］. 长春：东北师范大学出版社，2005.

［51］束定芳，庄智象. 现代外语教学［M］. 上海：上海外语教育出版社，1999.

［52］孙可平. 现代教学设计纲要［M］. 西安：陕西人民出版社，1998.

［53］谭顶良. 学习风格论［M］. 南京：江苏教育出版社，1995.

［54］田慧生. 教学论［M］. 石家庄：河北教育出版社，1996.

［55］万红梅. 语言学视角下的大学英语教学研究［M］. 中国纺织出版社，2017.

［56］王淑花、李海英等. 大学英语教学模式改革与发展研究［M］. 北京：知识产权出版社，2018：20.

［57］汪琼译. 教学系统化设计（第五版）［M］. 北京：高等教育出版社，2004.

［58］吴启迪. 国家高等工程教育政策的决策模式创新研究［M］. 上海：同济大学出版社，2018. 2-6.

［59］夏纪梅．现代外语课程设计理论与实践［M］．上海：上海外语教育出版社，2003

［60］严明，大学专门用途英语（ESP）教学理论与实践研究［M］．哈尔滨：黑龙江大学出版社，2009．

［61］张伟、胡玉洁．基于需求分析理论的大学英语教学研究［M］．国家行政学院出版社，2017．

［62］张正东．中国外语教学法理论与流派［M］．北京：科学出版社，2000

［63］查友良．教育模式［M］．北京：教育科学出版社，1993．

［64］章兼中．英语教学模式论［M］．福州：海峡出版发行集团福建教育出版社，2016．

［65］章兼中，俞红珍．英语教育心理学［M］．北京：警官教育出版社，1998．

［66］赵海燕．中国国情下高校英语教育改革研究［M］．北京：首都经贸大学出版社，2016．

［67］钟志贤．大学教学模式革新：教学设计视域［M］．北京：教育科学出版社，2008：80-90．

【期刊类】

［1］安晓飞，黄志丹．基于网络环境下的协作学习研究［J］．沈阳师范大学学报（自然科学版），2003，（4）．

［2］蔡基刚．英语专业开展专门用途英语研究：《国标》修订思考［J］．江西师范大学学报，2019（1）．

［3］蔡基刚．ESP与我国大学英语教学发展方向［J］．外语界，2004，（2）：22-28．

［4］蔡基刚．转型时期的我国大学英语教学特征和对策研究［J］．外语教学与研究，2007，（1）：27-32．

［5］蔡基刚．再论我国大学英语教学发展方向：通用英语和学术英语［J］．浙江大学学报：人文社会科学版，2015，45（4）：83-93．

［6］蔡莉．国内商务英语教材编写和出版的现状与分析［J］．国际

商务研究，2006（02）.

［7］曹春春，周青. 我国外外语教育发展趋势与启示［J］. 山东外语教学，2006（6）：61-65.

［8］常俊跃，董海楠. 英语专业基础阶段内容依托教学为题的实证研究［J］. 外语与外语教学，2008（5）：38-40.

［9］陈冰冰. 关于建立ESP教师教育模式的思考［J］. 外语教学，2005（03）：75-78.

［10］陈冰冰. 国外需求分析研究述评［J］. 外语教学与研究2009（02）.

［11］陈冬纯. 提高21世纪大学生的专业英语水平——对专业英语教学改革的几点思考［J］. 外语界，2001（02）.

［12］陈坚林. 从辅助走向主导：计算机外语教学发展的新趋势［J］. 外语电化教学，2005（4）.

［13］陈坚林. 关于"中心"的辨析——兼谈"基于计算机和课堂英语多媒体教学模式"中的学生中心论［J］. 外语电化教学，2005（05）.

［14］陈坚林. 大学英语网络化教学的理论内涵及其应用分析［J］. 外语电化教学，2004（6）.

［15］陈坚林. 大数据时代的慕课与外语教学研究——挑战与机遇［J］. 外语电化教学2015（1）：3-8.

［16］陈新艳，高安富. 德国高等工程教育的专业认证［J］. 高教发展与评估，2007，23（3）：73-77.

［17］陈丽华. 影响学生学业成就的教师因素实证研究述评［J］. 当代教育科学，2015（8）：30-33.

［18］陈莉萍. 专门用途英语存在的依据［J］. 外语与外语教学，2001（12）.

［19］陈明瑶. ESP与语料库建设［J］. 外语研究，2000（2）；60-61. .

［20］陈琦，张建伟. 信息时代的整合性学习模型——信息技术整合于教学的生态观诠释［J］. 北京大学教育评论，2003（7）.

［21］程世禄，张国扬．ESP教学的理论和实践［J］．外语教学与研究，1995（4）：51-54.

［22］程锐，黄涛，李汪丽．学校教育的新思路——Wiki初探［J］．现代远距离教育，2004（2）

［23］邓俊．高校ESP教学现状与发展对策研究［J］．《湖北社会科学》，2006（7）．

［24］董亚芬．《大学英语》系列教材第二次修订的思考与设想［J］．外语界，2006（1）

［25］段严寒．高校工科大学生英语学习动机与学习效果的研究［J］．英语广场，2017（10）

［26］段平等．我国大学ESP教学的发展方向探讨［J］．外语界．2006（4）：36-40.

［27］范谊．ESP存在的理据［J］．外语教学与研究，1995（3）：43-48.

［28］费梅苹．行为主义理论及其研究范式［J］．华东理工大学学报（社科版），2000（4）．

［29］高倩，刘少雪．日本高等工程教育认证机构的个案研究及其启示［J］．理工高教研究，2007（6）：20-22.

［30］高瑞利，孔维宏．网络环境中基于问题的学习［J］．中国电化教育，2004（8）．

［31］高文．教学设计研究的未来——教学设计研究的昨天、今天与明天（之三）［J］．中国电化教育，2005（3）．

［32］高文．试论教学设计研究的定位——教学设计研究的昨天、今天与明天（之二）［J］．中国电化教育，2005.02.

［33］高岩，卢珊，吴耀武．学术英语教育对大学生就业的影响研究［J］．外语电化教学，2016（01）．

［34］郭书彩．外语课堂合作学习中的情感与认知因素［J］．国外外语教学，2002（2）：19-23.

［35］关鑫，王淑琴．我国ESP教学现状及发展策略分析［J］．考试

周刊，2008（26）.

［36］韩金龙. EAP：大学英语改革与双语教学［J］. 高教探索，2007（SI）.

［37］韩金龙. ESP最新发展评述［J］. 国外外语教学，2003（04）：58–63.

［38］韩萍，朱万忠，魏红. 转变教学理念，建立新的专业英语教学模式［J］. 外语界，2003（02）.

［39］何克抗. 也论"教学设计"与教学论——与李秉德先生商榷，《电化教育研究》，2001，（02）.

［40］何克抗. 教学设计理论与方法研究评论［J］. 用电化教育研究，1998（02、04）.

［41］贺平，武法提. 论学习环境设计的理论基础［J］. 现代教育技术，2006（6）.

［42］胡铁生，黄明燕，李民. 我国微课发展的三个阶段及其启示［J］. 远程教育杂志，2013（4）：36–42.

［43］黄成夫. 高职英语教学贯穿ESP教学理念的原则. 教法与实施途径［J］. 楚雄师范学院学报，2008（05）.

［44］黄建滨，邵永真. 大学英语教学改革的出路［J］. 外语界，1998（04）.

［45］纪春林. 现代教育中学习资源的利用［J］. 科技信息（学术研究），2008（21）.

［46］姜海燕. 建构主义学习理论指导下的ESP课研教学［J］. 大学英语（学术版），2007（01）.

［47］姜亚军，郭建昌. 商贸英语及其研究和数学［J］. 外语教学，1997（1）：43–50.

［48］蒋洪新. 关于新时代英语教育的几点思考［J］. 外语教学，2018（2），49–51.

［49］瞿云华. 大学专业英语阅读教学探析［J］. 浙江大学学报（人文社会科学版），1999（3）.

［50］柳海民，徐海娇．推进学科反思 促进理论创新——近年来教育学原理学科发展改观［J］．教育研究，2016（1）．

［51］柳海民，孙阳春．再论教育理论的原创性［J］．东北师范大学学报（哲学社会科学版），2004（5）．

［52］柳海民，李伟言．教育理论原创：缺失归因与解决策略［J］．教育研究．2003（9）．

［53］柳海民，邹宏军．教育学原理：历史性飞跃及其时代价值——纪念改革开放40周年［J］．教育研究，2018（7）

［54］李红．专门用途英语的发展和专业英语合作教学［J］．外语教学，2001（1）．

［55］李洪斌．论需求分析理论在我国高校ESP教学中的必要性［J］．吉林广播电视大学学报，2013（3）．

［56］李惠琴，盛建元．ESP教学二十年［J］．国外外语教学，1986（2）：1–5．2007（06）．

［57］李广伟．建构主义理论视域下的ESP教学平台构建及教学欧式探索［J］．语文学刊，2015（10）．

［58］李箭．ESP教学研究：一个亟待关注的研究领域［J］．扬州大学学报（高教研究版），2008（04）．

［59］李梵．技术思想对E–Learning应用模式的影响［J］．现代教育技术，2004（5）．

［60］李文光，杨开城．信息技术环境下的现代教育技术观念［J］．中国电化教育2001（2）．

［61］李新，崔学深，盛慧慧．高校专业英语教学现状调查报告［J］．教育理论与实践，2006（14）．

［62］梁俭．国外特定用途英语（ESP）发展与现状［J］．外语学刊，1990（4）：7–10．

［63］梁宁．论ESP项目的词汇教学［J］．广东外语外贸大学学报，2003（4）：77–80．

［64］梁雪松等．英语专业ESP课程建设中的问题和对策［J］．外语

界，2006（4）：30-35．

［65］廖莉芳，秦傲松．专业英语教学现状调查报告［J］．外语界，2000（03）．

［66］林高峰．网络环境下协作学习的探索［J］．教育信息化，2004（10）．

［67］林宪生．教学设计的概念、对象和理论基础［J］．电化教育研究，2000（04）．

［68］刘法公．论专门用途英语的属性与对应教学法［J］．外语与外语教学，2001（12）．

［69］刘法公．论基础英语与专门用途英语的教学关系［J］．外语教学和研究，2003（1）：31-33．

［70］刘慧莉．试谈ESP的课程设计问题［J］．四川外语学院学报，2003（2）

［71］刘润清．21世纪的英语教学——记英国的一项调查［J］．外语教学和研究，1996（2）：35-38．

［72］刘雨昕编译．教学设计理论的形成性研究［J］．开放教育研究，2003（5）；13-16．

［73］罗毅，李红英．论大学英语与专业英语教学的衔接［J］．外语电化教学，2008（01）．

［74］陆成定，陈美华．国际信息化外语教学研究：发展动态、热点与前沿［J］．外语研究，2019（02）

［75］毛新勇．建构主义学习环境的设计［J］．外国教育资料，1999（01）．

［76］孟翔珍．EST中的ESP教学模式探讨［J］．河南工业大学学报（社会科学版）．2005．4

［77］裴新宁，透视教学设计观［J］．中国电化教育，2003（7）；18-20．

［78］彭青华，许金英．关于专业英语的教学改革［J］．安徽工业大学学报（社会科学版），2004（04）．

［79］秦秀白．ESP的性质、范畴和教学原则［J］．华南理工大学学报，2003（12）：79-83．

［80］覃修桂，齐振海．任务及任务教学法的再认识［J］．外语教学，2004（3）．

［81］任友群．教学设计发展的新趋势［J］．全球教育展望，2005（5）．

［82］阮红缨．我国ESP的教学现状与策略分析［J］．湖北成人教育学院学报，2007（1）．

［83］商学君．ESP教学中的交际教学法研究［J］．吉林财税高等专科学校学报．2007．2

［84］沈孝山，杨成．需求分析之学习者分析的探究［J］．高等理科教育，2005（01）．

［85］盛群力，程景利．教学设计要有新视野——美国赖格卢特教授访谈［J］．全球教育展望，2003（7）：3-5．

［86］施敏．ESP教师的角色及自我完善［J］．西安外国语学院学报，2000（3）：120-122．

［87］唐灵芝．论大学英语合作学习与学生自信心的提升［J］．铜陵职业技术学院学报，2014（4）：79-80．

［88］童海生．专门用途英语的职业功能及教学特征［J］．青海师范大学学报（哲学社会科学版）．2006．5

［89］王海华，杨新焕．加强专门用途英语教学，提高大学生的英语应用能力［J］．教育理论与实践，2005（02）．

［90］王蓓蕾，同济大学ESP教学情况调查［J］．外语界，2004（1）：35-42．

［91］汪家丽．运用交际法培养ESP学员的交际能力［J］．外语界，1995（3）：44-47．

［92］王慧．地方本科高校以ESP为导向的大学英语课程改革研究［J］．内蒙古师范大学学报，2017（12）．

［93］王奇民．制约大学英语教学效果的因素及对策［J］．外语界，

2002（4）

［94］王瑾，李红梅．ESP课程设计的研究述评［J］．海外英语，2013（3）．

［95］文旭．从复合型人才培养到"全人"教育［J］．山东外语教学，2018，（3）：50-57.

［96］徐斌艳、吴刚、高文．建构主义教育研究［M］．教育科学出版社，2008．6

［97］袁平华．依托课程内容进行外语教学之理据即教学元模式探讨［J］．学位与研究生教育，2006（3）：31-36.

［98］张武生，关于教学模式的探讨［J］．教育研究，1988，（5）：17-20.

［99］查建忠．工程教育改革战略"CDIO"与产学合作和国际化［J］．中国大学教学，2008（5）：16-19.

［100］钟兰凤．评价理论、英语报刊教学与媒介素养教育［J］．山东外语教学，2007（2）：28-32.

［101］周梅．ESP：研究生公共英语课程的发展方向［J］．学位与研究生教育，2010（11）．

［102］周燕．英语教师培训亟待加强［J］．外语教学与研究，2002（6）

［103］谷志忠．专门用途英语课程教学设计研究［D］．上海：上海外国语大学，2010.

【英文类】

［1］Bachman，L. F. & Palmer A. Language Assessment in Practice：Developing Language Assessments and Justifying their Use in the Real World［M］．Oxford：Oxford University Press，2010

［2］Brookfield，S. D. Understanding and Faciliating Adult Learning［M］．Jossey-Brass Publishers，1988

［3］Brown H D. Principles of Language Learning and Teaching［M］．New Jersey：Prentice Hall，Regents，1994

［4］Douglas, D. Assessing Language for Specific Purposes ［J］. Cambridge: Cambridge University Press, 2000.

［5］Dudley-Evans, T. & St. John, M. J. . Developments in ESP: A Multi-disciplinary Approach ［M］. Cambridge University Press, 1998: 6.

［6］Evelyn J. Sowell（2000）, Curriculum: An Integrative Introduction ［M］. Prentice-Hal, Inc. pp.7-18

［7］Halliday, M. A. K., Mcintosh A and Strevens P. The Linguistic Sciences and Language Teaching ［M］. London: Longman, 1964.

［8］Hawes, T. & S. Thomas. Theme choice in EAP and media language ［J］. Journal of English for Academic Purposes, 2012, 11（3）: 175-183.

［9］Hedge, T. Teaching and Learning in the Language Classroom ［M］. Oxford: Oxford University Press, 2002

［10］Hunson S. Corpora in Applied Linguistic ［M］. Cambridge: CUP. 2002

［11］Hutchinson, T. & Waters, A English for Specific Purpose: A learning - centered approach ［M］. Cambridge: Cambridge University Press, 1987: 10.

［12］Jordan. R. R. English for Academic Purposes: a guide and resource book for teachers ［M］. Cambridge University Press, 1997

［13］Krashen, S. Principles and Practice in Second Language Acquisition ［M］. Oxford: Pergamon, 1982

［14］Little, D. Learner Autonomy: Definitions, Issues and Problems ［M］. Dublin: Authentik, 1991: 7

［15］McdONOUGH, j. & Shaw, C. Materials and Methods in ELT: A Teacher's Guide ［M］. West Sussex: Blackwell Publishing Ltd., 2013.

［16］Nunan D. Syllabus Design ［M］. Oxford: Oxford University Press. 2004

［17］Robinson, P. ESP Today: A Practitioner Guide ［M］. New York& London: Prentice Hall International（UK）Ltd, 1991

［18］In G. Schraw（Eds.）. Metacoganitive Assessment［C］. Lincoln：University of Nebraska Press，2001

［19］Bennet，R. E. Formatie Assessment：a critical review. Assessment in Education Principles［J］. Policy & Practice，2011，18（1）：5-25.

［20］Bhatia，V. K. Genre Analisis，and Professional Practice ［J］. English for Specific Purposes，2008：161-174.

［21］Carver. D. Some propositions about ESP［J］. The ESP Journal，1982（2）：131-137.

［22］Cohen L. Rearsearch Methods in Education ［M］. London：Routledge 2000

［23］Cummings，J. Psychological Assessment of Immigrant Children：Logic or Institution？ ［J］. Journal of Multilingual and Multicultural Development，1980（1）：97-111.

［24］Espunya，A. The UPF learner translation ccorpus as a resource for translation training ［J］. Language Resources & Evaluation 48（1）：33-43. 2014

［25］Flower dew，J. and Peacock，M. Research Perspectives on English for Academic Purposes ［J］. Foreign Lguage Teaching，2014，1（2）：195-197.

［26］Hyland，K Specific Revisited：How Far Should We Go Now？［J］. English for Specific Purposes，2002，21（4）：385-395.

［27］Hargreaves A，Earl L. Perspectives on alternative assessment reform ［J］. American Educational Rsearch Journal，2002（1）

［28］Marit Gundersen Engeset. Promoting Service Excellence for Tourist Destinations ［J］. Tourism and Hospitality Research，2016，10（4）：440-454.

［29］Mor，Y. ，Mellar，H.，Warburton，S.，et al. Practical design patterns for teaching and learning ith technology ［J］. Trails in Education. 2014

［30］Swales, J. M. Genre Analysis: English in Academic Research Settings ［J］. Journal of American Acadamy of Business, 2006, 8（1）: 120-126.

［31］Swales, J. Envoi ［A］. In D. Belcher, A. M. Johns, & B. Paltridge. New Directions in English for Specific Purposes Research ［C］. Michigan, Ann Rbor: The University of Michigan Press, 2011.

［32］Son, J. M. Selecting mobile apps for learning English as a second/ foreign language. An evaluation approach paper presented at the Globalization and Localization in CALL. （GLoCALL）2014 Conference ［J］. Ahmedabad, Gujarat, India, 2014

［33］Strevens P. Survy article-special-purpose language learning: a perspective ［J］. Language Tezching & Linguistics: Abstracts, 1977b, 10/3.

［34］Sun, S. & Shreve, G. M. Measuring translation difficulty; An empirical study ［J］. Target International Journal of Translation Studies 26 （1）: 98-127.

［35］Tai, Y. M. Contetualizing a MALL: practice design and evaluations ［J］. Educational Technology & Society, 12（2）, 220-230.

［36］Tyler R. Basic Principles of Curriculum and Instruction ［J］. In Nunan, D. 2004.

［37］Volkova, T. Translation modal, translation analysis, translation strategy: An integrated methodology ［J］. Procedia-Social and Behavioral Sciences 154: 301-304. 2014

［38］Zhang Z. Towards an Integrated Approach to Teaching Business English: A Chinese Experience ［J］. English for Specific Purposes, 2007, 26 （4）: 399-410.

［39］Zervas, P. & Sampson, D. G. Faccillitating teachers reuse of mobile assisted language learning resources using educational metadata ［J］. IEEE Transaction on Learning Technologies, 7（1）, 6-16.

附　录

附录1　ESP教学必要性调查问卷

各位同学：

你们好！

为了了解应用型工科院校专门用途英语教学的真实情况，发现教学过程中的问题与缺陷并更好地提高专门用途英语教学质量，我们开展了本项调查研究。本问卷采取无记名的方式，问卷的统计结果不会对您带来任何不良影响，问卷中的问题仅仅是为了更好地改进专门用途英语教学模式和教学效果而提出，不涉及对您学习能力和生活情况的评价。

希望您能认真、真实地填写本问卷，协助我们完成这次问卷调查。感谢您的支持与合作！

2016年11月

1	你是？　　A. 女生　　B. 男生
2	你学英语的动力是？　　A. 兴趣　　B. 就业　　C. 出国　　D. 毕业　　E. 提升
3	选择专业的原因是？　　A. 兴趣、爱好　　B稳定，有较高的社会地位　　C. 当年家人的意思 D. 当时没有更好的选择　　E. 收入颇丰
4	进入大学后你的英语学习目标是？　　A. 四、六级　　B. 考研　　C. 毕业　　D. 就业
5	你认为现在的学习压力怎么样？　　A. 很大　　B. 较大　　C. 一般　　D. 没有
6	你的高考英语分数为？　　A. 120–150　　B. 100–119　　C. 80–99　　D. 80以下
7	你是否对自己的英语学习有一个较高的要求？　　A. 是　　B. 否
8	你为提高自己英语水平做出的的努力程度如何？　　A. 很努力　　B. 一般　　C. 不努力
9	你希望的与职业相关的英语教学语言为_____ A. 汉语为主　　B. 英语为主　　C. 双语教学　　D. 全英语

续表

10	你认为多媒体教学对你的英语学习有帮助吗？ A．很大帮助　B．比较有帮助　C．有一点帮助　D．没帮助
11	你最喜欢的课堂活动是＿＿＿＿＿＿＿＿ A．分组讨论　B．小组汇报　C．个人讲解　D．情景教学
12	你对学校的教学环境和教学设施（含校内实训条件）满意吗？ A．满意　B．基本满意　C．不太满意　D．不满意
13	你经常写英语日记、作文、信函和E-mail吗？A．经常　B．一般　C．偶尔　D．从不
14	掌握好与职业相关的英语对今后应聘工作是否至关重要？A．是　B．否　C．一般
15	掌握好与职业相关的英语对今后的职业发展空间是否至关重要？A．是　B．否 C．一般
16	你是否参加过校外与专业英语相关的培训？A．是　B．否
17	你认为在英语课堂中增加你所学专业的相关知识是否有必要？A．是　B．否 C．无所谓
18	若举办与专业相关的英语活动，你喜欢哪种形式？ A．演讲比赛　B．讲座　C．游戏　D．外出活动
19	你认为目前的教材是否符合你的学习需要？A．非常符合　B．符合　C．不符合
20	你最喜欢哪部分教学内容：A．听力　B．写作　C．课文讲解和语法　D．口语
21	你是否需要学会专业术语来提升未来知识的延展性，如为查阅外文资料或为双语教学准备等？ A．是　B．否　C．无所谓
22	与职业相关的英语，你希望是听说读写哪个方面有所侧重？ A．听说　B．读　C．写　D．专业知识
23	你认为自己能否适应双语教学（用英语讲解专业知识）？A．能　B．不能　C．还可以
24	希望教师在哪些方面为学习者提供自主学习与职业相关的英语的平台？ A．专业内容翻译作业　B．外文阅读资料　C．学习者查阅资料共享　D．模拟专业从业活动
25	如学习与职业相关的英语，目前基础英语学习是否还有必要？A．有　B．没有
26	你认为何时开始学习与行业相关的英语比较合适？A．大一　B．大二　C．大三
27	如果开设与行业相关的英语你认为每周多少课时能接受？A．4节　B．3节　C．6节
28	如果开设与行业相关的英语你认为在听说读写方面课时如何分配合适？ A．重点听说　B．重点读写　C．重点听读
29	如果开设与行业相关的英语你认为需要覆盖哪些领域的主题？ A．专业知识各领域的理论部分　B．专业技能涉外的部分　C．专业知识延展性需求强的部分
30	如果开设与行业相关的英语你希望教学方法是什么？ A．传统语法教学法　B．翻译法　C．情境教学法

附录2 往届毕业生英语应用调查问卷

各位同学：

你们好！

为了了解应用型工科院校大学生对大学英语课程设置的态度和期望，并更好地提高英语教学质量，我们进行此次问卷调查。本问卷采取无记名的方式，问卷的统计结果不会对您带来任何不良影响，问卷中的问题仅仅是为了更好地改进专门用途英语教学模式和教学效果而提出，不涉及对您学习能力和生活情况的评价。

希望您能认真、真实地填写本问卷，协助我们完成这次问卷调查。感谢您的支持与合作！

2016年11月

第一部分：背景信息	
1. 您的性别：	
2. 您的毕业时间：	
3. 您目前所从事的职业：	
4. 您目前工作单位的性质：	

第二部分：现状调查

说明：本部分为单选题，请根据实际情况选择合适的答案

1. 您在工作中经常使用英语：

A	B	C	D	E
完全不同意	不同意	无所谓	同意	非常同意

2. 您在使用英语进行过做事，最欠缺哪种知识或能力？

A	B	C	D	E
英语语言知识	专业知识	沟通技能	人际交往及沟通能力	外国文化的理解及洞察力

3. 您在校期间所获得的英语知识技能是否可以满足工作需要？

A	B	C	D	E
完全不能够	小部分能够	基本能够	大部分能够	完全能够

4. 您对大学期间的大学英语课程是否满意？

A	B	C	D	E
完全不同意	不同意	无所谓	同意	非常同意

第三部分：工作英语需求调查

说明：本部分调查您实际工作中的交际技能需求，分频率和难度两种，请填写相应数字。

频率：1=从未；2=偶尔；3=有时；4=经常；5=总是。

难度：1=完全不难；2=不是很难；3=难；4=很难；5=非常困难。

		频率	难度
听说方面	工作中用英语进行口头报告		
	工作中使用英语介绍相关产品、陈述项目		
	工作中使用英语进行业务谈判		
	工作中使用英语进行面试		
	工作中使用英语沟通工作内容		
读写/译方面	工作中使用英语接待国外客户		
	工作中使用英语书写工程信函		
	工作中使用英语收发电子邮件		
	工作中使用英语翻译工程文件		
	工作中使用英语撰写会议报告		
	工作中使用英语进行书写备忘录		

第四部分：毕业生对大学英语课的期望

说明：本部分为多选题，可以根据自己实际情况选择合适的答案。

1. 我校大学英语课程，您认为更应该注重哪些英语能力的培养？

A	B	C	D	E
听力	口语	阅读	写作	翻译

2. 我校大学英语课程设置上，您认为课程类型应该是？

A	B	C	D	E
语言技能课（如翻译）	语言应用课（如口语）	学术英语（如学术写作）	专门用途英语（如工程英语）	人文素养课程

3. 我校大学英语课程的性质您认为应该是？

A	B	C	D	E
必修课	选修课	必修和选修结合	按课程模块选修	无所谓

4. 我校大学英语课程您认为应该开设的学生量是？

A	B	C	D	E
32（每周2学时，16周）	48（每周3学时，16周）	64（每周4学时，16周）	80（每周5学时，16周）	其他

5. 我校大学英语课程开设时间您认为应该是?				
A	B	C	D	E
1个学期	2个学期	3个学期	4个学期	其他

6. 我校大学英语课程教材形式是?				
A	B	C	D	E
电子/网络教材	纸质教材	电子+纸质教材	无所谓	其他

7. 我校大学英语课程教学模式您更欣赏哪一种?				
A	B	C	D	E
网络自主与课堂结合	专题讲座	课堂讲授	无所谓	其他

8. 我校大学英语课程教学内容您认为应该与什么相关?				
A	B	C	D	E
与未来职业相关	英语技能训练	提高文化素养	与考试相关	其他

9. 我校大学英语课程授课教师应该是				
A	B	C	D	E
语言教师	专业教师	专业教师+语言教师	无所谓	其他

10. 您认为我校英语课程的评价方式应该是				
A	B	C	D	E
闭卷考试	开卷考试	作业	学生互评	档案袋
非常感谢您的合作,谢谢!				

附录3　学生自我评价表

Self-evaluation Sheet			
Date:　　　　　 Name:			
Question	True	Partly true	No
I skimmed the story to first find out what it is mainly about.			
I was able to select a story I am interested in.			
I then read the story carefully, interested in some of the details.			
When I failed to figure the words, I referred to the Chinese version for reference.			

附录4　学生互评表

Self-evaluation Sheet
Your Name：＿＿＿＿＿＿ Date：＿＿＿＿＿＿＿ Your Partner's Name：＿＿＿＿＿＿
1.　Review your partner's work sample.
2.　What do you think your partner did well?
3.　What do you think your partner could make batter?

附录5　访谈提纲

专家访谈提纲

首先，非常感谢您能接受我的访谈，请您根据您了解的大学英语课程的实际情况以及多年来的经验回答，谢谢！

1．您认为大学英语及专门用途英语所处的环境是什么样的？

2．您认为大学英语未来发展的趋势是什么？

3．您认为大学英语和专门用途英语对学生是否有本质的区别？是否同等重要？

4．您觉得专门用途英语课程建设和发展所欠缺的条件和存在的问题是什么？

5．您在解决专门用途英语问题方面的建议和看法是什么？

6．您认为专门用途英语课程建设的影响因素是什么？

7．您对专门用途英语教师培养的建议是什么？

8．您认为教师科研是否对专门用途英语发展起着很大的作用？

附录6 访谈提纲

课程管理层访谈提纲

首先，非常感谢您能接受我的访谈，请您根据您了解的大学英语课程的实际情况以及多年来的经验回答，谢谢！

1．您认为工科大学目前大学英语教学面临的主要问题是什么？这些问题产生的原因是什么？

2．为了改善目前的工科大学英语教学现状，您认为教学管理部分需要怎么做？

3．您所在学校的招生情况是什么样的？对于人才培养计划您是否详细了解？

4．您所在学校的特色专业是什么？对于特色专业学生的培养是否涉及对学生英语语言能力的要求？对专门用途英语是否有特殊要求？

5．您校学生的毕业去向如何？学生的工作内容是否对学生的英语水平有要求？是否对学生的专业相关的英语水平有特殊要求？

6．您所在学校对学生专门用途英语的毕业前有特定要求或特殊奖励吗？

7．您所在学校的专门用途英语课程设置是怎样的？是否与大学通用英语相联系？

8．您对专门用途英语有什么建议？

9．您认为专门用途英语课程建设的影响因素是什么？

10．您对专门用途英语教师培养的建议是什么？

附录7　访谈提纲

专门用途英语授课教师访谈提纲

首先，非常感谢您能接受我的访谈，请您根据您了解的大学英语课程的实际情况以及多年来的经验回答，谢谢！

1. 您讲授专门用途英语课程多久了？是否一直从事专门用途英语教学工作？

2. 您的专业是英语语言相关还是专业课教师转做的专门用途英语课教师？

3. 您从事专门用途英语教学过程中是否对自己的工作情况和学生的学习情况持满意的态度？是否有些问题暂时尚未找到解决的办法？问题是什么？

4. 您所在的学校是否重视专门用途英语？学生对这门课程的态度是怎样的？

5. 您对所在学校的专门用途英语课程的规划、建立、实施、评价有了解吗？

6. 您是否喜欢自己正在从事的专门用途英语教学工作？

7. 您在专门用途英语教学实践中，认为什么样的知识最有用？什么样的知识使用得最多？您通过什么方式和途径获得这些信息和知识呢？

8. 您认为自己的受教育经历对大学专门用途英语教学有影响吗？

9. 您认为优秀的专门用途英语教师与通用大学英语教师的区别和联系是什么？

10. 您认为对专门用途英语教师来说，哪些知识是必不可少的？您是否具备此类知识体系？

11. 您在日常教学活动中是否利用现代信息技术辅助教学？此类活动是通过什么手段开展的？

12. 您认为提升自身的知识结构需要得到哪些支持？

后　记

　　时光荏苒，转眼之间距离2013年自己幸运地进入东北师大开始博士阶段的学习已经有十余年了。2013年对我来说是意义非凡的一年，无论在工作上、生活上还是学习上都发生了重大的变化。其中里程碑式的一个变化就是自己有幸成为老师的学生，成为师门中的一员。至今难忘第一次见老师时的场景，老师威严而不失亲切，严肃而不失儒雅。我的内心忐忑而激动，成为这样一位教育大家的学生必然是我今生最幸运的一件事，希望自己能在新的学习阶段获得新的启发，不负老师，不负为师门一员。

　　初入学的博一阶段是自己意气风发的一年。虽然仍然需要在工作单位承担必要的工作，但是总是有精力，也有意愿去参加博士阶段课程的学习，和同学们在一起的时光是最快乐的。导师的每一节课都会给我的工作和学习带来新的灵感，必修和选修的课程我从来没有缺课，师门组织的读书会也都非常认真地参加，聆听师门学长们的读书心得让自己自叹弗如的同时也推动了自己去更多地了解教育学领域内的理论和实践信息。

　　原本以为读博的过程同读本科和硕士时不会有太大的差别，只要正常拿到学分，完成毕业论文就可以了。可是当进入到论文选题阶段时，问题出现了。实事求是地说，我的论文选题的确定经历了一个漫长而艰难的过程。我的本科和硕士研究生阶段的专业一直都是英语语言文学，2001年参加工作后我所从事的工作也一直都是与英语语言的教学有关。毋庸讳言，我在教育学方面的专业知识是很粗浅的。仅凭着对教育学的浓厚兴趣、考博前阅读过的基本教育学相关理论著作，和主要是由于入学考试英语成绩所占的优势就幸运地获得的入学资格远远不能够帮助我完成博士研究生阶段的学业。在接下来的两年时间，通过与老师的反复讨论，终于勉强确定了一个我们都可以接受的研究框架。我努力通过各种渠道收集了很多资

264

料，看了一些，也翻译了一些，庞杂的资料组成的文章似乎彼此间总是缺少合理的逻辑。我的思维习惯也还没有完全转变到严谨的教育学的逻辑思维上来，毕业论文的逻辑问题一直让老师费心。虽然自己在英语语言文学方面的学术背景也很浅薄，但是在论文文献选取和选题方向上总是会下意识地偏向于语言学领域，偏离自己正在研究的教育学领域。所以，论文的初稿更像是一篇专门用途英语课程的学科论文，而不是一篇教育学的学术论文。相信老师看到论文成果后的内心是很失望的。但是老师并没有严辞责备，而是指出我论文中的核心问题和主要修改方向。到了2018年，我攻读博士学位已经有五年的时间了，在此期间我一直在单位承担16~20学时的教学任务，并且被单位的行政性事务分散自己本来就零散的时间。我觉得博士论文似乎是一座无法逾越的大山，终难翻越了。

在此我一定要感谢我的同门们！与我年龄相仿的师兄师姐鼓励我静下心来重新梳理论文的思路，整理论文的结构和层次，给我的论文提出恳切的修改建议；在我之后入学的师弟师妹们学术功底深厚，总会将最新的信息分享给我，也推荐给我很多论文相关的资料；同时期一起拼搏的同学们同甘共苦、互相鼓励、互相安慰，我们一起度过了最艰难的时光。这些感激之情无法用语言描述。

我也要感谢我的领导和同事在我读博期间为我提供的便利条件。你们为我分担了很多本来应该由我来承担的工作，在我无暇分身之时，主动帮助我摆脱困境。感谢我的朋友们，在我忙碌的时候容忍我的忽视和冷淡；在我低落的时候给予我安慰和陪伴；在我极端的时候容忍我一切的歇斯底里和过激的情绪变化，你们是治愈我的良药。

还有永远让我内心温暖的家人们。我的父亲母亲、我的兄弟是支撑我的最后的、最坚实的心灵堡垒。撰写论文期间的压力有时让我变成了一个负能量发电站，在你们面前肆无忌惮地宣泄我的一切压力，不去隐藏自己任何的不美好。感谢你们对我的包容和体谅。对于我处于小学毕业季的儿子，我心存歉意。由于撰写论文期间工作内容也同时发生变化，对孩子的陪伴减少了很多。但是你从未对此表示任何不满，而是很理性地帮助我整理自己的情绪，仍然把妈妈当作榜样，鼓励妈妈坚强勇敢。

对尚未提及的，曾经在我攻读博士期间给予我学术上、工作上、生活上帮助的人们，致以诚挚的谢意！

博士生涯有限，人生修习无限。期待越过此山重水复，前方能够有更广阔的道路；希望在缅怀过去之时，不留遗憾；预祝自己的人生历程更加充实精彩。

2024年8月18日于长春